社交与礼仪

（第2版）

韩旭 ◎ 主编

Shejiao Yu Liyi

人 民 邮 电 出 版 社
北 京

图书在版编目（CIP）数据

社交与礼仪 / 韩旭主编. -- 2版. -- 北京 : 人民邮电出版社，2014.1（2017.5重印）
21世纪通识教育“十二五”规划教材
ISBN 978-7-115-33985-0

Ⅰ. ①社… Ⅱ. ①韩… Ⅲ. ①心理交往－礼仪－高等学校－教材 Ⅳ. ①C912.1

中国版本图书馆CIP数据核字(2013)第287923号

内容提要

本书全面地介绍日常生活与工作中的礼仪知识，内容涉及仪表仪态、通信沟通、社交活动、求职办公、涉外礼仪等。书中既有深入的理论阐述，又有相应的能力训练和操作方法。本书内容精练、突出实用。书中的“阅读材料”和“重要提示”有很强的启迪性。

本书可作为礼仪知识自学者的参考书。

◆ 主　　编　韩　旭
责任编辑　刘　琦
责任印制　沈　蓉　焦志炜

◆ 人民邮电出版社出版发行　　北京市丰台区成寿寺路 11 号
邮编　100164　　电子邮件　315@ptpress.com.cn
网址　http://www.ptpress.com.cn
固安县铭成印刷有限公司印刷

◆ 开本：787×1092　1/16
印张：13　　　　2014 年 1 月第 2 版
字数：912 千字　　　　2017 年 5 月河北第 11 次印刷

定价：28.00 元

读者服务热线：(010) 81055256　印装质量热线：(010) 81055316
反盗版热线：(010) 81055315

再版前言

Preface

礼仪，是中华传统美德宝库中的一颗璀璨明珠，是中国古代文化的精髓。身居礼仪之邦，应为礼仪之民。知书达理，待人以礼，应当是现代公民的一个基本素养。

当前，我国主推素质教育，而礼仪教育是素质教育的必需，礼仪教育有利于强化人们的文明行为，提高文明素质，也是人们建立良好人际关系的需要，而且有利于提高社会心理承受力。

本书针对当前礼仪教育中存在的问题，系统而全面地讲述了现代公民应该掌握的礼仪技能和知识。本书第一版推出之后，受到了广大师生的热烈欢迎，同时也收获了很多意见和建议，编者结合礼仪课程教学实践，对第一版内容进行了修订。修订后的教材与市场上的其他同类教材相比，具有以下特点。

一、在理念上，本书本着“想读者所想，写读者所用，答读者所疑”的实用性概念进行编写，使读者在本书中获取更多、更实用的知识。

二、在框架上，本书采用由浅入深的编写模式。在前半部分对礼仪进行了概述，并对个人仪表仪态等最基本的礼仪知识进行了详述，目的是使得读者能对礼仪有个初步的认识，在头脑中形成一个随时自我监督的概念，为之后相对较深模块的学习打好基础。

三、在内容上，本书紧紧抓住实用性第一的基本原则，在对知识内容的讲述中相对较多地增加了以下几个板块的内容篇幅。

① 阅读材料：这部分内容的增加可以使读者更多地了解与知识相关的背景资料以及相关信息，使其在学习过程中不至于一头雾水、不知所云。

② 重要提示：这部分内容的主要作用是帮助读者总结并提炼出所学课程的精髓，有助于读者更为直接地找到课程的重点，把握课程的思路，更好地学习相关知识。

③ 本章小结：用精练的语言总结、提炼章节内容与重点，以便读者巩固提高。

四、在形式上，本书拓展资源的呈现方式引入了最新的二维码技术，在教材关键知识点旁都有相关知识点拓展内容的二维码，扫描该二维码就可随时访问相关拓展知识，方便学习者进行自主学习。（二维码链接指向 AVI 视频格式，推荐使用安卓系统手机扫描并查阅相关资源）

本书由韩旭主编。

本书在编写过程中还参考了大量有关书籍资料，并从互联网上获取了一些资料，谨此说明，对本书所引用资料的所有作者致以诚挚的谢意！

由于时间仓促和编者水平有限，书中难免存在不足之处，恳请广大读者给予批评指正。

编　者

2013 年 9 月

目录

Contents

第1章 礼仪概述

本章简要介绍了礼仪的含义及其发展历程，并在此基础上探讨了现代礼仪的特点；针对当前社会中人们的礼仪现状，指出了加强礼仪知识学习的重要性和必要性。

名言警句

不学礼，无以立。

——《史记·孔子世家》

能以礼让为国乎，何有？不能以礼让为国，如礼何。

——《论语·里仁》

1.1 礼仪概述

礼仪作为人类历史发展中形成的一种丰厚的文化，其不仅是社会生活的要求，也是个人乃至民族文明程度的体现。我国自古就是一个讲究礼仪的国家，礼仪文化源远流长，素有“礼仪之邦”的美称。

1.2 礼仪的概念与含义

礼仪作为人类交际的表现形式之一，同绘画、文字等其他文明表现形式一样，是人类不断摆脱愚昧、野蛮，逐渐走向文明、开化的标志和见证。因此，了解礼仪的概念和含义有助于我们对人类文明的发展有一个更清晰的认识。

1.2.1 礼仪的概念

礼仪是指人们在社会交往中受历史传统、风俗习惯、宗教信仰、时代潮流等因素影响而形成的，既为人们所认同，又为人们所遵守，以建立和谐关系为目的的各种符合交往要求的行为准则和规范的总和。总而言之，礼仪就是人们在社会交往活动中应共同遵守的行为规范和准则。

扫一扫

扫一扫你就知道礼仪的概念。

从个人修养的角度来看，礼仪可以说是一个人内在思想水平、文化修养及交际能力等的外在表现。

从交际的角度来看，礼仪可以说是人际交往中适用的一种艺术，是一种交际方式或方法。礼仪是人际交往中约定俗成的示人以尊重、友好的习惯做法。

从传播的角度来看，礼仪可以说是在人际交往中进行相互沟通的技巧。

1.2.2 礼仪的含义

自辛亥革命彻底否定了几千年的封建制度之后，伴随着社会价值观的根本改变，礼仪也被赋予了全新的现代意义。那些旨在维护森严的封建等级制度的礼仪制度，尤其是那些落后的繁文缛节，新的社会制度和价值体系非但无法接纳，而且必须坚决予以抛弃。

如果说传统意义上的礼仪是一种涵盖一切制度、法律和道德的社会行为规范的话，那么今天的所谓的礼仪则仅仅是礼貌、礼节等相关活动的形式。

礼仪属于道德范畴，是礼节和仪式的总称，是在人际交往中，以一定的、约定俗成的程序、方式来表现的律己、敬人的过程。礼仪的本质就是通过规范化的行为来表示人际间的相互尊重、友善和包容。

扫一扫

扫一扫你就知道礼仪的含义。

重要提示

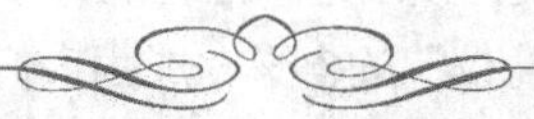

礼仪涉及穿着、交往、沟通、情商等内容，可大致分为社交礼仪、政务礼仪、商务礼仪、服务礼仪、涉外礼仪五大分支。礼仪是综合性的学科，所谓五大分支，仅是相对而言，各分支礼仪内容都是相互交融的。

阅读材料

高明的《礼学新探》提出礼的意义

高明的《礼学新探》提出礼的意义有三。

1. 礼“是宜乎履行的”。如《说文解字》将之训为“履”，荀子云：“礼者，人之所履也。”(《荀子·大略》)。这可用当代西方哲学所谓的实践一词来理解。

2. 礼“是合乎道理的”。如《礼记·仲尼燕居》云：“礼也者，理也，君子无理不动。”荀子云：“礼也者，理之不可易者。”这是指礼的实践是依于普遍道理而行，这一普遍道理用当代西方哲学，可通过哈贝玛斯的“共识”论来理解。

3. 礼“是舍乎人情的”。如《礼记·坊记》：“礼者，因人之情，而为之节文，以为民坊者也。”《礼记·礼运》：“故圣人之所以治人七情，舍何以治之？”这是指礼是调节人生各种情怀的表现，可通过西方哲学如舍勒的“情之现象学”及孔汉斯之全球伦理观来理解。

1.3 礼仪的起源与发展

礼仪作为社会生活的行为规范，是与人类社会同时产生、同步发展的。每个阶段都会形成与之相适应的礼仪。每种礼仪形式，都有一个从无到有、从低级到高级、从局部到整体的演变过程。

1.3.1 礼仪的起源

了解礼仪的起源，有利于认识礼仪的本质，自觉地按照礼仪的规范要求进行社交活动。对于礼仪的起源，研究者们有各种观点，综合起来，可大致归纳为以下几种。

有一种观点认为，礼仪起源于祭祀。东汉许慎的《说文解字》对“礼”字的解释是这样的：“履也，所以事神致福也。”意思是实践约定的事情，用来给神灵看，以求得赐福。“礼”字是会意字，“履”（发 jī 音）指祭祀时盛祭品的器皿，从中可以分析出，“礼”字与古代祭祀神灵的仪式有关。古时祭祀活动不是随意进行的，而是严格地按照一定的程序、一定的方式进行的。郭沫若在《十批判书》中也指出：“礼之起，起于祀神，其后扩展而为人，更其后而为吉、凶、军、宾、嘉等多种仪制。”这里讲到了礼仪的起源以及礼仪的发展过程。

扫一扫

扫一扫你就知道礼仪的起源。

有一种观点认为，礼仪起源于法庭的规定。在西方，“礼仪”一词源于法语的“Etiguette”，原意是“法庭上的通行证”。古代法国为了保证法庭中活动的秩序，将印有法庭纪律的说明文件发给进入法庭的每个人，作为遵守的规矩和行为准则。后来“Etiguette”一词进入英文，演变为“礼仪”的含义，成为人们交往中应遵循的规矩和准则。

另外还有一种观点认为，礼仪起源于风俗习惯。人是不能离开社会和群体的，人与人在长期的交往活动中，渐渐地产生了一些约定俗成的习惯，久而久之这些习惯成为人与人交际的规范，当这些交往习惯以文字的形式被记录并同时被人们自觉地遵守后，就逐渐成为了人们交际交往中固定的礼仪。遵守礼仪，不仅使人们的社会交往活动变得有序、有章可循，同时也能使人与人在交往中更具有亲和力。1922年美国学者埃米莉·波斯特的《西方礼仪集萃》一书问世，该书在开篇中这样写道：“表面上礼仪有无数的清规戒律，但其根本目的在于使世界成为一个充满生活乐趣的地方，使人变得平易近人。”

从礼仪的起源可以看出，礼仪是在人们的社会活动中，为了维护一种稳定的秩序，为了保持一种交际的和谐而应运产生的。一直到今天，礼仪依然体现着这种本质特点与独特的功能。

1.3.2 我国礼仪的发展

1. 萌芽

我国素有“礼仪之邦”的美誉，礼仪文化源远流长。“礼”最早出现在金文里面。在人类发展的最初期，人们对火山、地震、电闪雷鸣等自然现象无法解释，从而认为天地间有神的力量，有鬼的存在。出于对天地鬼神的惧怕、敬仰，人们就会举行一些仪式，用物品来祭拜，这就是礼的萌芽。这从“礼”字的繁体“禮”可以看出（见图 1-1）。北京的“天坛”、“地坛”就是古代国君用来祭天祭地的建筑。

图 1-1 “礼”的繁体

2. 发展

古代尧舜时期，已经有了成文的礼仪制度，即“五礼”：祭祀之事为吉礼，冠婚之事为嘉礼，宾客之事为宾礼，军事之事为军礼，丧葬之事为凶礼。

尧舜时期制定的礼仪经过夏、商、周这三个时代 1 000 余年的总结、推广而日趋完善。周朝前期历经文王、武王、成王 3 个君主，重新“兴正礼乐，度制于是政，而民和睦，颂声兴”，周公还在朝廷设置礼官，专门掌管天下礼仪，使礼制臻于完备。在这个时期，礼仪被打上了阶级的烙印。为了维护自己的统治地位，奴隶主开始将原始的宗教礼仪发展为符合奴隶社会政治需要的“礼制”，并将礼仪制度化，形成了典章制度和刑典法律。

扫一扫

扫一扫你就知道礼仪的发展。

春秋战国时期，诸子百家争鸣，礼仪也产生了分化。礼仪制度成为国礼，民众交往的礼俗也逐渐成为家礼。《管子·牧民》中有“大礼”和“小礼”之说，注释为“礼之大者在国家典章制度，其小者在平民日用居处行为之间”。后来以孔子、孟子为主的儒家学派系统地阐述了礼制的起源、本质和功能，第一次在理论上全面而深刻地论述了社会等级秩序的划分及其意义。

纵观封建社会的发展历程，可以说历代统治者都十分重视礼仪，自秦汉以后的历代统治都推崇儒家的“礼治”。汉武帝时期，“废黜百家，独尊儒术”的治国方略确定之后，礼仪作为社会道德、行为标准、精神支柱，其重要性提高到了前所未有的高度。统治者根据自己的统治需要，在演习周礼的基础上，不断对礼制加以修改、补充、完善。“导之以德，齐之以礼”，让人们以“礼”为准绳，不得逾越。统治者还在朝廷设置掌管天下礼仪的官僚机构，如汉代的大鸿胪、尚书礼曹，魏晋时的祠部（北魏又称仪曹），隋唐以后的礼部尚书（清末改为典礼院）等。这种“以礼治国”的做法，对于稳定当时的社会秩序起到了重要作用。

封建社会礼仪的内容大致涉及国家政治礼制和家庭伦理两类。礼制的核心思想已从奴隶社会的“尊君”观念发展为“君权神授”的理论体系，所以“天不变，道亦不变”。这里的“道”指的就是封建的“三纲五常”（“三纲”即“君为臣纲，父为子纲，夫为妻纲”，“五常”即“仁、义、礼、智、信”），形成了完整的封建礼仪道德规范。到了宋代，封建礼制有了进一步的发展，产生了封建理学理论，并把道德和行为规范作为封建礼制的中心，“三从四德”就是这一时期女子道德礼仪的标准。封建礼仪中的“君权神授”夸大、神化了帝王的权力，“三纲五常”、“三从四德”压抑了人们的个性发展，限制了人们之间的平等交往。

近代以来，西方侵略者的入侵，使中国在进入半殖民地半封建社会的同时，也受到了西方政治、经济、文化以及资本主义道德礼仪的影响，西方一些先进的文明和文化对中国传统伦理秩序产生了巨大的冲击，客观上促进了世界各国礼仪道德文化之间的交流。

3. 新生

新中国成立后，我国逐渐确立了以平等相处、友好往来、相互帮助、团结友爱为主要原则的具有中国特色的新型社会关系和人际关系。新中国的“五讲四美三热爱”给予了那个时代强有力的精神支持。改革开放以来，随着中国与世界的交往日趋频繁，西方一些先进的礼仪、礼节陆续传入我国，同我国的传统礼仪一道融入社会生活的各个方面，构成了社会主义礼仪的基本框架。许多礼仪从内容到形式都在不断变革，对传统礼仪文化的扬弃不断进行，现代礼仪的发展进入了全新的时期。中共中央在 2001 年 9 月 20 日印发了《公民道德建设实施纲要》，包括如图 1-2 所示的内容。以“八荣八耻”（见图 1-3）为主要内容的社会主义荣辱观作为社会主义核心价值体系的

爱国守法
明礼诚信
团结友善
勤俭自强
敬业奉献

爱岗敬业
诚实守信
办事公道
服务群众
奉献社会

文明礼貌
助人为乐
爱护公物
保护环境
遵纪守法

尊老爱幼
男女平等
夫妻和睦
勤俭持家
邻里团结

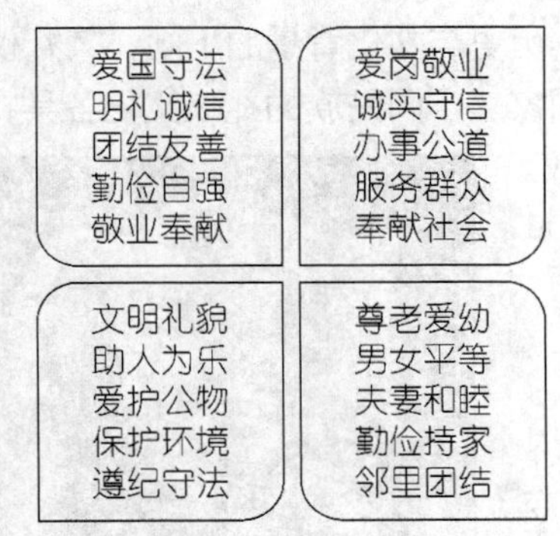

图 1-2 《公民道德建设实施纲要》

以热爱祖国为荣 以危害祖国为耻
以服务人民为荣 以背离人民为耻

以崇尚科学为荣 以愚昧无知为耻
以辛勤劳动为荣 以好逸恶劳为耻

以团结互助为荣 以损人利己为耻
以诚实守信为荣 以见利忘义为耻

以遵纪守法为荣 以违法乱纪为耻
以艰苦奋斗为荣 以骄奢淫逸为耻

图 1-3 “八荣八耻”

重要组成部分，体现了社会主义的价值导向，是引领社会风尚的一面旗帜。今后，随着社会的进步、科技的发展和国际交往的增多，礼仪必将得到新的完善和发展。

1.4 现代礼仪的特征与原则

礼仪发展演变至今，成为现代交际礼仪，归属道德范畴。现代礼仪具有道德的一般特点，但作为道德的一个特殊方面，其又有着自身的特点和原则。

1.4.1 现代礼仪的特征

1. 规范性

礼仪和道德、法律一起被称为人类社会的三大规范。礼仪规范是约定俗成、相沿成习的，其对人们在交际场所的约束性，使人们自觉不自觉地在遵守礼仪规范，人们也都在用礼仪规范来衡量和判断他人，所以礼仪的规范性是客观存在的。

2. 共同性

所谓共同性是全社会的约定俗成，是全社会共同认可、普遍遵守的准则。一般来说，礼仪代表一个国家、一个民族、一个地区的文化习俗特征。但不少礼仪也是全世界通用的，具有全人类的共同性。例如，礼貌用语等大多是全世界通用的。礼仪的共同性，主要源于共同的经济生活和文化生活，现代经济的快节奏、高效率，使现代礼仪向简洁、务实方向发展。

扫一扫

扫一扫你就知道现代礼仪的特征。

3. 传承性

礼仪的形成和完善，是历史发展的产物，任何国家的现代礼仪都是本国古代礼仪的继承和发展。礼仪经历不同的发展阶段，经过不同时期的“过滤”，逐渐形成相对固定的内容，而且一旦形成，通常会世代相传、经久不衰。礼仪的继承性是选择性的继承，任何礼仪的形成与发展都不是食古不化、全盘沿用，而是取其精华、去其糟粕的继承发展。

4. 差异性

“十里不同风，百里不同俗”。不同的国家和民族，因其历史与文化背景的不同，其礼仪的表现形式和思想观念也各不相同。这种民族差异性使得不同国家、不同民族的礼仪文化各具特色、丰富多彩，如东方民族的含蓄、深沉，西方文化的坦率、开放。东方人见面习惯拱手、鞠躬、握手，如图 1-4 所示；西方人见面习惯亲吻和拥抱。

图 1-4 握手

5. 时代性

世界上任何事物都是发展变化的，礼仪虽然有较强的相对独立性和稳定性，但它也毫不例外地随着时代的发展而发展变化。礼仪具有时代性，同一国家、同一民族的礼仪文化在不同时代的发展过程中，都会被打上时代的烙印。如中国古代礼仪要求“礼不下庶人”，而现代礼仪则讲究礼仪面前人人平等。又如随着社会交往的扩大，各国礼仪文化之间互相渗透，尤其是西方礼仪文化引入中国，使中华礼仪在保持传统民族特色的基础上，发生了更文明、更简洁、更实用的变化。

1.4.2 现代礼仪的基本原则

1. 遵守

在社会生活中，每一位参与者都必须自觉、自愿地遵守礼仪，用礼仪去规范自己在交际活动中的一言一行，一举一动。遵守的原则，就是对行为主体提出的基本要求，更是人格素质的基本体现。遵守礼仪规范，才能赢得他人的尊重，确保交际活动达到预期的目标。

2. 尊重

尊重是礼仪的情感基础，人与人之间彼此尊重，才能保持和谐愉快的人际关系。尊重原则是指在自尊自爱的基础上，尊重他人的人格、劳动、价值和感情。“礼者，敬人也”，所谓尊重的原则，就是要求人们在交际活动中，与交往对象既要互谦互让、互尊互敬、友好相待、和睦共处，更要将对交往对象的重视、恭敬、友好放在第一位。在礼仪的两大构成部分中，怎样对待他人比如何要求自己个人更为重要，这一部分实际上是礼仪的重点与核心。而对待他人的诸多要求中最重要的一条就是要常存敬人之心，处处不可失敬于人，不可伤害他人的个人尊严，更不能侮辱对方的人格。

扫一扫

扫一扫你就知道现代礼仪的基本原则。

3. 真诚

真诚是对人对事的一种实事求是的态度，是待人真心实意的友善表现。真诚表现为在人与人之间信息传递、情感交流、思想沟通的交际过程中，诚信无欺，言行一致，表里如一，待人以诚，不说谎、不虚伪、不骗人、不侮辱人等。

4. 平等

平等是人与人交往时建立情感的基础，是保持良好的人际关系的诀窍。现代礼仪是在平等的基础上形成的，是一种平等的、彼此间相互对等关系的体现。即对任何交往对象，都必须以礼相待，一视同仁，给予同等程度的礼遇。表现为不骄狂，不我行我素，不自以为是，不厚此薄彼，不傲视一切、目空一切，更不能以貌取人，或以职业、地位、权势压人，而应该时时处处平等谦虚待人。

5. 适度

礼仪是一种程序规定，而程序自身就是一种“度”，没有“度”，施礼就可能进入误区。交往应把握礼仪分寸，得体适度，根据具体情况、具体情境而行使相应的礼仪。如在与人交往时，既要彬彬有礼，又不能低三下四；既要热情大方，又不能轻浮谄谀；要自尊却不能自负；要坦诚但不能粗鲁；要信人但不能轻信；要活泼但不能轻浮；要谦虚但不能拘谨；要老练持重，但又不能圆滑世故。

6. 宽容

宽容原则的基本含义是要求人们在交际活动中运用礼仪时，既要严于律己，更要宽以待人。要多容忍他人，多体谅他人，多理解他人，而不能求全责备，斤斤计较，过分苛求，咄咄逼人。在人际交往中，要容许他人有个人行动和独立进行自我判断的自由。对不同于己、不同于众的行为耐心容忍，不要求其他人处处效法自身，与自己完全保持一致，实际上也是尊重对方的一个主要表现。

7. 从俗

从俗就是指交往各方都应尊重相互之间的风俗、习惯，了解并尊重各自的禁忌。由于国情、民族、文化背景的不同，在人际交往中，实际上存在着非常大的地域文化差异。对这一客观现实要有正确的认识，而不能唯我独尊，简单否定其他人不同于己的做法。要尽量入乡随俗，与绝大多数人的习惯做法保持一致，切勿随意批评、否定其他人。遵守从俗原则会使礼仪的应用更加得心应手，从而更加有助于人际交往。

总而言之，讲究礼仪，遵从礼仪规范，可以有效地展现一个人的教养、风度与魅力，可以更好地体现出一个人对他人和社会的认知水平和尊重程度，从而使个人的学识、修养和价值得到社会的认可和尊重。适度、恰当的礼仪不仅能给公众以可亲可敬、可合作、可交往的信任和欲望，而且会使与公众的合作过程充满和谐与成功。

礼仪是人类文明进步的重要标志，是适应时代发展、促进个人进步和成功的重要途径。我国历来是“礼仪之邦”，但从当今人们礼仪素质的现状来看，仍存在着一些不尽如人意的地方，因此必须重视和加强礼仪教育。

每个人的文明程度不仅关系到自己的形象，同时也影响着整个社会、整个国家的精神风貌。身居礼仪之邦，应为礼仪之民。知书达理，待人以礼，应该是当代年轻人和每一名文明公民的基本素养。因此，进行礼仪教育具有跨时代的特殊意义。

重要提示

礼仪修养的最佳途径：了解自己，坚定信念，控制情绪，有理想，进取，诚实，正直，认真，做好自己的事。

小　　结

本章共讲述了4个方面的内容，开篇的礼仪概述可以给读者一个初步的印象；第二部分的礼仪概念与含义使大家对礼仪有了进一步的了解；在第三部分中，教材介绍了礼仪的起源与发展，目的是通过介绍礼仪的一步步演变使读者加深对礼仪的理解；最后一部分的现代礼仪的特征与原则则是以现代礼仪为重点，介绍了现代礼仪的重要性以及学习礼仪知识的意义，以求从总体上给大家一个概念，使得本教材的读者在学习过程中有目标、有动力。

本章的重点是礼仪的概念与现代礼仪的特点，旨在提高读者对礼仪重要性的认识，加强其礼仪知识学习的自觉性。

思考与练习

1. 你是如何看待礼仪随时代发展而变化的特点的?

2. 礼仪对构建和谐社会有哪些作用？
3. 现代礼仪的特点有哪些？

活动与探索

1. 与身边的朋友展开讨论，主题是“如何做一名‘知书达理’的文明公民”。
2. 搜集一两则关于中国古代礼仪的佳话，并向大家宣讲。

第2章 仪容仪表礼仪

本章讲述仪容仪表修饰的主要途径，并介绍护肤、化妆、服饰、饰物佩戴等的相关知识和原则。

仪容是人的容貌长相；仪表是人的外表，它包括人的形体、健康状况、姿态、服饰、风度等方面，是人举止风度的外在体现。一个人的仪容美和仪表美体现了其对他人、对社会的尊重，表现出一个人的精神状态和对生活的热爱。仪容美和仪表美是自然美与社会美、静态美与动态美协调统一的整体美。

2.1 仪 容

仪容修饰的基本要素是貌美、发美、肌肤美。美好的仪容让人感觉到其五官的和谐和表情的丰富到位；发质健康、发型适合则让人感觉其英俊潇洒、容光焕发；肌肤健美则令人感受到其充满生命的活力，给人以健康自然、鲜明和谐。富于个性的深刻印象。每个人的先天容貌是无法改变的，每一个人都应愉悦地接纳自己。后天的修饰可以弥补不足，使一个长相普通的人变得楚楚动人，使一个五官平凡的人变得气质出众。可以通过努力学习，不断提高个人的文化、艺术素养和思想、道德水准，培养出自己高雅的气质与美丽的心灵，这不仅是个人对美的追求，也是满足社会交往的需要。

2.1.1 仪容基本要求

1. 整洁

整洁是仪容的首要要求。一个人即使面容姣好、穿着高档，但如若汗臭扑鼻、头发肮脏，也定会令人反感。整洁，即整齐洁净、清爽。要做到整洁就要勤洗澡，每日洗脸、洗脚，脖颈、手、指甲都应干干净净；指甲要常剪，头发按时理，并经常注意去除眼角、口角及鼻孔的分泌物；要经常剃须、修剪鼻毛与耳毛、遮掩腋毛和腿毛；要勤换衣袜，消除身体异味；要注意口腔卫生，早晚刷牙，饭后漱口，吃过大葱、蒜、韭菜等异味食物后应立即去除异味，必要时可以含一点茶叶或嚼口香糖。

2. 自然

几千年以来，随着时代的变迁、文明礼仪和文化的进步，人类对美的向往与追求不断前行，但自然依然是美的最高境界。自然美原意是指不用修饰，自然而然的美，是事物本质的外观呈现。而如今，高超的化妆技术也可使人看起来像没有经过修饰一样，自然散发出个人气质和个性。自然美是一种感觉，健康的皮肤，带笑的脸，清爽的发型，干净、整洁等具有亲和力的感觉，都是自然美的体现。自然美离不开心灵美。美要发自内心，不标新立异，不矫揉造作。

3. 端庄

端庄指端平正直，庄严大方。端庄是神气充足、道德淳厚而显露于外的自然征象，是美的一种特殊表现。端庄不是简单的仪容修饰，而是修养和气质的自然流露，端庄的修养必须从行为上做起，如待人要忠厚宽容、襟怀坦白、说话心口如一、言而有信、光明正大等。仪容庄重大方、斯文雅气，不仅会给人以美感，而且易于使自己赢得他人的信任。

2.1.2 护肤

1. 皮肤分类

护肤首先要从了解我们的皮肤开始。目前，一般将皮肤分为干性、油性、中性、混合性和敏感性 5 类。

（1）干性皮肤

表现特征：皮肤水分、油分均不正常，干燥、粗糙，缺乏弹性，皮肤的 pH 值不正常，毛孔细小，脸部皮肤较薄，易敏感；面部肌肤暗淡、没有光泽，易破裂、起皮屑、长斑，不易上妆，但外观比较干净，皮丘平坦，皮沟呈直线走向；皮肤松弛、容易产生皱纹和老化现象。干性皮肤又可分为缺油性和缺水性两种。

保养重点：多做按摩护理，促进血液循环，注意使用滋润、美白、活性的修护霜和营养霜。要注意补充肌肤的水分与营养成分、调节水油平衡的护理。

护肤品选择：多喝水，多吃水果、蔬菜，不要过于频繁地沐浴及过度使用洁面乳，注意每周护理及使用保持营养型的产品，选择非泡沫型、碱性度较低的清洁产品、带保湿的化妆水等。

（2）油性皮肤

表现特征：油脂分泌旺盛、T 部位油光明显、毛孔粗大、触摸有黑头、皮质厚硬不光滑、皮纹较深；外观暗黄，肤色较深、皮肤偏碱性，弹性较佳，不容易起皱纹、衰老，对外界刺激不敏感；皮肤易吸收紫外线，容易变黑、易脱妆、易产生粉刺、暗疮。

保养重点：随时保持皮肤洁净清爽，少吃糖、咖啡等刺激性食物，多吃维生素 B_2 或 B_6 以增加肌肤抵抗力，注意补水及皮肤的深层清洁，控制油脂的过度分泌，调节皮肤的平衡。

护肤品选择：使用油分较少、清爽型、抑制皮脂分泌、收敛作用较强的护肤品。白天用温水洗面，选用适合油性皮肤的洗面奶，保持毛孔的畅通和皮肤清洁。暗疮处不可以化妆，不可使用油性护肤品，化妆用具应该经常地清洗或更换，尤其要注意适度的保湿。

（3）中性皮肤

表现特征：水分、油分适中，皮肤酸碱度适中，皮肤光滑细嫩柔软，富于弹性，红润而有光泽，毛孔细小，无任何瑕疵，纹路排列整齐，皮沟纵横走向，是最理想漂亮的皮肤。中性皮肤多数出现在小孩当中，通常以 14 岁以下发育前的少女为多。年纪轻的人尤其青春期过后仍保持中性皮肤的很少。这种皮肤一般炎夏易偏油，冬季易偏干。

保养重点：注意清洁、爽肤、润肤以及按摩的周护理。注意补水、调节水油平衡的日护理。

护肤品选择：依据皮肤年龄、季节选择，夏天选亲水性产品，冬天选滋润性产品，选择范围较广。

（4）混合性皮肤

表现特征：一种皮肤呈现出两种或两种以上的外观（同时具有油性和干性皮肤的特征）。多见为面孔 T 区部位易出油，其余部分则干燥，并时有粉刺发生，男性约 80%是混合性皮肤。混合性皮肤多发生于 20～35 岁。

保养重点：按偏油性、偏干性、偏中性皮肤分别侧重处理，在使用护肤品时，首先要滋润较干的部位，再在其他部位用剩余量擦拭。注意适时补水、补充营养成分、调节皮肤的平衡。

护肤品选择：夏天参考油性皮肤的选择，冬天参考干性皮肤的选择。

（5）敏感性皮肤

表现特征：皮肤较敏感，皮脂膜薄，皮肤自身保护能力较弱，皮肤易出现红、肿、刺、痒、痛、脱皮和脱水现象。

保养重点：经常对皮肤进行保养；洗脸时水不可以过热过冷，要使用温和的洗面奶洗脸。早晨，可选用防晒霜，以避免日光伤害皮肤；晚间可用营养型化装水增加皮肤的水分。在饮食方面要特别注意易引起过敏的食物。皮肤出现过敏后，要立即停止使用任何化妆品，对皮肤进行观察和保养护理。

护肤品选择：应先进行适应性试验，在无反应的情况下方可使用。切忌使用劣质化妆品或同时使用多种化妆品，并注意不要频繁更换化妆品。另外，含香料过多及过酸过碱的护肤品不能用，而应选择适用于敏感性皮肤的化妆品。

皮肤颜色反应肝脏状况

1. 黄色。中国最早的医书《黄帝内经》描述的“湿热相交，民病疸也”，即今天所谓的肝炎及胆囊炎的症状。

传统中医学还将黄疸分为阳黄和阴黄。阳黄指黄色鲜明如橘子色，病程较短，属于热证、实证；阴黄则指黄色晦暗，病程较长者，属于寒证、虚证。不同的黄色揭示了疾病的不同阶段并应采用不同的治疗法则。从未患过肝炎的人，在畏寒、发热、恶心、呕吐、肝痛、极度乏力后，忽然出现眼睛和皮肤发黄，表明患了急性黄疸型肝炎。慢性肝炎患者若出现黄疸，则表明病情加重，肝炎处于活动期，这时肝功能和转氨酶一般都会不正常，肝细胞损害严重。病人这时一定要积极治疗、充分休息和注意营养。

2. 红色。人体产生的雌激素主要由肝脏灭活。雌激素有扩张血管的作用。体内雌激素积蓄，严重时可使皮肤上出现一个形状像蜘蛛的红色血管痣。部分慢性肝炎和肝硬化患者的面、颈、肩、上胸和背部会出现成片的毛细血管扩张，使这些部位泛出丝丝红色。还有些慢性肝炎和肝硬化患者手掌和脚掌出现红色的斑点和斑块，医学上称为“肝掌”，这也是体内雌激素积蓄的结果。肝炎患者肤色变红，表明肝脏功能长期受到严重损害。

3. 黑色。皮肤颜色黝黑，面部眼睛周围发黑，是慢性肝炎、肝硬化和肝癌患者肝功能严重损害的一个重要特征。

2. 一般护肤程序

护肤包括深层护肤和表层护肤两种，这两种方式的护肤品功效是不一样的。前者的主要功能是为皮肤提供营养，其重点在于营养的吸收。后者的主要功能是为皮肤增加一层保护膜，防止外界不良环境对皮肤的侵害，因此对营养吸收的要求比较少。正确的护肤方法是先进行深层洁肤，保证肌肤能够吸收充足的营养，接着涂上具有保湿、滋润效果的护肤品，然后再做外部保护。

在使用护肤品时要注意按照分子越小越先用的原则，如爽肤水、精华液、眼霜、乳液、乳霜、膏状护肤品，质地越清爽、越稀越先用，这样更有利于各种营养的充分吸收。

下面介绍一般护肤的步骤（见图 2-1）。

（1）清洁（见图 2-2）

每天早晚各一次的清洁工作，可以温和并彻底地卸除脸上的化妆品、表面油脂及污垢。

如果白天用过隔离或防晒产品，则首先要卸妆。其方法是在面部涂适量清洁霜，待其与表面污垢充分接触，然后用化妆棉轻轻拭去。眼部和唇部格外娇嫩，需要先用专门的眼部和唇部卸妆产品清除眼线、睫毛膏、唇膏等化妆品。卸妆后要使用洗面奶清洗面部，并用指腹由内往外轻揉清洗，不要用力搓，最后用温水冲净。

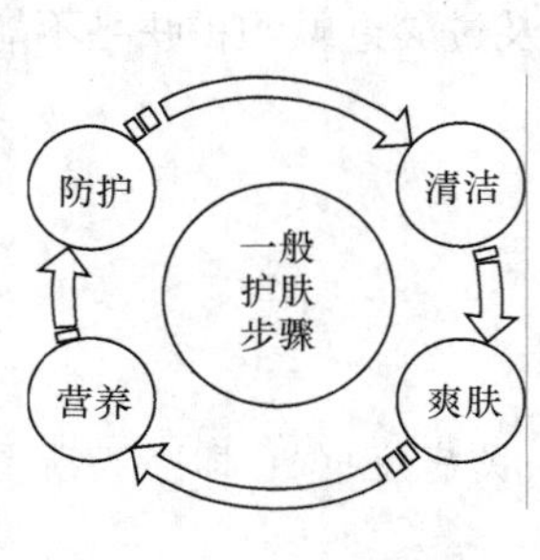

图 2-1　一般护肤步骤

图 2-2　清洁

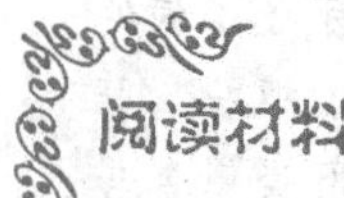

洁面的注意事项

1. 洁面产品的好坏，主要决定于“清洁成分”本身，而不是那些添加物。例如，某洗面奶成分写的仅是“高效保湿因子，维生素 E”，则基本上无法从这两种成分判断这支洗面奶的好坏。

2. 表面活性剂决定了整支洗面奶的好坏。氨基酸表面活性剂以天然成分为原料制造，成分本身可调为弱酸性，所以对皮肤刺激性很小，亲肤性也特别好。它是目前高级洗面奶清洁成分的主流，价格也较为昂贵。即使是长期使用，也不会对皮肤造成伤害。

3. 不少洗面奶都伤皮肤，抗衰老必须用氨基酸洗面奶。最关键的是其温和、没有刺激，不但对皮肤没有刺激，对眼睛也没有刺激。另外，洁面产品不仅需要清洁能力强，还要容易洗干净，残留极少，而且要保证残留物对皮肤没有伤害。

4. 好的洁面产品除了肤感舒适、涂抹轻柔、泡沫细软、不能有拉丝和啫喱状的感觉之外，还要有营养和保湿的功效，清洗后皮肤清爽而不紧绷。

5. 使用洗面奶或洁面凝露时一般应使用温水洗脸，水温应在 37℃左右。因为当皮肤有一定温度和湿度时，护肤品的吸收最好。用冷水清洁皮肤后，护肤品吸收会变慢，而用过热的水清洁皮肤会造成一定的损伤。

6. 自来水含氯气伤害皮肤。清洁时建议用纯净水或蒸馏水。油性皮肤、黑头、痤疮皮肤建议用洗面奶按摩 1 分钟左右。有红血丝的皮肤洗脸时注意水温不要过高，否则会使血丝加重。

7. 选择纯净水或蒸馏水清洁皮肤费用不菲，简易方法是将自来水静置 8 小时以上，或者将自来水烧开 5 分钟后再放凉，这两种方法均可以有效消除水中的氯气。

8. 不要频繁地更换所用的洗面奶品牌，除非你觉得使用中的洗面奶并不适合你。因为各种品牌的洗面奶的酸碱值不同，每换一次，皮肤就必须经历一个适应期，如果酸碱度反差太大，甚至会出现皮肤疼痛或脱皮的现象。

（2）爽肤

爽肤的过程可再次清洁肌肤，软化角质、平衡 pH 值，帮助收缩毛孔，增加肌肤的柔软感。用化妆棉沾湿爽肤水或柔肤水，轻拍脸部及颈部，重复擦拭，直到化妆棉上没有污垢及残留化妆的痕迹为止。需注意的是，爽肤的过程一定要避开眼部。

（3）营养

应针对皮肤的类别和特点，选用适合自己的护肤产品。例如润肤水、润肤乳、润肤液、润肤霜、精华液等，给皮肤补充必需的水分和养分，充分滋润皮肤，保持皮肤的柔润光滑。为达到最佳效果，使用保养品时一定要用指腹轻轻地以朝上和朝外的方式涂抹。眼部的护理一般使用眼部专用护肤品，如眼霜、眼部精华液等。

（4）防护

如果省略防护步骤，空气中有许多有害物质会附着在皮肤表面，为保护皮肤免受环境中有害物质的伤害，通常可使用隔离霜、防护霜等给予皮肤保护。并可调整肤色，为彩妆做基础。使用时用指腹或海绵轻轻地将隔离霜、防护霜向外推开、推匀。要特别注意的是下巴、发际等交界处，做到颜色融合。夜间不需要进行皮肤防护。

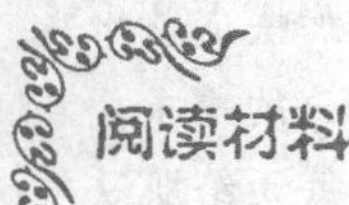

日常习惯护好肤

1. 补充水分

秋天到来后，由于空气开始变得非常干燥，加之早晚温差大，天气逐渐变冷，引起皮肤毛孔收缩，皮肤表面的皮脂腺与汗腺分泌减少，从而使得皮肤表面很容易丧失水分。水分不足，加之秋季皮肤新陈代谢缓慢，所以秋风一起，许多人的脸上便起了皱纹或色斑、粉刺。原有的蝴蝶斑、褐斑也会加深，皮肤变得干燥，皮下脂肪增厚，皮肤紧绷，甚至起皮掉屑。因此，秋季护养肌肤要注意合理饮水，弥补夏季丧失的水分，并防秋燥对体液的消耗。每天饮用足够的水，可以使之渗透于组织细胞间，维护人体的酸碱平衡，保证机体新陈代谢的正常运行，并能有效地将人体废物排出体外，从而保持皮肤的清洁与活力。饮水可饮白开水、果汁、矿泉水等。其中白开水是最好的“天然饮料”，应该首选。中国人喜饮的绿茶有清热泻火的作用，经常饮用，能够预防某些皮肤疾病（如青春痘、粉刺等）的发生。一般来说，每天饮6~8杯水，使能满足皮肤内部的需要。

2. 均衡营养

营养不良会使人的皮肤干、粗、皱、硬。如果过多地摄取动物脂肪，则皮肤会表现出油亮或脱屑，这样易引发痤疮等皮肤病。因此，平时应注意饮食的多样性、营养的合理性，多食能转化皮肤角质层、使皮肤光滑的维生素 A（动物的肝、肾、心、瘦肉等），多吃新鲜的蔬菜、水果，少吃含饱和脂肪酸较高的动物性食物。

3. 注重洁肤

秋季空气中的污染物极易堵塞毛孔，从而引起皮肤疾病。另外，入秋后，角质层大量脱落，不及时清洁皮肤也会造成严重干燥、粗糙。所以，不论化妆与否，每天早晚用洗面奶仔细清除污垢，应是一项必做的工作。洁肤应选用杀菌力强、清洁效果好的洗面奶；在洗脸、洗浴水中加入适量食醋，也能达到清洁的效果。

4. 睡前护肤

睡前护肤十分重要，因为面部细胞的分裂次数比白天高得多（10 倍以上），新生的细胞需要更加细腻的呵护。秋天气候干燥，应经常使用滋润乳液，同时用化妆水擦拭额头、鼻翼、下巴等皮脂分泌旺盛的部位。

5. 特殊护理

（1）去角质（见图 2-3）

我们的肌肤每天都会自行新陈代谢，由基底层产生的细胞会慢慢地到达肌肤的表面，然后成为角质层，一般也称为角化。皮肤的角化周期通常约为 28 天。如果新陈代谢正常，老旧的角质细胞就会自然脱落。不过由于环境、季节、紫外线、作息不正常等因素，有时新陈代谢会变得缓慢。所以我们的皮肤表面角质层越堆越厚，角质过度地堆积，就容易感觉肌肤没有透明感，也失去原本的弹性，所以定期且适当地去角质，可以将皮屑去除，让肌肤更晶莹剔透。去角质可到专业的美容院，更方便的方法是到商场购买适合自己的去角质产品，在家自行护理。

（2）保湿

水是生命的重要组成部分。我们的皮肤有天然保湿系统，在理想的状态下，这种天然保湿系统可以给皮肤提供足够的水分。但风吹、日晒、空调这些外界因素都会加快皮肤水分的流失，在这些因素的影响下肌肤自身的保湿系统就不能完全满足肌肤对水分的需求。很多问题皮肤的最主要原因就是缺水，所以补水保湿是解决这些问题的关键。每天给肌肤提供足够的水分能增强肌肤对外界的抵御能力。保湿的重要内容包括使体内保有足够的水分，多吃水果和蔬菜，使用适合自己的保湿产品，定期做保湿面膜，避免风吹日晒，不用过热的水洗脸等。

（3）防晒（见图 2-4）

当皮肤接受紫外线过度暴晒后，会损伤表皮细胞；活化酪胺酸酶，加速色素合成，破坏皮肤的保湿功能，使皮肤变得干燥，让真皮层中的弹力纤维受损，使细纹产生。在强烈照射下，还会造成肌肤发炎、灼伤。有异常情形时，甚至会变成色素性的皮肤癌等，防晒在我们的生活中必不可少。伞、帽子、墨镜、衣服是必不可少的防晒物品，都是物理防晒品。防晒霜有物理防晒和化学防晒两种原理。使用防晒霜要确保 SPF≥15，并且能同时抵抗 UVA 和 UVB。出门时，不要以为戴着帽子或置身于阴凉处就能避开紫外线，反射光中还有超过 1/3 的部分为紫外线。同样，冬天和阴天也要做好防晒工作，因为露天环境的光线中还有超过 1/3 的部分为紫外线。在夏日早 10 时至午后 4 时阳光最强的时候，要尽量避免在室外活动和工作。如果外出时间在 10 点～13 点，面部裸晒达半个小时以上，则应该重新洗面、洁面，涂抹防晒霜。

图 2-3　去角质

图 2-4　防晒

阅读材料

UVA UVB UVC

人们口中的“紫外线”实际上还可细分为长波长的UVA、中波长的UVB及短波长的UVC。其中UVC在进入大气层时，已在臭氧层的防护下被隔离，能辐射到地面的只剩UVA和UVB了。UVB又称“户外紫外线”，只要适当地遮掩即可隔离，它是引起皮肤泛红、发炎及晒伤的主因；UVA会折射进室内，又称为“室内紫外线”，其能深入真皮层，会对胶原、弹力纤维甚至纤维母细胞进行破坏，所以UVA不但是会激发色素合成而使肤色“变黑”，更是造成皮肤“老化”及细纹产生的主要祸首。

2.1.3 化妆

化妆是指运用化妆品和工具，采取合乎规则的步骤和技巧，对人的面部、五官及其他部位进行渲染、描画、整理，增强立体印象，调整形色，掩饰缺陷，表现神采，从而达到的美容目的。化妆是一种历史悠久的女性美容术，在古代早有记载，现代的化妆因其实用而兴起，成为满足女性追求自身美的一种手段。化妆能表现出女性独有的天然丽质，为其增添魅力。成功的化妆能唤起女性心理和生理上的潜在活力，增强其自信心，使其精神焕发，还有助于消除疲劳、延缓衰老。

1. 化妆的分类

化妆可分为基础化妆和重点化妆。基础化妆是指整个脸面的基础敷色，包括清洁、滋润、收敛、打底与扑粉等，具有护肤的功用。重点化妆是指眼、睫、眉、颊、唇等器官的细部化妆，包括加眼影、画眼线、刷睫毛、涂鼻影、擦胭脂与涂唇膏等，能增加容颜的秀丽并呈立体感。化妆可随不同场合来变化，有晚宴妆、舞会状、新娘妆等分类。

化妆的方法有日常的一般化妆法，适应各种场合需要的特殊化妆法，以及简捷的速成化妆法等。

人体最全面的化妆分为皮肤、毛发、指甲、牙齿、眼睛5个部分的化妆。其中皮肤包括嘴唇，毛发包括睫毛。

2. 常用化妆品分类

（1）润肤类化妆品

润肤类化妆品的主要功能是护理面部、手臂、腿部及身体其他部位的皮肤，使之更加滋润、柔嫩。常见的有乳液、润肤蜜、雪花膏等。

（2）美发类化妆品

美发类化妆品的主要功能是保护头发，起到滋润、去屑、止痒、柔顺、造型等作用，如发蜡、生发油、发乳、香波、摩丝、冷烫液等。

（3）修饰类化妆品

在化妆时用在适当部位起到着色、突出、晕染、修饰等作用，使得妆容更加自然协调，明艳动人。包括眼影、眉笔、睫毛膏、唇膏、指甲油、蜜粉等。

（4）芳香类化妆品

芳香类化妆品通过本身的香气去除异味、增添芬芳。包括香水、花露水、香精、爽身粉等。

（5）药物类化妆品

它具有各种不同疗效，可以预防、消除美容缺陷，如粉刺霜、雀斑霜、减皱霜、人参霜等。

3. 化妆步骤

化妆的内容和程序都有一定的规范，不同的妆容又有各自的要点，下面介绍一般化妆的简单步骤。

（1）洁面

化妆前首先要将脸洗净，用温水配合洗面奶去除脸部和颈部的汗水、油垢和灰尘。

（2）润肤

洁面后用化妆棉涂抹爽肤水或化妆水，然后涂抹润肤霜或是润肤露。这一步很关键，好的润肤霜在滋润皮肤的同时在涂粉底之前为化妆过程打下一个好底，使皮肤免受其他化妆品的刺激，而且可以使皮肤看上去晶莹剔透。

（3）隔离

使用隔离霜是保护皮肤、保护妆容的重要步骤，省略这一步的做法是错误的。使用隔离霜就是为了给皮肤提供一个清洁温和的环境，形成一个抵御外界侵袭的防备“前线”。如果不使用隔离霜就涂粉底，则粉底会堵住毛孔伤害皮肤，也容易产生俗称“吃”粉底化妆品的脱落现象。

隔离霜的涂抹方法很简单，取用豆粒大小的隔离霜点在脸上，涂抹均匀就可以了。隔离霜不必用多。隔离霜有多种颜色，通常绿色和蓝色的隔离有好的遮盖作用，适合脸部有斑点或其他瑕疵的人用；紫色则比较适合东方人偏黄的皮肤；白色的比较适合透明妆使用。

（4）粉底

粉底可改善肤色、修饰脸型，是化妆中重要的一步。在底色的型号与质地的选择上要接近个人肤色而不留痕迹，再利用底色的色彩差别打出立体感而不留界限。

打粉底（见图 2-5）时，取比隔离霜多一倍的量均匀地涂抹在脸部。眼部、头发与额头的交界处一定要涂抹均匀。

针对脸上的斑点或痘痘，可在粉底的基础上使用遮瑕霜或者遮瑕液。用小刷子轻轻地刷在瑕疵及其周围区域，这样粉底不用打得太厚也可以盖住斑点、痘痘。

（5）粉饼或散粉

根据肤质或妆容选择粉饼或散粉，要用粉扑轻轻拍打或粉刷扫匀，注意脸与颈部的交界处不留痕迹，达到提亮与定妆的效果。

图 2-5　打粉底

（6）眼睛

首先是眉毛的修剪。按照脸型和个人喜好修剪出满意的眉形，必要时再用眉刷和眉粉修饰。眉型的塑造也不宜高挑、过于纤细，而应顺眉毛自然的走向稍加修整，恰到好处地展现出个人率真个性。

妆色的重点凝结在眼部。如何在平淡中捕捉光影、在生活中体现韵味，眼妆起着举足轻重的作用。用眼线笔或眼线液沿睫毛线内侧边缘轻轻画好眼线，可使眼睛看上去更加立体、有神。

眼影要根据不同的妆容和服装选择颜色的搭配。眼影的色彩使用是由浅到深的渐变，暗色与亮色的晕染要衔接自然，明暗过渡合理。比如粉红色的眼影，就要先将整个眼眶都涂上一层淡粉，然后在接近睫毛的地方加深。完妆后要在眉骨鼻梁上扫上一层白色的散粉。可以达到突显立体感的效果。东方人面部较平，可在眼线内侧涂上较深的眼影，以衬托出鼻子的线条。

涂抹睫毛膏时，蘸取适量睫毛膏从睫毛根部轻轻向外刷，必要时可多刷几遍。不同睫毛膏具有防水、加长、加粗等不同功能，可根据场合和自身情况选取。

（7）腮红

腮红能使整个脸部显得柔美自然，也能使颧骨显得突出。用刷子在颧骨处打圈往上画，向着太阳穴的位置，然后再用同色胭脂粉轻扫太阳穴部位，便可使面部色彩显得浓淡和谐。

（8）唇部

先用一块小化妆海绵沾少量粉底遮盖住原来的嘴唇轮廓，并涂在唇上，这样可以使唇膏上得更均匀，并能更持久。用唇线笔勾画出理想的唇线，再用唇刷将颜色涂在整个唇部。画完以后，用化妆纸吸干油脂，重复画一次会使唇妆比较持久。整个唇部化妆的过程中，保持唇部的放松，分开做微笑状。

更简单的方法是用唇膏或唇彩沿唇部轮廓内侧涂抹均匀，如果非正式的化妆，也可在唇正中点上唇彩，再抿一下即可。

（9）修正

最后要检查化妆的效果，进行必要的修正、补充和矫正。还可根据场合喷洒合适的香水，化妆完成。

2.1.4 发型

美的发型能够衬托人的气质和个性，美的发型能使人增强自信，扮靓生活。发型可表现出庄重、喜庆、活泼、典雅等不同感觉，每个人可根据自身爱好、脸型、年龄和职业选择适合的发型。

1. 头发的清洁与保养

美丽的发型离不开护理周到的发质。光泽、秀美的头发，不仅是健康体魄的体现，而且使人充满自信。生活中，由于头发上常有灰尘和汗水，细菌就会借体温的影响而繁殖，不仅破坏了毛囊，也影响头发的寿命。洗头能够将头皮屑和污垢有效地清除，给头发一个健康的生长环境。洗头的频率因发质和具体情况因人而异，油性发质或运动量大的人，最好天天清洗头发；发质干而运动量少的人，可两到三天清洗一次。头发洗得太勤，会将皮脂腺分泌滋润头发的油脂完全洗掉，这不仅不利于护发，反而会使头发发黄、变干，失去自然的光泽。洗头最重要的是选好洗发和护发用品，要综合考虑头发的粗细、软硬、形态、性质和条件，是属中性、干性还是油性等因素。有时，头发也会因气候、冷暖、污染、情绪、染发、烫伤等影响而受损，这就要做特别的护理。

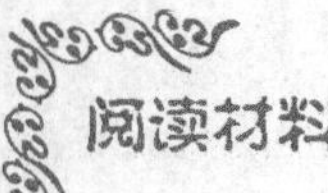

洗头的学问

梳理：洗头应先梳理头发，以梳掉头发表面的灰尘和头皮屑，同时把凌乱的头发理顺，以便清洗。

水温：洗头的水温以40℃～45℃为宜。水温低，不易把油脂等污物洗掉；而水温高，又会造成头皮表层细胞的坏死，使得头屑增多，卷发变直。

预洗：用温水将头发完全浸透，然后以冲洗的方式冲掉头发表面的脏物。如果头发很脏，就需要多冲几次，以便发挥洗发剂的作用。

清洗：将洗发剂倒在手上，然后均匀地抹在头上。要注意一是用量不宜过多，二是要边抹边做环形按摩，以利于香波起泡，发挥洁力。之后，一定要将头发彻底冲洗干净。如果头发较脏还需二次清洗，洗发剂的用量只需首次的一半，边洗边按摩。再次将头发彻底冲干净。洗头时要用指腹轻轻揉搓，而不是用手指甲或梳齿用力梳头，这样容易伤及头发和头皮，造成毛囊发炎、脱发等现象，另外不要用碱性较强的肥皂、洗衣粉等强碱性洗剂洗头，以免损伤头发的角质蛋白，使其变性、发脆、易折断，增加头皮屑。

护理：先用毛巾吸去头发上的水分，然后用适量的护发素抹于发上，停留片刻，最后用清水清洗干净。

擦干：要及时将头发擦干或吹干，可用毛巾包裹头发，以吸收水分，但不能用力搓。如使用吹风机，切忌让风筒靠得太近，这样会把头发吹焦。造成头皮的轻度烫伤。

2. 发型与脸型

（1）长脸型（见图 2-6a）

长脸型需要用优雅可爱的发式来缓解由于脸长而形成的严肃感。在发型的轮廓上，要压抑顶发的丰隆，顶部应平伏，前发宜下垂，使脸部显得圆一些，同时，还要使两侧的发容量增加，以弥补脸颊欠丰满的不足。对于脸型狭长的女性来说，将头发做成卷曲波浪式，可增加优雅的品位，因而应选择松动而飘逸，整齐中带点乱的发型。

（2）圆脸型（见图 2-6b）

圆脸型应增加发顶的高度，使脸型稍稍拉长，给人以协调、自然的美感。在梳妆时要避免面颊两侧的头发隆起，否则会使颧骨部位显得更宽。圆脸宜侧分头缝，梳理垂直向下的发型，直发的纵向线条可以在视觉上减弱圆脸的宽度。

（3）方脸型（见图 2-6c）

方脸型的梳妆要点是以圆破方，以柔克刚，使脸型的不足得到弥补。可将头发编成发辫盘在脑后，使人们的视觉由于线条的圆润而减弱对脸部方正线条的注意。前额不宜留齐整的刘海，也不宜全部暴露额部，可以用不对称的刘海修饰宽直的前额边缘线，同时又可增加纵长感。两耳边的头发不要有太大的变化，避免留齐至腮帮的直短发。

（4）菱形脸型（见图 2-6d）

菱形脸型是整个脸型的上半部为正三角形形状，下半部为倒三角形形状。用发型矫正这种脸型时，上半部可按正三角脸型的方法处理，下半部则按倒三角脸型的方法处理。一般将额上部的头发拉宽，额下部的头发逐步紧缩，靠近颧骨处可设计一种大弯形的卷曲或波浪式的发束，以遮盖其凸出的缺点。

（5）三角形脸型（见图 2-6e）

根据发型与脸型的比例关系，梳理时要将耳朵以上部分的发丝蓬松起来，用喷发胶或定型剂可以达到这种效果，这样能增加额部的宽度，从而使两腮的视觉宽度相应地减弱。

（6）倒三角形脸型（见图 2-6f）

倒三角形脸型在梳理时只要注意扬长避短，便可达到整洁、美观、大方的效果。该种脸型适合选择侧分头缝的不对称发式，露出饱满的前额。

（7）椭圆形脸型（见图 2-6g）

椭圆形脸型是女性中最完美的脸型，采用长发型和短发型都可以，但应注意尽可能把脸显现出来，突出这种脸型协调的美感，而不宜用头发把脸遮盖过多。

a 长脸型　b 圆脸型　c 方脸型

d 菱形脸　e 三角形脸型　f 倒三角形脸型

g 椭圆形脸型

图 2-6 脸型

3. 发型选择的原则

任何一个人在选定适合自己的发型时，都要考虑自身的发质、年龄、身材、职业、场合等因素，综合平衡后做出选择。一般情况下，男性发型首要的原则是简洁和清爽，不宜留长发；女性首要的原则是端庄，不宜崇尚过于华丽和美艳的发型。对学生而言，无论男女，发型都应简洁、利落，显示出青春活力。公务员、教师等应选择稳重大方的发型；建筑工、纺织工、车工、医生、厨师、食品营业员等职业，出于安全生产和工作的需要，应戴工作帽，这就要求应留较短的发型或将头发全部梳起；经常进行露天作业，其发型应简单，头发也应短一些，这样能够使梳洗方便。

2.2 着　　装

古往今来，着装从来都体现着一种社会文化，体现着一个人的文化修养和审美情趣，是一个人身份、气质和内在素质的外在流露。从某种意义上来说，服饰是一门艺术，它所传达的情感与意蕴甚至是语言不能替代的。恰当的着装与服饰会给人以良好印象，提高社交的成功率；反之会降低身份，损害形象。

2.2.1 TPO 原则

TPO 原则，即着装要考虑到时间（Time）、地点（Place）、场合（Occasion）。

TPO 原则，是有关服饰礼仪的基本原则之一。它的含义，是要求人们在选择服装、考虑其具体款式时，首先应当兼顾时间、地点、场合，并应力求使自己的着装及其具体款式与着装的时间、地点、场合协调一致。

扫一扫

扫一扫你就知道TPO 原则。

1. 时间

一年有春、夏、秋、冬四季的交替，一天有 24 小时变化，显而易见，在不同的时间里，着装的类别、式样、造型应随之有所变化。例如，冬天要穿保暖、御寒的冬装；夏天要穿通气、吸汗、凉爽的夏装。白天穿的衣服需要面对他人，应当合身、严谨；晚上穿的衣服不为外人所见，可适当宽大、随意等。

2. 地点

从地点上讲，置身在室内或室外，驻足于闹市或乡村，停留在国内或国外，身处于单位或家中，在这些不同的地点，着装的款式理当有所不同，切不可以不变而应万变。例如，穿泳装出现在海滨、浴场，是人们司空见惯的；但若是穿着它去上班、逛街，则非令人哗然不可。在国内，一位少女只要愿意，随时可以穿小背心、超短裙，但她若是以这身行头出现在着装保守的一些国家，就有悖当地习俗，显得有些不尊重当地人了。

3. 场合

衣着要与场合协调，着装应适应自己扮演的社会角色。与顾客会谈、参加正式会议等，衣着应庄重考究；听音乐会或看芭蕾舞，则应按惯例着正装；出席正式宴会时，则应穿中国的传统旗袍或西方的长裙晚礼服；而在朋友聚会、郊游等场合，着装应轻便舒适。另外着装还要考虑到目的性，比如为了表达自己悲伤的心情，可以穿深色、灰色的衣服等。一个人身着款式庄重的服装前去应聘求职、洽谈生意，说明他郑重其事、渴望成功。而在这类场合，若选择款式暴露、性感的服装，则表示其自视甚高，对求职、生意的重视，远远不及对其本人的重视。

2.2.2 着装搭配基本原则

1. 整洁

整洁的原则指整齐干净，这是着装搭配最根本的原则。一个穿着整洁的人总能给人积极向上的感觉，总是受欢迎的，而一个穿着褴褛肮脏的人给人感觉则总是消极颓废的。在社交场合，人们往往通过衣着是否整洁大方来判断来人对交往是否重视、是否文明有涵养等。整洁的原则并不意味着穿着高档时髦，只要保持服饰干净合体、全身整齐有致便可。

2. 个性（见图 2-7）

个性原则指社交场合树立个人形象的要求。人人都希望自己能以一个独立的人被社会接纳与承认。要使打扮富有个性应注意两个问题，第一就是不要盲目赶时髦，最时髦的往往是最没有生命力的。第二就是穿出自己的个性。俗话说“世间没有两片完全相同的叶子”，“一样米养百样人”。不同的人由于年龄、性格、职业、文化素养等的不同，自然就会有不同的气质。故服饰选择应综合考虑，既要根据个人气质选择服饰，同时又要通过服饰表现个性气质。为此，必须深入了解自我，让服装尽显自己的个性风采，一个盲目追求时髦的人必然会失去自我。可想而知，一个身为教师的女性穿着透视装和超短裙出现在讲台上，同一个粗腰壮腿的女士穿迷你裙招摇于街市一样的不可理解。服饰的个性原则，归根到底也是一个美的原则，服饰搭配技巧美的生命力就在于其能掩盖缺点，尽显人体优处。

图 2-7 着装搭配的个性原则

3. 和谐

所谓和谐原则指协调得体的原则，有两层含义，一是指着装应与自身体型相和谐，二是指着装应与年龄相符合。服饰本来是一种艺术，能遮盖体型的某些不足。借助于服饰，能创造出一种身材美妙的感觉。

不同的体型着装应有所区别。对于高大的人来说，在服装选择与搭配上，切忌穿太短的上装，款式不能太复杂，适宜穿横条或格子上装。服装色彩宜选择深色、单色，太亮太淡太花的色彩有一种扩张感，就显得更大了。对于身材娇小的人而言，上衣不能太长、太宽，裤子不能太短，裤腿不能太大，裤子宜盖着鞋面为好，服装色彩宜稍淡、明快柔和些，上下色彩一致可造成修长之感。服装款式宜简洁，忌穿横条纹的服装。

对较胖的人而言，穿衣就要尽量让自己显得瘦一些，不能穿太紧身的衣服，以宽松随意些为好，衣领以低矮的“V”型领为最佳，不能用太夸张的腰带，这样容易显出粗大的腰围。在颜色上以冷色调为好，过于强烈的色调就更显胖了。忌穿横条纹、大格子或大花的衣服。对于偏瘦的人而言，要尽量穿得丰满些。不要穿太紧身的服饰，服装色彩尽量明亮柔和，太深太暗的色彩反而更显瘦弱。可选穿一些横条、方格、大花图案的服饰，以达到丰满的视觉效果。

着装除了应与体型身材协调外，还应注意与年龄相吻合。不是所有的服装服饰搭配都适合同一个年龄。由于年龄的差异，从服装款式到色彩均有讲究。一般而言，年轻人可以穿得鲜亮、活泼随意一些，而中年人相对应穿得庄重严谨一些。但随着生活的发展，人们着装的观念发生了许多变化，一个很明显的趋势就是：年轻人穿得素雅，中老年人相对花哨，老年人希望通过服装来掩盖岁月的痕迹，年轻人试图通过服饰来强化自己的成熟期，这自然无可厚非。青春自有自己独特的魅力，而中老年人自然也有年轻人无法企及的成熟美，服饰的选择唯有适应这种美的呼应，方能创造出和谐与神韵。

2.3 正　装

所谓正装，是指适用于严肃场合的正式服装，是正式场合的装束，而非娱乐和居家环境的装束，如西服、中山装、民族服饰等，如图 2-8 所示。

图 2-8　正装

男士的正装穿着十分讲究。在西方国家，正装包括西装、燕尾礼服；在中国，正装则以西装为主，有时也可以穿着中山装，立领的中山装也属于正装范畴。最常见的男士正装，是我们常常在白领们身上看到的“衬衫+西服+领带+西裤+皮鞋”。实际上，在夏天只穿着衬衫和西裤也是正装的体现。女士正装以女士套裙和女士西装为主。正装是社交场合的重要穿着，不仅表现出个人的品位和气质，而且是自尊与尊重对方、体现自身修养，特别是礼仪修养的充分展现。

男士正装的 7 个原则

扫一扫你就知道男士正装原则。

1. 三色原则

三色原则是在国外经典商务礼仪规范中被强调的，国内著名的礼仪专家也多次强调过这一原则，简单说来，三色原则就是男士身上的色系不应超过 3 种（很接近的色彩视为同一种）。

2. 三一定律

鞋子、腰带、公文包三者保持同一个颜色，黑色最佳。

3. 三大禁忌

左袖商标要拆掉；不能穿尼龙袜，不能穿白色袜；领带质地选择真丝和毛的，除非制服配套否则不用一拉得，颜色一般采用深色，穿夹克不能打领带。

4. 有领原则

有领原则说的是，正装必须是有领的，无领的服装，如T恤、运动衫一类不能成为正装。男士正装中的领通常体现为有领衬衫。

5. 纽扣原则

绝大部分情况下，正装应当是纽扣式的服装，拉链服装通常不能成为正装，即使某些比较庄重的夹克事实上也不能成为正装。

6. 皮带原则

男士的长裤必须是系皮带的，通过弹性松紧穿着的运动裤不能成为正装，牛仔裤自然也不算。西裤如果不系腰带就能很合身，那也只能说明这条西裤腰围不适合你。

7. 皮鞋原则

正装离不开皮鞋，运动鞋和布鞋、拖鞋是不能成为正装的。最为经典的正装皮鞋是系带式的，不过随着潮流的改变，方便实用的无带皮鞋也逐渐成为主流。

2.3.1 西装

西装又称“西服”、“洋装”。西装是一种“舶来文化”，在中国，人们多把有翻领和驳头（驳头指与西服领子连在一起，里襟上部向外翻折的部位）、3个衣兜、衣长在臀围线以下的上衣称作“西服”，这显然是中国人对于来自西方的服装的称谓。广义的西装指西式服装，是相对于“中式服装”而言的欧系服装。狭义的西装指西式上装或西式套装。西装通常是公司企业从业人员、政府机关从业人员在较为正式的场合男士着装的一个首选。西装之所以长盛不衰，很重要的原因是它拥有深厚的文化内涵，主流的西装文化常常被人们打上“有文化、有教养、有绅士风度、有权威感”等标签。

西装一直是男性服装王国的宠物，“西装革履”常用来形容文质彬彬的绅士俊男。西装的主要特点是外观挺括、线条流畅、穿着舒适，若配上领带或领结后，则更显得高雅典朴。另外，在日益开放的现代社会，西装作为一种衣着款式也进入到女性服装的行列，体现出女性和男士一样的独立、自信。下面主要介绍男士西装有关搭配。

1. 西装的分类

（1）按穿着者分类

按穿着者的性别和年龄，西装可分为男西装、女西装和儿童西装3类。

（2）按场合分类

按穿着场合分类可以分为礼服和便服两种。

（3）按件数分类

按西装的件数来划分，西装可分为单件西装、二件套西装、三件套西装。西服套装，指的是上衣与裤子成套，其面料、色彩、款式一致，风格相互呼应。通常，西服套装，有两件套与三件套之分。两件套包括一衣和一裤，三件套则包括一衣，一裤和一件背心。按照人们的传统看法，三件套西装比两件套西装显得更正规一些。商界男士在正式的商务交往中所穿的西装，必须是西服套装，在参与高层次的商务活动时，以穿三件套的西服套装为佳。便装，单件西装，即一件与裤子不配套的西装上衣，仅适用于非正式场合。

（4）按纽扣分类

按西装上衣的纽扣排列来划分，分单排扣西装上衣与双排扣西装上衣。如图 2-9 所示。

a. 单排扣

b. 双排扣

图 2-9 按纽扣分类

单排扣的西装上衣，最常见的有一粒纽扣、两粒纽扣、三粒纽扣 3 种。一粒纽扣、三粒纽扣单排扣西装上衣穿起来较时髦，而两粒纽扣的单排扣西装上衣则显得更为正规一些。

双排扣的西装上衣，最常见的有两粒纽扣、四粒纽扣、六粒纽扣 3 种。两粒纽扣、六粒纽扣的双排扣西装上衣属于流行的款式，而四粒纽扣的双排扣西装上衣则明显具有传统风格。男子常穿的双排扣西装是六粒扣、枪驳领、方角下摆款。

至于西服后片开衩分为单开衩、双开衩和不开衩，单排扣西服可以选择三者其一，而双排扣西服则只能选择双开衩或不开衩。

（5）按版型分类

所谓版型，指的是西装的外观轮廓。严格地讲，西装有 4 大基本版型。

第一种版型，欧版西装。欧板西装实际上是在欧洲大陆，比如意大利、法国流行的。总体来讲，它们都叫欧版西装。最重要的代表品牌有杰尼亚、阿玛尼、费雷。欧版西装的基本轮廓是倒梯形，实际上就是肩宽收腰，这和欧洲男性比较高大魁梧的身材相吻合。

第二种版型，英版西装。它是欧版的一个变种。它是单排扣，但是领子比较狭长，英版西装，一般是三个扣子的居多，其基本轮廓也是倒梯形。

第三种版型，美版西装。它是指美国版的西装。美国版西装的基本轮廓特点是“O”型。它宽松肥大，适合于休闲场合穿。所以美版西装往往以单件者居多，一般都是休闲风格。美国人一般着装的基本特点可以用“宽衣大裤”4 个字来概括，强调舒适、随意是美国人的特点。

第四种版型，日版西装。日版西装的基本轮廓是“H”型的。它适合亚洲男人的身材没有宽肩，也没有细腰。一般而言，它多是单排扣式，衣后不开衩。

a. 欧版　b. 英版　c. 美版　d. 日版

图 2-10　按版型分类

2. 西装的穿着

（1）合身

穿着西装最重要的原则就是“合身”。在合身的前提下，综合脸型、身高和肩宽的比例，选一套适合自己体型的服装，是穿着西装的第一要素。

（2）平顺

西装所要求的就是平顺的线条，因此只要是在平顺之外凸出的部分，都是破坏西装外形的元凶，最常见的情况就是口袋里放置过多的物品。就整套西装来说，包括裤子的口袋在内，所有设计在外部的口袋都只是一种装饰，真正能够放置物品的只有上装的前胸暗袋。因此，一套新西装的口袋封口线，其实并没有拆除的必要。有些人常会在西装上衣外部口袋插钢笔或放置其他东西，其实这是很不礼貌的。

（3）纽扣

穿双排扣的西装一般应将纽扣都扣上。穿单排扣的西装，如是两粒扣的只扣上面的一粒，三粒扣的则扣中间的一粒。在一些非正式场合，也可以不扣纽扣。

（4）插花眼

西装的驳领上通常有一只扣眼，这叫插花眼，是参加婚礼、葬礼或出席盛大宴会、典礼时用来插鲜花用的。在中国，人们一般无此习惯。

3. 西装与衬衫

穿西装时，衬衫袖应比西装袖长出 1cm～2cm，衬衫领应高出西装领 1cm 左右。衬衫袖口的纽扣一定要扣上，下摆必须扎进裤内。若不系领带，衬衫的领口应敞开。在正式交际场合，衬衫的颜色最好是白色的。一般男士必备一件白色衬衫和一件蓝色衬衫。

在衬衫的选择上，有几个重要的细节。例如，可以打领带的衬衫应该具有硬领与有足够打领结的领台空间。一般说来，适合打领带的衬衫都比较正式，同时在领子上自领缘向内约 0.5cm 的位置处缉有白色的缝线，如果这个间距小，那就是偏向休闲款式的衬衫。另外不能选择短袖衬衣搭配西装，一般说来，西装里面应该搭配长袖衬衫。

4. 西装与领带

（1）搭配

领带是西装的灵魂。凡是参加正式交际活动，穿西装就应系领带。领带长度以到皮带扣处为宜。如穿马甲或毛衣时，领带应放在它们后面。领带夹一般夹在衬衫的第四五个纽扣之间。

在领带的选择上，首先把注意力集中在领带与西服上衣的搭配上。从比较讲究的观点看，上衣的颜色应该成为领带的基础色。通常，衬衫的颜色应该与领带上次要颜色中的一种相配。领带的花纹或图案，也应以保守沉稳为宜，如斜纹、小圆点、小方块或规则重复的小图案等，都是不错的选择。无论同色系或是对比色彩的搭配，只要掌握领带具有画龙点睛的效果，整体造型就能十分突出，品位也就能立即展现。领带样式如图 2-11 所示。

图 2-11　领带

（2）领带的打法

领带的打法，随着时代进步不断翻新和增多，这里介绍 10 种。

① 平结

平结为最多男士选用的领结打法之一，几乎适用于各种材质的领带。要诀：领结下方所形成的凹洞需让两边均匀且对称（见图 2-12）。

图 2-12　平结

② 交叉结

这是单色素雅材质且较薄领带适合选用的领结，喜欢展现流行感的男士不妨多加使用。如图 2-13 所示。

图 2-13　交叉结

③ 双环结

一条质地细致的领带再搭配上双环结颇能营造时尚感，适合年轻的上班族选用。该领结完成的特色就是第一圈会稍露出于第二圈之外，不要刻意盖住。如图 2-14 所示。

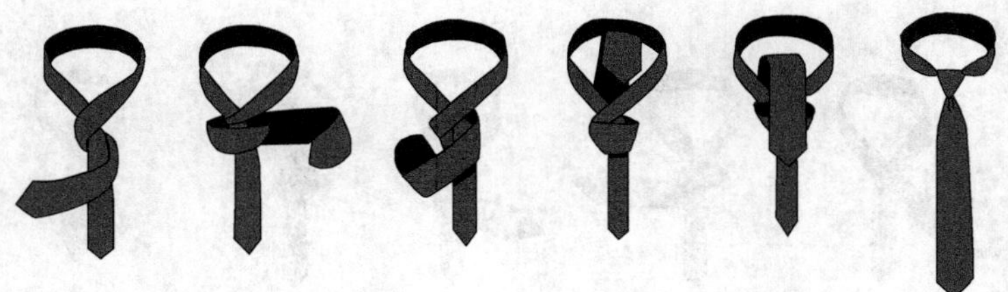

图 2-14　双环结

④ 温莎结

温莎结适合用于宽领型的衬衫，该领结应多往横向发展，应避免材质过厚的领带，领结也勿打得过大。如图 2-15 所示。

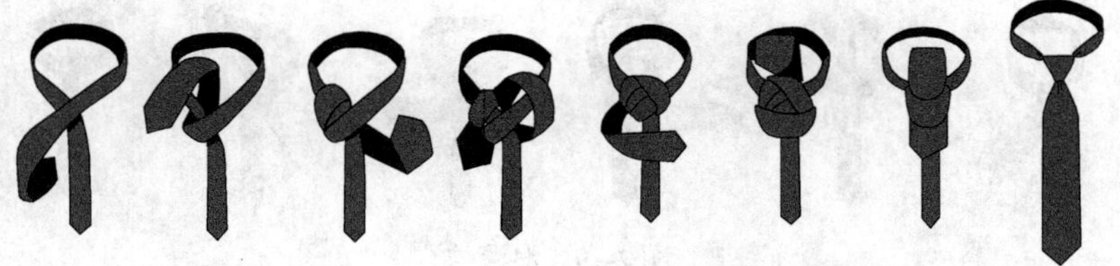

图 2-15　温莎结

⑤ 双交叉结

这样的领结很容易让人有种高雅且隆重的感觉，适合正式之活动场合选用。该领结应多运用在素色且丝质领带上，若搭配大翻领的衬衫不但适合且有种尊贵感。如图 2-16 所示。

图 2-16　双交叉结

⑥ 亚伯特王子结

亚伯特王子结适用于浪漫扣领及尖领系列衬衫，搭配质料柔软的细款领带。正确打法是在宽边先预留较长的空间，并在绕第二圈时尽量贴合在一起，即可完成此一完美结型。如图 2-17 所示。

图 2-17　亚伯特王子结

⑦ 四手结

四手结（单结）是所有领结中最容易上手的，适用于各种款式的浪漫系列衬衫及领带。如图 2-18 所示。

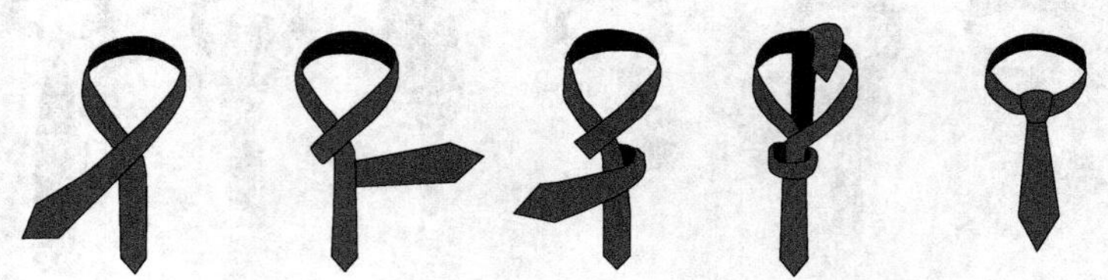

图 2-18　四手结

⑧ 浪漫结

浪漫结是一种完美的结型，所以适合用于各种浪漫系列的领口及衬衫。完成后可将领结下方的宽边缩小，窄边可左右移动调整位置，使其更显和谐美。如图 2-19 所示。

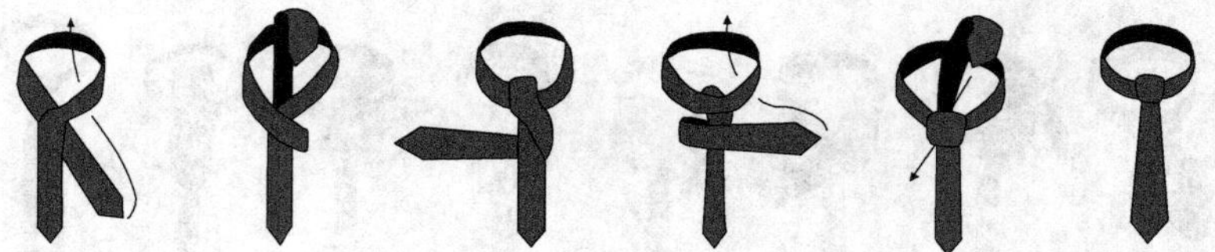

图 2-19　浪漫结

⑨ 简式结

简式结（马车夫结）是最常见的一种结型。适用于质料较厚的领带，适宜配合标准式以及扣式领口的衬衫。打领带时，将领带的宽边由上往下翻转，并将折叠处隐藏在后面，待完成后再调整领带长度。如图 2-20 所示。

图 2-20　简式结

⑩ 十字结

十字结（半温莎结）结形十分优雅及罕见，其打法亦较复杂，使用细款领带较容易上手，最适合搭配在浪漫的尖领及标准式领口系列衬衣上。如图 2-21 所示。

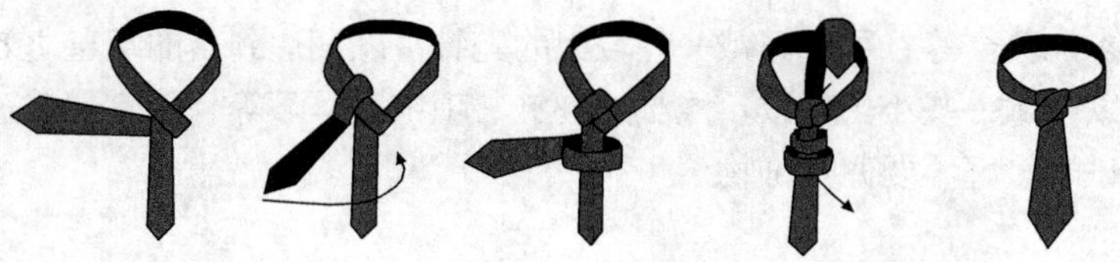
图 2-21　十字结

5. 西装与鞋袜

穿西装时不宜穿布鞋、凉鞋或旅游鞋。庄重的西装要配深褐色或黑色的皮鞋。袜子的颜色应比西装深一些，花色要尽可能朴素大方。

2.3.2　女士西装

女士西装有上衣和长裤相配的套装，也有上衣和裙子搭配的套装。女士西装的式样也较多，领型有青果领、V 字领、披肩领等；款式有单排扣、双排扣；衣长有长至大腿，也有短至腰部；图案和拼接也有多种变化。

图 2-22　女士套装

扫一扫

扫一扫你就知道女士西装穿着要求。

在社交场合无论是西服套装还是套裙都应简洁大方，给人以精明干练的感觉，并且要搭配正装鞋，颜色和款式都以简单为好。套裙应大小适度，裙子长度一般要达膝部，但最长不应超过小腿中部。要注意长筒袜颜色的搭配，还要注意不要穿钩丝、破洞的袜子，不要把袜口露在裙外。另外要注意自身的举止和姿态，在行走或蹲坐时应轻缓。

2.4　饰　　物

一般将帽子、围巾、腰带、眼镜、手袋、阳伞、发饰、挂件等统称为饰物。随着时代的进步和生活水平的提高，这些饰物越来越多地出现在日常生活中，以靓丽的色彩和新颖的款式装点着我们的生活。饰品佩戴是服饰礼仪的重要组成部分。饰品不仅具有美化的功能，同时还能传播一定的信息，具有一定的象征意义。

2.4.1 饰物的佩戴原则

1. 简洁

饰物的佩戴一个最简单原则就是少而精，主题突出，忌讳把全部家当都佩戴到身上。选择饰物要做到恰到好处，画龙点睛，最好能够锦上添花，而决不能画蛇添足，过犹不及。比如同时戴3个以上的戒指，不仅不会带来美感，反而会给人以杂乱无章的感觉。

2. 场合

女士赴宴或参加舞会等，可以佩戴一些较大的胸针，以期达到富丽堂皇之效；而平日上班或在家休闲时，可以佩戴一些小巧精致、淡雅的胸针、项链、耳环等，不宜佩戴过于华丽的饰物。需强调的是，面试时最好不要佩戴饰物。

3. 协调

饰物佩戴应与服饰相配。一般领口较低的服饰必须配项链，而竖领上装可以不戴项链。项链色彩最好与衣服颜色相协调。穿运动服或工作服时可以不戴项链和耳环。

4. 适合

饰物要与佩戴者的体型、年龄相适合。比如脖子粗短者，不宜戴多串式项链，而应戴长项链。宽脸、圆脸型和戴眼镜的女士，少戴或不戴大耳环和圆形耳环。年轻女士可以戴一些夸张的无多大价值的工艺饰品；相反，年纪较大的妇女应戴一些较贵重的比较精致的饰物，这样显得庄重、高雅。

5. 色彩

佩戴饰物时，应力求同色，若同时佩戴两件或两件以上饰品，应使色彩一致或与主色调一致，比如选择同色系的手袋、鞋子和腰带，千万不要打扮得色彩斑斓，像棵“圣诞树”。

6. 季节

饰物佩戴还应考虑一年四季有别的原则。夏季以佩戴色彩鲜艳的工艺仿制品为好，可以体现夏日的浪漫；冬季则以佩戴一些金、银、珍珠等饰品为好，可以显现庄重典雅。

2.4.2 饰物佩戴

1. 戒指

在西方，戒指是无声的语言。一般来说，戒指戴在左手手指上各有不同含义：戴在食指上表示未婚或求婚；中指上表示正处于热恋中；无名指上表示已订婚或结婚；小指上则表示独身；大拇指上一般不戴戒指。右手戴戒指是一种装饰，没有特别的含义。

2. 项链

项链是最早出现的首饰之一。佩戴项链必须讲究款式对路，尺寸适度，这样才可突出佩戴者的气质与个性，减少或弥补一个人脸型或颈脖的某些不足，创造出人意料的装饰效果。对于一般女性来说，短项链可使脸型在视觉上变宽、脖子变粗，因而方型脸、脖子较短的女性适宜佩戴稍长些的项链，搭配穿着领口大一点、低一点的上衣，使项链充分显露出来，这样可以使人看起来脸型较瘦、脖子较长，从而增加美感。

3. 耳环

耳环又称耳坠，可以由金属、塑胶、玻璃、宝石等物料制成。有些是圈状的，有些是垂吊式的，有些是颗粒状。佩戴耳环要特别注意与脸型的搭配，避免与脸型相同的形状。

4. 手镯

佩戴手镯时对个数没有严格限制，可以戴一只，也可以戴两只、三只，甚至更多。如果只戴一只，应戴在左手而不应是在右手上；如果戴两只，则可以左右手各戴一只，或都戴在左手上；如果戴三只，就应都戴在左手上，不可以一手戴一只，另一手戴两只。戴三只以上手镯的情况比较少见，即使要戴也都应戴在左手上。不过在此应当指出，这种不平衡应通过与所穿服装的搭配来求得和谐，否则会因标新立异而破坏了手镯的装饰美。如果戴手镯又戴戒指时，则应当考虑两者在式样、质料、颜色等方面的协调与统一。

5. 手袋

手袋是我们日常生活中最熟悉、最常用的饰物。作为整体的一个重要部分，手袋的选择和花色都得花一番心思。手袋的选择应与场合、年龄、身材、身份相符合。身材高大的女士，不宜用太小的包；身材娇小的女性，包不宜过大；公文包适用于女性管理人员、办事人员等，年轻女子手持公文包式手袋显得比较干练；手提式手袋适用于中老年人，显得沉稳端庄；斜肩背包则适用于青年活泼的女孩或学生。另外，选择手袋要考虑到衣服的颜色，最好与其他佩饰颜色一致或协调。

图 2-23　饰物佩戴

6. 帽子

帽子有遮阳、装饰、增温和防护等作用，种类很多，选择亦有讲究。首先要根据脸型选择合适的帽子。圆脸戴圆顶帽，就显得脸型大、帽子小，如戴宽大的鸭舌帽就比较合适。尖脸的人戴了鸭舌帽就显得脸部上大下小，更显瘦削，因此戴圆顶帽比较合适。国字脸的人戴所有的帽子都比较合适。其次要根据自己的身材来选择帽子。身高的人帽子宜大不宜小，否则给人头轻脚重的感觉。身矮的人则相反。个子高的女性不宜戴高筒帽，否则给人的感觉是“又”长高了。个子矮的女性不宜戴平顶宽檐帽，会显得个子更矮。另外帽子的形式和颜色等必须和衣服、围巾、手套及鞋子等配套，才不会显得杂乱无章。

7. 围巾

围巾不仅具有保暖功能，更具有装饰美化的效果。佩戴围巾时应注意与其他服饰相协调。男士一般在冬季室外佩戴围巾，面料多为纯毛、人造毛织物等。而女士佩戴围巾的时间和场合宽泛很多，春夏天佩戴真丝绸丝巾或是纯棉围巾，冬季佩戴毛、棉围巾和披肩。现在围巾的变化更多了，人们还将长围巾或是丝巾绑在头发或是腰间做装饰物，起到画龙点睛的作用。

8. 眼镜

眼镜既是保护眼睛的工具，又是一种美容的装饰品。不同脸型选择适合的眼镜佩戴可改善脸部线条，给人以对称平和的感觉，增强美感。另外选择佩戴墨镜时，不仅要考虑其颜色、款式、质地，还要考虑自己的脸型和肤色等，尤其是它们的整体效果。提醒注意的是：室内活动不要戴墨镜，室外礼仪性的活动也不应戴墨镜。

9. 腰带

如今腰带已经成为一种时尚，特别是男士，几乎每一个男士都要在裤子上系一根皮带。腰带的作用已经延展到了实用性之外，时尚搭配，甚至点缀的意义也日益凸显。腰带的颜色、款式、粗细不仅要与整体服装和饰物相协调，更要与佩戴的人相协调。比如矮胖的人不宜戴宽腰带，正式场合不宜戴嬉皮风格腰带。

案例分析

搭　车

国外心理学家曾做过这样一个实验：分别让一位戴眼镜、手持文件夹的青年，一位打扮入时的漂亮女郎，一位拎着菜满脸疲惫的中年妇女，一位身着笔挺漂亮军服的军官，一位留着怪异头发、穿着邋遢的男青年分别站在马路边搭车。结果是：漂亮女郎、军官、青年学者的搭车成功率高，中年妇女次之，搭车最困难的就是那位男青年。

分析：一个人的外表和形象在社会交往中起着怎样的作用？

小　结

本章开始便给出整洁、自然、端庄 3 个礼仪仪容的基本要求，之后又从皮肤、化妆、发型以及着装 4 个方面展开讲述，每个方面都介绍了具体的分类、常用步骤和方法，可以使学生对每个方面都有一个系统、详细、深入的认识。着装方面详细介绍了西装的分类、穿着与搭配，体现了西装在日常生活中的重要地位以及着装和饰物搭配的注意事项。

本章的重点是护肤、西装搭配、饰物佩戴等知识，目的是帮助读者提高仪容仪表的审美和操作能力。

思考与练习

1. 怎样理解仪容的基本要求？
2. 饰物佩戴的原则有哪些？

活动与探索

1. 讨论一下当今 80 后年轻人的着装现状。
2. 动手试一试领带的打法。

第3章 仪态礼仪

本章带领大家了解仪态礼仪，介绍社交场合常用表情以及良好站姿、坐姿、走姿、蹲姿的标准要求，了解各种手势的含义和标准姿势。

仪态是指人在行为中的姿势和风度。姿势是指身体所呈现的样子，风度则属于内在气质的外化。每个人总是以一定的仪态出现在别人面前，一个人的仪态包括他的所有行为举止：一举一动、一颦一笑、站立的姿势、走路的步态、面部的表情等。良好的仪态是一种修养，是人内在品质、知识、能力等的真实流露。

名言警句

步从容，立端正，揖深圆，拜恭敬；勿践阈，勿跛倚，勿箕踞，勿摇髀；缓揭帘，勿有声，宽转弯，勿触棱。

——《弟子规》

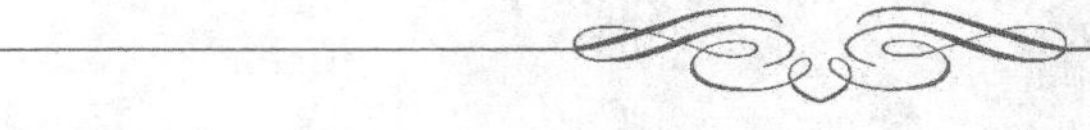

3.1 表 情

美国心理学家艾伯特·梅拉比安在一系列研究的基础上得出了一个公式：信息的总效果＝7%言词＋38%语调＋55%面部表情。由此可见，面部表情在信息传达中起着十分重要的作用。面部表情指的是通过面部表情来交流情感、传递信息的语言，它主要包括眼神、眉语、微笑等。能够巧妙使用面部表情的人，才是善于塑造自我交际形象的人。

3.1.1 眼神

眼神又称目光语，是人们在交往中通过视线接触所传递的信息。眼睛是心灵的窗户，人的内心世界可通过眼神表达，目光的方向、眨眼的频率、眼球的转动都有其含义。中国的成语中有许多是描写眼睛和眼神的，比如“眉目传情”、“瞠目结舌”、“暗送秋波”、“眉开眼笑”等。

1. 眼神

眼神主要由注视的时间、视线的位置和瞳孔的变化 3 个方面组成。

（1）注视的时间

据有关调查研究，人们在交谈时，视线接触对方脸部的时间约占全部谈话时间的 30%～60%。超过这一平均值，可认为对谈话者本人比对谈话内容更感兴趣；低于这一平均值，则表示对谈话内容和谈话者本人都不怎么感兴趣。在整个交谈过程中，与对方目光接触应该累计达到全部交谈过程的 50%～70%，其余 30%～50%的时间可注视对方脸部以外 5～10 米处，这样比较自然、有礼貌。在社交过程中，与朋友会面或被介绍认识时，可凝视对方稍久一些，这既表示自信，又表示对对方的尊重。当然，必须考虑到文化背景，不同国家、民族的人常为多看几眼、少看几眼而引起误解。如在南欧，注视对方可能会造成冒犯；与黑人交谈时应避免直视对方的眼睛，而白人则认为不看他的眼睛是对自己的话题不感兴趣的表示；大多数朝鲜人在向对方提出请求时总是看着对方的眼睛来知悉对方的真实想法，这样在遭拒绝时就不会羞愧；而日本人却认为直视对方的眼睛是不礼貌的。

（2）视线的位置

人们在社会交往中，不同的场合和对象，目光所及之处也是有差别的，分为视线向上、视线向下、视线水平，如图 3-1 所示。有的人在与比较陌生的人打交道时，往往因为不知把目光怎样安置而窘迫不安；已被人注视而将视线移开的人，大多怀有相形见绌之感；仰视一般体现“尊敬、信任”的含义；斜视一般表示轻蔑等。双方交谈时，应注视对方的眼鼻之间，表示重视对方及对其发言感兴趣。当双方缄默不语时，就不要再看着对方，以免加剧因无话题本来就显得冷漠、不安的尴尬局面。当别人说了错话或显拘谨时，务请马上转移视线，以免对方把自己的眼光误认为是对其的嘲笑和讽刺。如果你参加辩论赛，并希望在争辩中获胜，那在双方对视中就千万不要移开目光，而应坚持对视，直到对方眼神转移为止。

a. 视线向上

b. 视线向下

c. 视线水平

图 3-1　视线的位置

（3）瞳孔的变化

瞳孔的变化即视线接触时瞳孔的放大或缩小。心理学家往往用瞳孔变化大小的规律来测定一个人对不同的事物的兴趣、爱好、动机等。兴奋时，人的瞳孔会扩张到平常的 4 倍大；相反，生气或悲哀时，消极的心情会使瞳孔收缩到很小，眼神必然黯然无光。所谓“脉脉含情”、“怒目而视”等都多与瞳孔的变化有关。

2. 眼神礼仪

（1）注视区域

场合不同，注视的部位也有所不同。一般分为公务凝视、社交凝视和亲密凝视，如图 3-2 所示。

图 3-2　注视部位

扫一扫

扫一扫你就知道注视区域。

公务凝视区域：在洽谈、磋商、谈判等严肃场合中，目光要严肃认真，注视的部位应在以两眼为底线、额中为顶角所形成的三角区域内。

社交凝视区域：这是指在各种社交场合使用的注视方式。注视的位置应在以两眼为上线、唇心为下顶角所形成的倒三角区域内。

亲密凝视区域：这是亲人之间、恋人之间、家庭成员之间使用的注视方式。凝视的位置在对方双眼到胸部区域之间。

（2）注视方式

无论是使用公务凝视、社交凝视或是亲密凝视，都要注意不可将视线长时间固定在所要注视的位置上。这是因为，人本能地认为，过分地被人凝视是在窥视自己内心深处的隐私。所以，双方交谈时，应适当地将视线从固定的位置上移动片刻。这样能使对方心理放松，感觉平等，易于交往。

当与人说话时，目光要集中注视对方；听人说话时，要看着对方眼睛，这是一种既讲礼貌又不易疲劳的方法。如果表示对谈话感兴趣，就要用柔和友善的目光正视对方的眼区；如果想要中断与对方的谈话，可以有意识地将目光稍稍转向他处。

眼睛转动的幅度与快慢都必须遵循一个“度”，不要太快或太慢，眼睛转动稍快表示聪明、有活力，但如果太快则表示不诚实、不成熟，给人轻浮、不庄重的印象，如“挤眉弄眼”、“贼眉鼠眼”指的就是这种情况。但是，眼睛也不能转得太慢，显得木讷迟钝。眼睛转动的范围也要适度，范围过大给人以白眼多的感觉；过小则显得拘谨、木讷。

3.1.2 微笑

微笑是最美妙的一种语言，是世界通用的体态语，它超越了民族和国界，超越了种族和文化，它消除隔阂，表达善意，沟通心灵。

古今中外，人们都重视微笑的力量。微笑是人际交往的润滑剂，是解脱痛苦的良方，是获利最多的投资。著名画家达·芬奇的杰作《蒙娜丽莎》是欧洲文艺复兴时期最出色的肖像作品之一，画中的微笑给人以美的享受，使人们充满对真善美的渴望，几百年来让人回味无穷，如图 3-3 所示。2008 年北京奥运会开幕式上，展示了来自世界各地 2008 个孩子的笑脸，在美丽的夜空下，一个个笑脸竞相绽放，给人以心灵的感动和震撼，如图 3-4 所示。

图 3-3 蒙娜丽莎的微笑

图 3-4 2008 北京奥运会开幕式孩子的笑脸

1. 微笑的内涵

（1）微笑是自信的象征

现实生活是丰富多彩的，既有风和日丽、鲜花盛开的坦途，也同样可能有风雪交加、百花凋谢的坎坷。但是，只要脸上充满微笑，就能够使我们从容面对。一个对自己和对未来均充满了自信的人，充分认识到自身存在的价值，重视强化自我形象，微笑常在。

（2）微笑是修养的展现

一个有知识、重礼仪、懂礼貌的人，必然十分尊重别人。即使是陌路相逢，也能做到毫不吝啬地把微笑当做礼物，慷慨地奉献给别人。

（3）微笑是心理健康的标志

一个心理健康的人，一定能够将美好的情操、愉快的心境、温暖的情谊、善良的心地化作由心底涌出的自然流露，变成世间最美好的微笑。

阅读材料

今天你微笑了吗？

全球旅馆大王希尔顿有一句名言：“今天你微笑了吗？”

希尔顿于1887年生于美国新墨西哥州，其父去世时，只给年轻的希尔顿留下了2 000美元遗产。希尔顿加上自己的3 000美元，只身去德克萨斯州买下了他的第一家旅馆。凭借着精准的眼光与良好的管理，很快，希尔顿的资产就由5 000美元奇迹般地扩增到5 100万美元。他欣喜而又自豪地把这个好消息告诉了自己的母亲，可是，他的母亲却意味深长地对希尔顿说：“照我看，你跟从前根本就没有什么两样，不同的只是你已把领带弄脏了一些而已。事实上，你必须把握比5 100万美元更值钱的东西，除了对顾客诚实之外，还要想办法使每一个住进希尔顿旅馆的人住过了还想再来住。你要想这样一种简单、容易、不花本钱而行之可久的办法去吸引顾客，这样你的旅馆才有前途!”

母亲的话让希尔顿猛然醒悟，自己的旅店确实面临着这样的问题，那么如何更好地吸引顾客呢？到底什么东西才比5 100万美元更值钱呢？

希尔顿想了又想，始终没有想到一个好的答案。于是，他每天都到商店和旅店里参观，以顾客的身份来感受一切，他终于得到了一个答案：微笑服务，只有微笑满足简单、容易、不花本钱而行之可久这4个要求，也只有微笑才能发挥如此大的影响力。

于是，希尔顿订出他经营旅馆的4大信条：微笑、信心、辛勤、眼光。他要求员工照此信条实践，他要求员工即使非常辛劳也必须对旅客保持微笑，就连他自己都随时保持微笑的姿态。

每天他至少要到一家希尔顿饭店与饭店的服务人员接触，向各级人员（从总经理到服务员）问得最多的一句话，必定是：“你今天对客人微笑了没有？”1930年，是美国经济萧条最严重的一年，全美国的旅馆倒闭了80%，希尔顿的旅馆也是一家接着一家地亏损不堪，一度负债高达50万美元。但希尔顿并不灰心，他召集每一家旅馆的员工向他们特别表示：“我请各位记住，希尔顿的礼仪万万不能忘。无论旅馆本身遭遇的困难如何之大，希尔顿旅馆服务员脸上的微笑永远是属于顾客的。”

经济萧条刚过，希尔顿旅馆系统就领先进入了新的繁荣期，从1919年到1976年，希尔顿旅馆从1家扩展到70家，遍布世界五大洲的各大城市，成为全球最大规模的旅馆之一。

2. 微笑的训练

（1）对镜微笑训练法

这是一种常见、有效和最具形象趣味的训练方法。端坐镜前，衣装整洁，以轻松愉快的心情，调整呼吸自然顺畅。静心3秒钟，开始微笑，使嘴角微微翘起，面部肌肉舒展开来，同时注意眼神的配合，使之达到眉目舒展的微笑面容，如图3-5所示。自我对镜微笑训练时间长度随意。为了使效果明显，可在训练时播放背景音乐。

（2）手势微笑练习法

手势微笑，顾名思义，需要手和脸部的配合。首先将两手拇指和食指伸出，其余手指并拢弯曲，食指指尖对接，放在嘴前15cm～20cm处，如图3-6所示。然后让两食指尖以缓慢匀速分别向左右移动，使之拉开5cm～10cm的距离。同时嘴唇随两食指移动速度而同步加大唇角的展开度，并在意念中形成美丽的微笑，如图 3-7 所示。让微笑停留数秒钟，两食指再以缓慢匀速向中间靠拢，直至两食指相接；同时，微笑的唇角开始以两指移动的速度，同步缓缓收回。需要提示的是，训练微笑缓缓收住很重要，切忌不能让微笑突然停止。可如此反复开合训练 20～30 次。

图 3-5　微笑

图 3-6　手势微笑 1

扫一扫你就知道
手势微笑法。

（3）部分练习法

取一张厚纸遮住眼睛以下的部位，对着镜子，心里想着高兴的事情，使整个面部露出自然的微笑，让眼睛周围的肌肉也处于微笑的状态，这就是眼形笑，如图 3-8 所示。

图 3-7　手势微笑 2

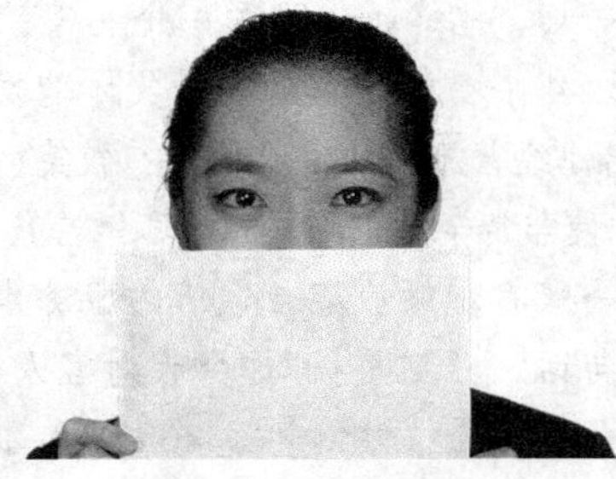

图 3-8　眼形笑

扫一扫你就知道
部分练习法。

用厚纸遮住眼睛，面部肌肉、嘴角两端向上略微提起，这就是脸形笑，如图 3-9 所示。

（4）含箸法

这是日式训练法。道具是选用一根洁净、光滑的圆柱形筷子（不宜用一次性的简易木筷，以防划破嘴唇），横放在嘴中，用牙轻轻咬住，露出 8 颗牙齿，如图 3-10 所示。

图 3-9　脸形笑

图 3-10　含箸微笑

扫一扫

扫一扫你就知道
含箸微笑法。

无论哪种训练方法，都要牢记微笑要由心而生，表里如一，才能具有丰富而有力度的内涵，才能感染人，才能打动人。

3.2 手 势

手势，是运用手指、手掌、拳头和手臂的动作变化，表达思想感情的一种体态语言。手是人体活动幅度最大、运用操作最自如的部分，手势形式和内涵都极为丰富。美国心理学家詹姆斯认为，在身体的各个部位中，手的表达能力仅次于脸。在社会交往中，手势有着不可低估的作用，生动形象的有声语言再配合准确、精彩的手势动作，会使交往更富有感染力、说服力和影响力。

3.2.1 手势的活动范围

手势的活动范围，分为上、中、下 3 个区域。肩部以上称为上区，一般用来表达激烈的情绪，比如胜利的喜悦、高度的赞扬、热切的盼望、申请的呼唤、愤怒的谴责等。肩部以下腰部以上称为中区，一般用来表达平和、平静的心绪，比如指示、介绍、鼓掌等，一般不带有浓厚的感情色彩。腰部以下称为下区，一般用来表达负面的情感，比如厌恶、否定等。

3.2.2 手势的分类与常用手势

1. 情意性手势

情意性手势主要用于表达带有强烈感情色彩的内容，表现方式极为丰富，感染力极强。例如，双手合起高于胸前表示隆重的谢意、承让等；右手放于左胸前表示忠诚、信念等；鼓掌表示欢迎、喝彩、友好等含义；握拳振臂表示强烈的信念、必胜的力量、喜悦的欢呼等。

2. 指示性手势

指示性手势主要用于指示具体的事物、数量、位置等，特点是动作简单，表达专一，一般不带感情色彩。

（1）引领指示

各种交往场合都离不开引领指示手势，这是一种手与臂的协调动作，更是一种礼仪，主要有以下形式。

① 横摆式五指伸直并拢，手臂向外侧横向摆动，手与地面呈 45°，手心向斜上方，指尖指向被引导或指示的方向，如图 3-11 所示。

② 直臂式五指伸直并拢，掌心朝上，手臂伸直在一条直线上与肩平齐，指尖指向物品或方向，如图 3-12 所示。用直臂式为他人指引方向后，手臂不可马上放下，要保持手势顺势送出几步，表示对他人的尊敬和关怀。

③ 曲臂式五指伸直并拢，手臂从身体的侧前方抬起，以肘关节为轴，由体侧向体前摆动，手与身体相距 20cm 处停止，手臂高度保持在胸部以下，如图 3-13 所示。

扫一扫你就知道引领指示。

图 3-11　横摆式

图 3-12　直臂式

④ 斜臂式五指伸直并拢，手臂抬起，以肘关节为轴，手臂有上向下摆动，适用于请人入座，如图 3-14 所示。

图 3-13　曲臂式

图 3-14　斜臂式

（2）挥手道别

大臂抬至与肩同高或高于肩部，小臂与大臂呈约 90°，指尖朝上，掌心向着对方，手指自然伸直并拢，手腕晃动，如图 3-15 所示。

图 3-15　挥手道别

扫一扫

扫一扫你就知道如何挥手道别。

（3）递接物品

递接物品时要用双手，不方便双手时应用右手，单用左手通常被视为无礼的表现。如果双方距离较远，应起身走近对方；递送物品应直接递接到对方手中，并要方便对方接取；如有文字、图案、正反面物品时，要正面朝上并朝向对方，如图 3-16 所示；接取物品时要稳而缓；递送带尖、带刃或其他易伤人物品时，要将危险一侧朝向自己或他处，切不可朝向对方，如图 3-17、图 3-18、图 3-19 所示。

图 3-16　递接物品

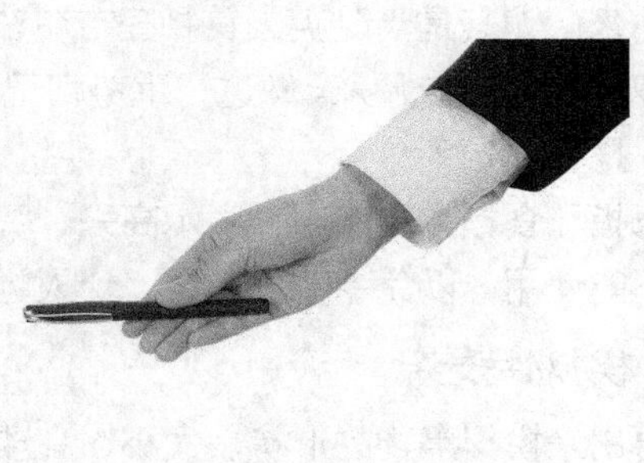
图 3-17　递送危险物品 1

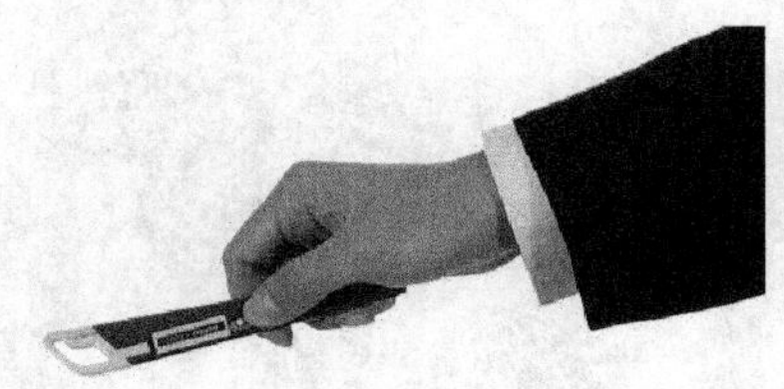
图 3-18　递送危险物品 2

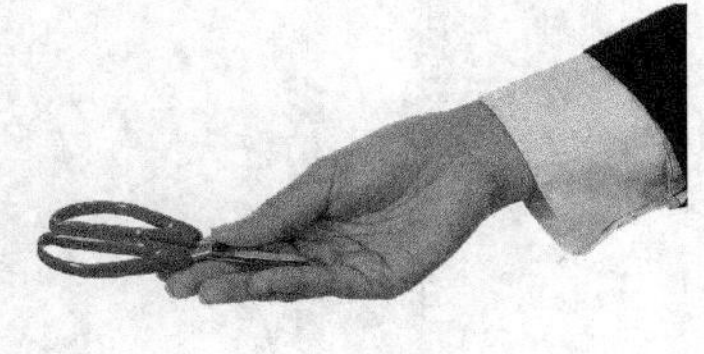
图 3-19　递送危险物品 3

3. 象征性手势

用来表达一些比较复杂的情感或抽象的概念，从而引起对方的思考和联想。

（1）翘拇指手势

拇指向上，在中国表示棒，一流、赞同的意思，如图 3-20 所示；在英联邦国家多表示打车；在日本表示男人，父亲。拇指向下，在中国，表示轻蔑等含义；在英联邦国家，多表示坏、下等人之意。

（2）“OK”的手势

拇指和食指合成圈状，其余 3 根手指自然伸开，如图 3-21 所示。在美国表示赞扬、顺利、好；在法国表示零、一钱不值；在日本、缅甸、韩国表示金钱；在印度表示正确；在中国则表示“0”或“3”两个数字。

图 3-20　翘拇指手势

图 3-21　“OK”的手势

（3）V形手势

伸出食指和中指，掌心朝外，其余手指弯曲合拢，如图3-22所示，表示胜利，有时也表示数字“2”。“V”是英语单词 Victory（胜利）的第一个字母。传说，“V”形手势是第二次世界大战期间由一位名叫维克多·德拉维利的比利时人发明的。他在1940年底的一次广播讲话中，号召同胞们奋起抵抗德国侵略军，并动员人们到处写“V”字，以表示胜利的信心。从此“V”形手势广泛传播开来。尤其是当时英国首相丘吉尔在一次游行检阅中使用了这一“V”形手势，使这个手势迅速地广泛地流传开来。做这一手势切记掌心要向外，因为如果掌心向内在西欧表示侮辱之意。

（4）捻指作响手势

用拇指和食指弹出响声，表示高兴、赞同、兴奋，也表示无聊。应尽量少用这一手势，尤其对异性不能使用，以免令他人反感，让人觉得没有教养或是轻浮、挑衅。

4. 模拟性手势

主要用来模拟事物的形状、大小、高矮、长短等特征，给人以明确的印象。例如，两手模拟心的形状，如图3-23所示。

图3-22　V形手势

图3-23　手势模拟心的形状

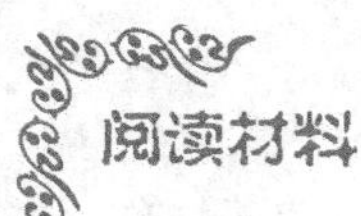

手势的地域性

手势有着很强的地域性，同样的手势在不同国家和地区有着截然不同的含义。在我国和一些国家，伸出大拇指是称赞、夸奖的意思；但在澳大利亚则认为竖起拇指尤其是横向伸出大拇指是一种侮辱；英国翘起大拇指是拦车要求搭车的意思。由此不难看出，每种文化都有自己的手势语言。世界各国和各地习俗迥异，手势不可乱用，要遵守“入乡随俗”的原则。

3.2.3　手势的原则

手势是无声的语言，如果表达不当会适得其反。手势的运用要注意几个原则，首先应简约明快，不宜过多，以免让人感觉眼花缭乱或者是喧宾夺主。其次要文雅自然，避免指指点点、摆弄手指等不良手势，不要让不良的手势降低身份、影响形象。另外手势的运用应是发自内心的流露，应协调、和谐，要与全身协调，与情感协调，与语言协调。最后手势应因人而异，富有个性的手势也能成为个人的标志和象征，而不能要求每个人都千篇一律地做相同的手势。

3.3 姿 态

姿态存在于每个人举手投足之间，优雅的姿态是人有教养，充满自信的完美表达。美好的姿态，会使你看起来年轻得多，也会使你身上的衣服显得更漂亮。善于用良好的形体语言与别人交流，一定会受益匪浅。

3.3.1 站姿

站姿是人们站立时的姿势与体态，它是仪态美的基础。俗话说“站如松”，良好的站姿能衬托美好的气质和风度，能体现一个人积极乐观的健康精神，也是自信心的表现。

1. 站姿标准

标准的站姿，从正面观看，全身笔直，精神饱满，两眼正视，两肩平齐，两臂自然下垂，两脚跟并拢，两脚尖张开 45°～60°，身体重心落于两腿正中；从侧面看，两眼平视，下颌微收，挺胸收腹，腰背挺直，手中指贴裤缝，整个身体庄重挺拔。

要避免身躯歪斜、弯腰驼背、全身乱动、趴伏倚靠等不良站姿。

2. 站姿种类

按照脚位为依据，站姿可分为以下几类。

（1）扇形站姿

扇形站姿又称为标准站姿，这是男士、女士皆适用的站姿。要领是两脚跟并拢，脚尖张开 45°～60°，身体重心落于两腿正中，如图 3-24 所示。

（2）正步站姿

正步站姿是男士、女士皆适用的站姿。要领是在标准站姿的基础上，两脚并拢，两膝贴紧，如图 3-25 所示。正步站姿通常适用于庄严肃穆的场合，比如升国旗、奏国歌、接受接见等。

图 3-24 扇形站姿

图 3-25 正步站姿

（3）丁字步站姿

丁字步站姿一般是女士采用的站姿。要领是在标准站姿的基础上，一只脚前移将脚跟靠于另一只脚的内侧中间位置，两脚尖打开，膝盖靠紧，重心可在两脚上，也可在一只脚上。双手可自然下垂，也可交叉放于腹前，如图 3-26 所示。

（4）分腿站姿

分腿站姿是男士采用的站姿。要领是在标准站姿的基础上，将两脚打开与肩同宽或小于肩宽，双手交叉可置于腹前也可放于后背，如图 3-27 所示。

图 3-26　丁字步站姿　　图 3-27　分腿站姿

3.3.2　坐姿

坐姿是人在就座后身体所保持的一种姿势和体态，是人际交往中采用最多的姿态，俗话说"坐如钟"，良好的坐姿给人一种端庄、稳重的美感。

1. 坐姿标准

落座时要坚持尊者为先的原则，不要争抢，通常侧身走进座椅，从椅子的左侧就座。如果背对座椅，要保持站姿的标准姿态，右腿后退一点，用小腿准确确定椅子的位置，然后上身保持正直，目视前方，轻轻坐下，动作要缓，声音要轻。女士穿裙装落座时要从后向前双手顺裙摆，不可落座后再整理衣裙。

坐立时，通常只坐椅子的 1/2～2/3 处，上身正直而稍向前倾，头、肩平正，下颌微收，腹部内收。女士膝盖靠紧，两腿要并拢，双手交叉放于两腿之上；男士膝盖可自然分开，但不能超过肩宽，双手掌心朝下放于膝盖上。

一般情况下离座同样遵从尊者为先原则，其他场合离座时要先以语言或动作向周围人示意，方可站起，突然跃起会让周围的人受到惊扰。起身时右脚后撤一小步，慢慢站起，站好后从左侧离座。

坐姿要求端正、大方、舒展，切不可将双腿分过大、脚尖翘起或是双腿不停抖动。

2. 坐姿种类

以脚位为依据，坐姿可分为以下几类。

（1）垂直式坐姿

垂直式坐姿男士、女士均适用，就是通常所说“正襟危坐”，在最正规的场合使用。要领是上身与大腿、大腿与小腿、小腿与脚都呈直角，小腿垂直于地面，双膝、双腿完全并拢，男士双手掌心朝下，自然放于膝盖，女士双手交叉放于双腿上，如图 3-28、图 3-29 所示。

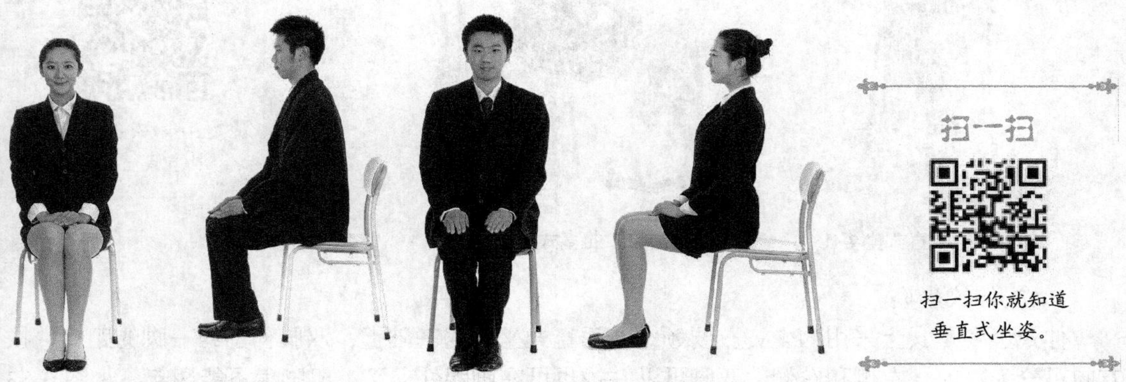

图 3-28　垂直式坐姿 1　　图 3-29　垂直式坐姿 2

（2）标准式坐姿

标准式坐姿适用于多种场合。要领是在垂直坐姿的基础上，男士两脚自然分开 45°，女士两脚保持小丁字步，如图 3-30 所示。

（3）曲直式坐姿

曲直式坐姿是女士一种优雅的坐姿，通常在稍微矮一些的椅子上更为适用。要领是大腿与膝盖靠紧，一脚伸向前，另一脚向后，两脚前脚掌居中并保持在一条直线上，如图 3-31、图 3-32 所示。

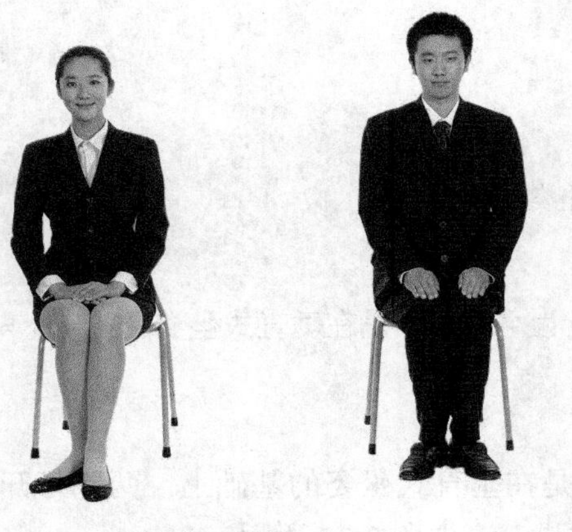

图 3-30　标准式坐姿

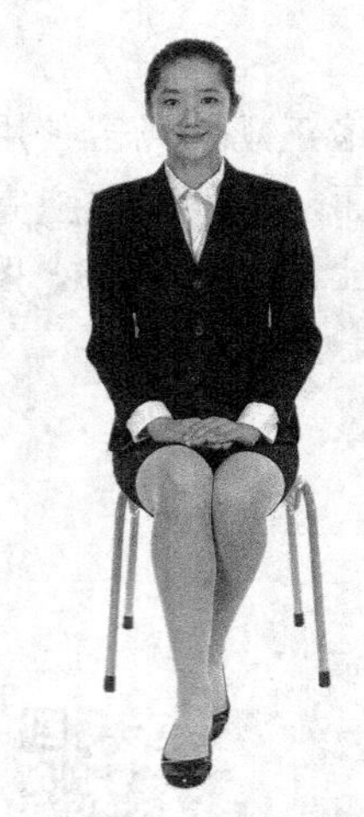
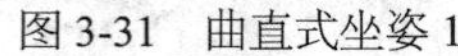
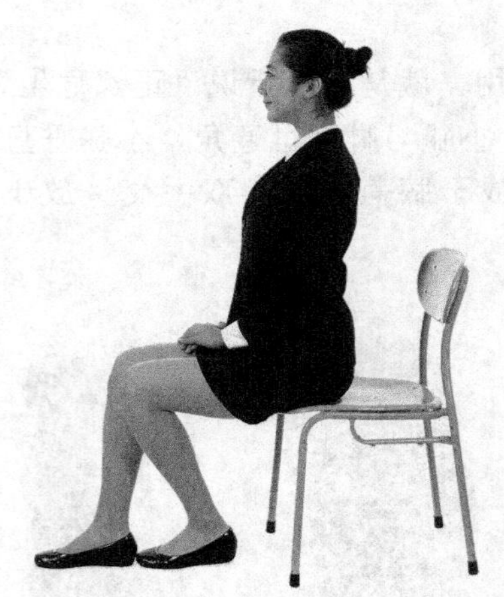

图 3-31　曲直式坐姿 1　　　　图 3-32　曲直式坐姿 2

（4）伸式坐姿

伸式坐姿是女士采用的坐姿。要领是在垂直式坐姿的基础上，双脚伸出约一脚的距离，按方向可分为正前、左侧和右侧，双脚可以并拢也可在脚踝处交叉，但脚尖不能翘起，如图 3-33 所示。

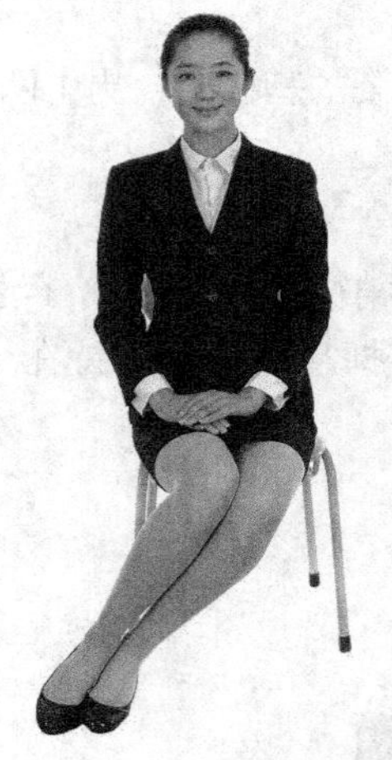

图 3-33　伸式坐姿

（5）后曲式坐姿

后曲式坐姿适用于多种场合，以女士为主。要领是在垂直式坐姿的基础上两小腿向后收，脚尖着地，如图 3-34 所示。

（6）分膝式坐姿

分膝式坐姿是一种男士坐姿。要领是在垂直式坐姿的基础上，两膝打开，但不能超过肩宽，脚尖朝向正前方，两手自然放于大腿上，如图 3-35 所示。

图 3-34　后曲式坐姿

图 3-35　分膝式坐姿

3.3.3　行姿

行姿，是指一个人在行走之时所采取的具体姿势。它是以站姿为基础，处于动态之中的体态，体现了人类的运动之美和精神风貌。

1. 行姿标准

标准的行姿，上身要保持站立的标准姿态，两眼平视，挺胸收腹，腰背笔直，下颌微收。两臂以身体为中心，前后自然摆动，前摆约 35°，后摆约 15°，掌心朝向体内，脚尖向正前方迈出，跨步均匀，两脚之间相距约一只脚到一只半脚，沿直线前进。起步时身体稍向前倾，身体重心落于前脚掌，行走中身体的重心要随着移动的脚步不断向前过渡，而不要让重心停留在后脚，并注意在前脚着地和后脚离地时伸直膝部。

行走时，上体的稳定与下肢的运动形成和谐对比，动作干净利落，鲜明均匀。男士两步之间的距离要大于自己的脚长，适宜步速为每分钟 108～110 步，要刚健有力、豪迈稳重、有阳刚之气；女士穿裙装时两步之间距离要小于自己的脚长，适宜步速为每分钟 118～120 步，力求轻盈自如、含蓄飘逸、有窈窕之美，如图 3-36、图 3-37 所示。

图 3-36　行姿 1

图 3-37　行姿 2

在日常生活中行姿应步伐稳健，步履自然，应当避免身体前俯后仰、左冲右突、抢道先行、步子太大或太小、双手反背于身后，外八字步或内八字步、制造噪声等，这些都会给人一种不雅观的感觉。

2. 行姿种类

（1）前行式行姿

前行式行姿是常用的行姿，如果行进中与人打招呼，可同时伴随头部和上身的转动，只转动头部或用眼睛斜视都是不礼貌的。

（2）后退式行姿

当与他人告别时，特别是与长者告别时，扭头就走是不礼貌的。应该采用后退式行姿，先后退两三步，再转身离去。后退时步幅要小，两腿之间距离不能太大，不能用脚掌去摩擦地面，并应先转身再转头。

（3）侧行式行姿

当引导他人前行或在狭窄的走廊、楼道与他人相遇时，要采用侧行式行姿。引导时，要走在来宾的左侧，身体稍向右转，左肩稍前，身体朝向来宾，保持两步左右的距离。

3.3.4 蹲姿

蹲姿是人的身体在低处拾取物品、整理物品时所呈现的身体的姿势与体态。俗话说“蹲要雅”，蹲姿是静态美和动态美的结合。

1. 蹲姿标准

在站立的基础上右脚后撤一小步，慢慢下蹲，左脚全脚掌着地，大腿靠紧，腰腹收紧。下蹲时要直腰，起立时也要先直起腰部，使头、上身和腰在同一条直线上，再稳稳站起。蹲姿讲究方位：如要捡拾物品，可走到物品的左侧；如面前有他人，要侧身相向；当整理鞋袜时可面朝前方。

2. 蹲姿种类

（1）高低式蹲姿

高低式蹲姿是常用的蹲姿。要领是在标准站立姿态的基础上，右脚后撤一小步，大腿靠紧向下蹲，左小腿垂直于地面，全脚掌着地，右脚前脚掌着地，脚跟提起。右膝要低于左膝，右腿可靠于左腿内侧，臀部向下。男士两腿之间可有适当距离，如图 3-38、图 3-39 所示。

图 3-38　高低式蹲姿 1

图 3-39　高低式蹲姿 2

扫一扫

扫一扫你就知道高低式蹲姿。

（2）单膝点地式蹲姿

单膝点地式蹲姿是男士采用的一种蹲姿，其特征是两腿一蹲一跪。要领是在高低式蹲姿的基础上，右膝点地，臀部坐在右脚跟上，如图 3-40 所示。

（3）交叉式蹲姿

交叉式蹲姿优美典雅，适用于女士，特征是两腿交叉在一起。要领是下蹲后，左脚在上、在前，右脚在下、在后；左小腿垂直于地面，全脚掌着地，右脚跟抬起，前脚掌着地；两腿靠紧，合力支撑身体；上身略向前倾，臀部向下，如图 3-41 所示。

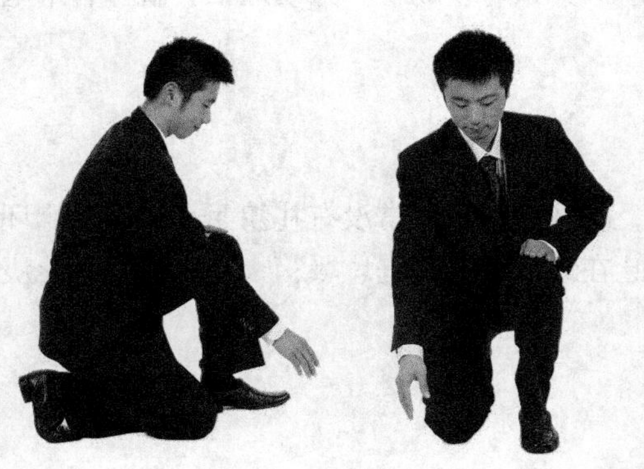

图 3-40 单膝点地式蹲姿

扫一扫你就知道单膝点地式蹲姿。

图 3-41 交叉式蹲姿

扫一扫你就知道交叉式蹲姿。

3.4 举 止

日常举止是优美仪态的重要组成部分，它体现在日常生活的方方面面和点点滴滴，行为文明、动作规范是良好素养的表现，给人以信赖和尊重。反之，不良举止和不受欢迎的坏习惯应该努力戒除。

3.4.1 不当使用手机

手机是现代人们生活中不可缺少的通信工具，如何通过使用这些现代化的通信工具来展示现代文明，是生活中不可忽视的问题。如果事务繁忙，不得不将手机带到社交场合，那么你至少要做到以下几点：将铃声降低，以免惊动他人；铃响时，找安静、人少的地方接听，并控制自己说话的音量。如果在车里、餐桌上、会议室、电梯中等地方通话，尽量使你的谈话简短，以免干扰别人。手机在响起的时候，如果有同行者在旁，你必须道歉说："对不起，请原谅"。然后走到一个不会影响他人的地方，把话讲完再入座。如果有些场合不方便通话，就告诉来电者说你会打回电话的，不要勉强接听而影响别人。

3.4.2 随地吐痰

吐痰是最容易直接传播细菌的途径，随地吐痰是非常没有礼貌而且绝对影响环境、影响我们的身体健康的。如果你要吐痰，应把痰吐在纸巾里，丢进垃圾箱，或去洗手间吐痰，但不要忘了清理痰迹和洗手。

3.4.3 随手扔垃圾

随手扔垃圾是应当受到谴责的最不文明的举止之一。随手扔垃圾不仅是环境问题，更是人们道德素质的反映。在扔下垃圾的同时，也丢下了一连串不文明的音符。要知道，顺手捡起的是一片纸，纯洁的是自己的精神；有意擦去的一块污渍，净化的是自己的灵魂。

3.4.4 当众嚼口香糖

有些人必须通过嚼口香糖以保持口腔卫生，那么，这时应当注意在别人面前的形象。咀嚼的时候闭上嘴，不能发出声音。嚼过的口香应用纸包起来，扔到垃圾箱。

3.4.5 当众挖鼻孔或掏耳朵

有些人，习惯用小指、钥匙、牙签、发夹等当众挖鼻孔或者掏耳朵，这是一个很不好的习惯。尤其是在餐厅或茶楼，别人正在进餐或饮茶，这种不雅的小动作往往令旁观者感到非常恶心。

3.4.6 当众挠头皮

有些头皮屑多的人，往往在公众场合忍不住头皮发痒而挠起头皮来，顿时皮屑飞扬四散，令旁人大感不快。特别是在一些庄重的场合，这种行为是很难得到别人的谅解的。

3.4.7 在公共场合抖腿

有些人坐着时会有意无意地双腿抖动不停，或者让跷起的腿像钟摆似地来回晃动，本人会自我感觉良好或者以为无伤大雅。其实这种行为会令人心神不宁，感觉很不舒服。这是不文明的表现，也是不优雅的行为。

3.4.8 当众打哈欠

在交际场合，打哈欠给对方的感觉是——你对他不感兴趣，表现出很不耐烦了。因此，如果你控制不住要打哈欠，一定要马上用手盖住你的嘴，跟着说“对不起”。

3.4.9 频频看表

与人交谈时如果频频看表，会让对方认为你不想使谈话继续下去，这是失礼的行为。如果确有要事，不妨委婉地告诉对方改日再谈，并表示由衷的歉意。

3.4.10 指指点点

在交谈中指指点点是不礼貌的行为，尤其是指点他人，将会给对方传达不良的信息，引起他人的反感，要特别注意避免。

3.5 重视仪态美的塑造

仪态在社交活动中有着特殊的作用。潇洒的风度、优雅的举止，常常令人赞叹不已，给人留下深刻的印象，受到人们的尊重。敬爱的周总理就是这样的典范。在与人交往中，我们可以通过一个人的仪态来判断他的品格、学识、能力，以及其他方面的修养程度。仪态的美是一种综合的美、完善的美，是身体各部分器官相互协调的整体表现，同时也包括了一个人内在素质与外在表现的和谐。容貌和身材是仪态美的基础条件，但有了这些条件并不等于就是仪态美。与容貌和身材的美相比，仪态美是一种深层次的美，更富有永久的魅力。

3.5.1 仪态是一种“无声的语言”

在日常交往中，人们能通过语言交流信息，但在说话的同时，你的面部表情、身材的姿态、手势和动作也在传递信息。对方在接受信息时，不仅是在“听其言”，而且也在“观其行”。仪态语言是一种极其丰富、极其复杂的语言。据研究者估计，世界上至少有 70 多万种可以用来表达思想意义的态势动作，这个数字远远超过当今世界上最完整的一部词典所收集的词汇数量。信息的传递与反馈，从表面上看，主要是嘴、耳、眼、手的运用。事实上，表情、姿态等所起的作用，却远远超过自然语言交流的本身。仪态是一种很广泛、很实用的语言，往往比有声语言更富有魅力，可以收到“此处无声胜有声”的效果。

3.5.2 仪态是内在素质的真实表露

仪态在表情达意方面也许不像有声语言那么明确和完善，但它在表露人的性格、气质、态度、心理活动方面却更真实可靠。一个人所说的话可能是真实的，也可能是虚假的，语言可以言不由衷，而人的仪态却总是真实的。也许你嘴上在说着欢迎客人到来的话语，可你的表情、手势、动作却流露出了你的厌倦、无奈，这才是你真实的态度。在社会交往中，仪态还是一种无形的“名片”，也许你没有随身带着档案、介绍信，但人们却可以通过你的一举一动、一笑一颦，判断出你的身份、地位、学识、能力，并因此而影响对你信任的程度、交往的深度等。只有那些受过良好教育并且在各方面都很出色的人，才可能举止得体、风度优雅。相比之下，穿着时髦、浓妆艳抹、矫揉造作、刻意表现出来的那种美就肤浅得多。

3.5.3 仪态的习惯性

仪态是人们在成长和交往的过程中逐步形成的，因而具有习惯性的特点。首先，仪态的习惯性是指人们对某一动作理解的习惯性。它一方面表现在某些动作表情达意的一致性，比如人们总是用笑容来表现欢乐、友好、喜欢等感情；另一方面也表现在同一动作由于地域和文化环境的不同而具有不同的含义。例如，点头在中国表示肯定，而在印度、土耳其等国却是表示否定。其次，仪态的习惯性是指每个人的仪态都是在成长过程和生活环境中长期形成的，这种习惯性并不都是先天的，也可以通过后天的生活和训练形成，一旦形成，就很难改变。人们的仪容美会随着时间的流逝而失色，而仪态的美却能够随着年龄的增长而增添几分成熟、稳重、深刻的美。

总之，仪态美是一种更完善、更深刻的美，它不是可以通过外表的修饰打扮得到的，也不是单纯的动作、表情的模仿可以体现的。它有赖于内在素质的提高、自身修养的加强，有赖于性格、意志的陶冶和能力、学识的充实，仪态美更有赖于长期的训练和坚持，是长期培养磨炼的结果。

小　结

本章共分为表情、手势、姿态、举止、仪态美的塑造 5 个部分，表情部分除讲述眼神礼仪之外，重点介绍了微笑礼仪，包含微笑的内涵和微笑的训练方法；手势部分重点讲述了情意性、指示性、象征性 3 类手势的表达方法和表示意义；姿态部分分为站姿、坐姿、行资、蹲姿，列举了每种姿势的标准以及分类；举止部分则是列举了 10 个不良举止和坏习惯。最后重视仪态美的塑造部分则是再一次强调了仪态美的重要性，以及它的意义和内涵。

通过对本章内容的学习，读者可以提高自身的仪态礼仪水平，培养良好举止，从小处做起，练习和践行美的仪态。

思考与练习

1. 微笑的力量表现在哪些方面？
2. 手势的原则有哪些？

活动与探索

1. 与朋友们一起练习微笑，练习站、坐、行、蹲的标准姿势。
2. 可以从哪些方面帮助提升自己的举止与风度？

第4章 语言沟通礼仪

本章介绍倾听、说话及演讲的技巧，使读者掌握语言礼仪规范，做到谈吐文明、礼貌，沟通顺畅、和谐。

在人与人的交际之中，时时处处存在着语言沟通。语言沟通是交流和表达思想情感的重要途径，掌握良好的语言沟通礼仪与技巧会对我们的社会交往大有裨益。

名言警句

“在造就一个有修养的人的教育中，有一种训练必不可少，那就是优美、高雅的谈吐。”

——【美】哈佛大学前校长 伊力特

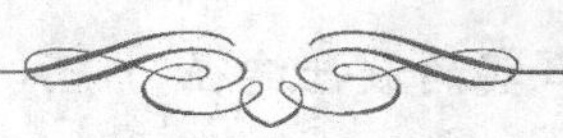

4.1 倾 听

国际倾听协会将“倾听”定义为：倾听是接受口头及非语言信息、确定其含义和对此作出反应的过程。听的繁体写法为“聽”，如图4-1所示，表达了听的几层含义：“耳”，表示要用耳朵；“一”和“心”表示一心一意，要专心地听；“罒”代表眼睛，意思是听的时候，要用眼睛看着对方；“王”表示尊重和恭敬，即给说话的人以王者礼遇。

图4-1 “听”的繁体

4.1.1 倾听的作用

莎士比亚说“最完美的交谈艺术不仅是一味地说，还要善于倾听他人的内在声音”。与人交谈不但要善于表达自己的意思，而且还要善于聆听对方的讲话，这是人际沟通中非常重要的环节。认真倾听对方的谈话，是尊重对方的表现；善于倾听对方的谈话，能有效提高谈话的效果。

1. 倾听是尊重和重视对方的表现

认真地倾听，能够传达对对方的尊重和重视，使谈话者形成愉悦的心态，舒缓压力，产生信赖，给心灵的忧伤提供释放的空间，实现有效沟通，达到预期效果。反之，会让谈话者产生被忽视、被冷淡、被孤立甚至被抛弃的感觉。

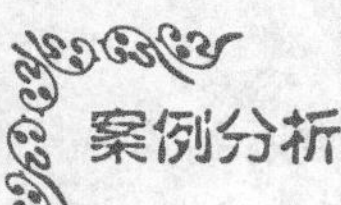

案例分析

不该发生的悲剧

在一个圣诞节，一个美国男人为了和家人团聚，兴冲冲地从异地乘飞机往家赶，一路幻想着团聚的喜悦情景。恰恰老天变脸，这架飞机在空中遭遇猛烈的暴风雨，飞机脱离航线，上下左右颠簸，随时有坠毁的可能。空姐也脸色煞白，惊恐万状地吩咐乘客写好遗嘱放进一个特制的口袋。这时，机上的所有的人都在祈祷。也就在这万分危急的时刻，飞机在驾驶员冷静驾驶下终于平安着陆了。

扫一扫

扫一扫对案例进行分析。

这个美国男人回到家后异常兴奋，不停地向妻子描述在飞机上遇到的险情，并且满屋子转着、叫着、喊着。然而，他的妻子正和孩子兴致勃勃分享着节日的愉悦，对他经历的惊险没有丝毫兴趣。男人叫喊了一阵子，却发现没有人听他倾诉，他死里逃生的巨大喜悦与被冷落的心情形成强烈的反差。在妻子去准备蛋糕的时候，这个美国男人却爬到楼阁，用上吊这种古老方式结束了从险情中捡回的宝贵生命。

分析：案例中的男子大难不死，为何选择了自杀？倾听有着怎样的作用？

2. 倾听是了解对方、分辨事实的最佳途径

在交谈双方的沟通中，掌握信息是十分重要的。谈话是传递信息，倾听是接受信息。从倾听中可以捕捉信息、处理信息、反馈信息。一个好的倾听者应当善于从倾听中了解对方的意图、打算、目的、心态，了解事情的来龙去脉，掌握事实。

在人际交往中，很多人口中所道并非肺腑之言，他们的真实想法往往被隐藏起来，所以作为倾听者要有清醒的头脑，根据自己所掌握的情况，不断进行分析、过滤，确定哪些是正确的信息，哪些是错误的信息。要注意琢磨对方话中的微妙感情，细细咀嚼品味，以便弄清其真正意图。

3. 倾听是提高工作效率、建立良好人际关系的基础

善于倾听对方会避免因交流失误而导致的行为偏差，提高工作效率。倾听还可增进人与人之间的相互关系，避免因不必要的纠纷，保持与他人的顺畅沟通，建立良好的人际关系。

4.1.2 倾听的方式

倾听可以用耳朵听，用眼睛听，用心灵听。每一种聆听的方式都会带来不同的效果。沟通学研究者认为倾听有以下 4 种方式。

1. 被动倾听

被动倾听是最普遍的一种听取他人观点的方式。这种情况下，无论是非语言的表达方式还是语言表达方式，倾听者都不会呈现出来。被动倾听者经常表现出的行为有目光接触、面无表情、偶尔点头、偶尔回应、如“嗯”、“哦”，在电话中更为明显。

被动倾听者虽然在跟着讲话者的思路，但却很少给出促进谈话继续的信息。有人形容与一个被动的倾听者交谈是在“唱独角戏”，所以经常会有挫败感。在这种情况下，谈话者会经常怀疑对方是否愿意倾听或者是否理解了自己表达的信息。

2. 选择倾听

选择倾听与被动倾听同样普遍。选择倾听通常定义为想听的时候才听。对于想要听到的信息，倾听者就会非常投入、理解力很强。对于不想听到的信息，倾听者就会不理睬谈话者或者起反作用。换句话说，选择倾听者在听的整个过程中表现不一致，行为有反差。

当一个选择倾听者听他不想听的信息时，通常表现的行为是：环顾四周，流露出不感兴趣的表情，对某个问题的反抗情绪高涨，随便插话，即便是以询问的方式，也打断了讲话者目前的信息。

从不理睬到情绪反抗，选择倾听者一直在沟通中有意或无意地制造障碍。他们阻碍了听众听取完整的信息，并且增加了谈话的紧张气氛。

3. 专注倾听

专注倾听是指倾听者专注于谈话者，时刻跟随谈话者思路。专注倾听的效率比起被动倾听或者选择倾听高得多。专注倾听者通过语言或非语言的方式更多地参与，更少地判断。专注倾听者

通常表现出的行为有：稳定的目光接触，诚恳的面部表情，点头表示理解，提供简单的鼓励信息，如“明白了”、“好的”、“是的”等，提出问题来维持谈话，提问以询问更多的细节。

事实（或者说是内容）和情感（或情绪）这两个方面加在一起构成了讲话者所传达信息的真正意思。

一个专注的听众会获取讲话者想要展示给他的信息。当信息都是事实的时候，他倾听的效果会很好。但当信息中卷入更多的个人情感时，他也会盲目相信。这就是专注倾听的短处。专注倾听者并不能很好地获取完整意义上的全部信息。

4. 积极倾听

积极倾听是人们倾听的最有力的方式，指有响应或回应地听。积极的倾听者不但能细致接受并尊重讲话者的意愿，捕捉到事实以及讲话者的情感，而且可以尽力验证自己对谈话者信息的理解，这正是谈话者所希望的方式。

积极倾听者表现出来的行为包括了“专注倾听”中列出的积极方面以及其他几个方面：表现出耐心，反馈自己对信息的总结，用讲话者的情绪理解信息，探求讲话者严重情绪偏向的原因，提出对某个不清楚或混乱信息的质疑等。

4.1.3 倾听的艺术

倾听（见图4-2）是一种艺术，也是一种技巧。中国有句俗语：“人长着一张嘴巴，两只耳朵，就是为了少说多听”。外国也有句谚语：“用十秒钟的时间讲，用十分钟的时间听。”据美国俄亥俄州立大学一些学者的研究，成年人在一天时间里，有7%用于交流思想。在这7%的时间里，有30%用于讲，高达45%的时间用于听。

图4-2 倾听

1. 倾听的态度

耐心、专注、有礼的态度可以帮助倾听者掌握更多信息，提高倾听的效率和效果。

（1）耐心

日常生活的交谈，并非每句话都包含着重要的信息，也并非第一句话都是谈话者的主题和真实含义，一般第一句话可能会比较零散或混乱，观点不突出或逻辑性不强。要鼓励对方把话说完，否则就容易自以为是地去理解，可能会断章取义，甚至曲解对方的意图，导致交流失败。

另外，他人对事物的观点和看法有可能是自己不认同、甚至是无法接受的，遇到这种情况应试着去理解对方的心情和情绪，耐心听完，才能达到倾听的目的。

扫一扫

扫一扫你就知道倾听的态度。

耐心倾听

有一次，美国知名主持人林克莱特访问一名小朋友，问他说：“你长大后想要当什么呀？”小朋友天真地回答：“嗯，我要当飞机驾驶员！”林克莱特接着问：“如果有一天，你的飞机飞到太平洋上空，所有引擎都熄火了，你会怎么办？”小朋友想了想：“我会先告诉坐在飞机上的人绑好安全带，然后我挂上我的降落伞先跳出去。”

当现场的观众笑得东倒西歪时，林克莱特继续注视着这孩子，想看他是不是自作聪明的家伙。没想到，接着孩子的两行热泪夺眶而出，这才使得林克莱特发觉这孩子的悲悯之情远非笔墨所能形容。于是林克莱特问他：“为什么要这么做？”小孩的回答透露出一个孩子真挚的想法：“我要去拿燃料，我还要回来！我还要回来！”

分析：通过故事，真正明白倾听的艺术。反思我们自己，有没有常常中途打断对方的讲话，是不是又自以为是地进行反驳呢？

（2）专注

走神是影响倾听效果的大敌。心不在焉、注意力不集中、频频做小动作都不是专注倾听的表现，将极大地影响倾听效果，这种表现的流露还可能会让谈话者产生被轻视的感受。

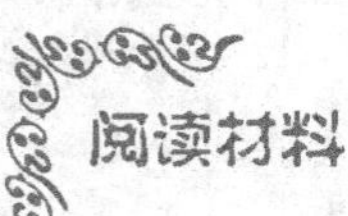

美国著名企业家玛丽·凯·阿什说过一件令其刻骨铭心的事：“有一次，我同一位销售经理共进午餐并就某些事情进行商淡。然而，每当一位漂亮的女服务员经过我们的桌子旁边，那位经理总是目送她走远。我对此感到很气愤。我觉得自己受到了侮辱。心里暗想，在他看来，女服务员的两条腿比我讲的话重要得多。他并不在听我的讲话，他简直没把我放在眼里！”

（3）有礼

倾听时，应抱着虚心的态度，谦和亲切。如果对他人抱有成见，如“这个人老是爱贪小便宜”等，会直接影响对谈话者谈话内容的理解，甚至导致错误判断。有些人认为自己在某一问题上比别人懂得多，常常中途打断别人的讲话，急于阐述自己的观点，喜欢教育别人。这种“强势推销”、“好为人师”的人不会成为好的倾听者。

2. 倾听的礼仪

倾听的过程中，倾听者应保持一定的礼仪，这是有涵养有素质的表现，同时也表达了对谈话者的尊重和重视。

（1）身体前倾，表情自然

身体前倾表达了倾听者尊重和重视的态度。自然的表情可以让沟通更顺畅。反之，眉头紧锁、假笑、扬起眉头都会造成倾听障碍。

（2）保持与谈话者的视线接触，不东张西望

与谈话者保持视线的接触，是认真倾听的礼仪之一。眼睛要专注于谈话者，不东张西望，这也有助于提高倾听的效果。

（3）注意力集中，情感投入

面无表情，无精打采，传递出的信号是不感兴趣或不愿参与谈话，这种行为会让谈话者感觉

非常疲惫，像是在对着一堵墙说话。

（4）不做小动作，不随意看表

双手不停抖动，时常看表，摆弄文件夹、钢笔或是手头有的东西，会让对方感觉你的注意力在别处，没有全部投入，也没有接收谈话的全部信息。

（5）不随意打断对方的谈话，不批评对方观点

随意打断别人的谈话，或借机把谈话主题引到自己的事情上，任意地加入自己的观点做出评论和表态等，都是很不尊重对方的表现，比不听别人谈话产生的效果更加恶劣，一定要避免。

（6）适时进行鼓励和表示理解，提供建设性的反馈

强调倾听要专心静听，并不是完全被动地、静止地听，而是要不时地通过表情、手势、点头等，向对方表示你在认真地倾听。谈话者往往都希望自己的经历受到理解和支持，因此在倾听中加入一些简短的语言，如“对的”、“是这样”、“你说得对”等或点头微笑表示理解，都能鼓励谈话者继续说下去，并引起共鸣。

3. 倾听的技巧

掌握倾听的技巧，可以帮助我们提高倾听效率，更好地达到倾听的目的。

（1）保持中立心态

在别人向自己倾诉时，调整好自己的心态很重要。我们在日常生活中，多数倾诉者是自己的亲人或者朋友，对于对方的事情往往特别关心。我们往往容易感染倾诉者的不良情绪，把倾诉者的坏心情变成自己的坏心情。这样不但帮不了倾诉者，反而让自己的心理陷入困境。

因此，在倾听时最好保持中立的心态，这样既可以客观地帮对方分析和解决问题，又不至于表现出对对方的漠不关心。一个人独处的时候，要及时转移自己的情绪，从事件中跳出来。当心里郁积了太多不快时，也应尝试着向别人倾诉。

（2）观察并使用肢体语言

与人交谈时，我们内心的感觉会在我们开口之前透过肢体语言清清楚楚地表现出来，如果倾听者表现出封闭或冷淡，谈话人会感觉对方不重视自己或对自己的谈话内容不感兴趣，因而就不会敞开心胸。相反，如果倾听者态度开放，愿意接纳对方，谈话人会认为他很想了解自己的想法，从而受到鼓舞。常用的肢体语言包括点头、微笑、身体稍微前倾、眼神交流等，倾听的过程中要适时使用这些肢体语言。另外，还要注意避免出现交叉双臂、手放在脸上等动作。

（3）运用反应式倾听

重述刚刚所听到的话便是反应式倾听，这是一种很重要的沟通技巧，运用这种倾听方式时，对方会知道我们一直在听，而且也听懂了他所说的话，但是反应式倾听是用自己的话总结对方的重点，而不是像鹦鹉一样，完全重复他说的话。反应式倾听会让对方觉得自己很重要，有利于对话的持续。

（4）注意提问的方式

① 开放式提问

所谓开放性提问，是指在倾听时，为了让对方对有关问题、事件作出较为详尽的反应而提出的问题，通常使用“什么”、“怎样”、“为什么”等词语，这时候要注意文句的方式、语调、不能太生硬或随意。

② 封闭性提问

所谓封闭性提问，是指在试图澄清事实真相，验证结论与推测，缩小讨论范围等情况时，用“是不是”、“对不对”、“行不行”等词语发问。让对方对有关问题作出“是”或“否”的简短回答。回答这些问题简洁、明确，只需要一两个字、词或一个简单的点头或摇头等即可。但采用封闭性提问要适度，过多的使用会使对方处于被动地位，压抑其自我表达的愿望与积极性，产生沉默和压抑感及被审讯的感觉。

（5）有效的情感反应

对对方情绪、情感的反馈称为情感反应，通常指把对方的情感反应进行综合整理后，再反馈给对方，相对于过去的情感而言，针对对方现时的情感反应会更为有效。另外，在运用这一技术时，为了使对方深切体验到被人理解的感觉，要时刻注意到对方的瞬间情感并及时做出反应。

阅读材料

倾听的小猫

小猫长大了。

有一天，猫妈妈把小猫叫来，说：“你已经长大了，三天之后就不能再喝妈妈的奶了，要自己取找东西吃。”

“那我该吃什么东西呢？”小猫疑惑地问妈妈。

猫妈妈说：“用我们祖先留下的方法吧！这几天夜里，你躲在人们的屋顶上、梁柱间、陶罐边，仔细倾听人们的谈话，你会在其中找到答案。”

第一天晚上，小猫躲在陶罐边，听见一个妇人对孩子说：“把香肠和腊肉挂在梁上，把小鸡关好，别让小猫偷吃了。”

第二天晚上，小猫躲在屋顶上，从窗户看到一个女子叨念自己的丈夫：“奶酪、肉松、鱼干吃剩了，也不会收好，小猫的鼻子很灵，明天你就没得吃了。”

第三天晚上，小猫躲在梁柱间，听到一个大人对小孩子说：“小宝，小猫最爱吃鱼和牛奶了，把鱼和牛奶放在冰箱里吧。”

就这样，小猫每天都很开心，回家跟妈妈说：“妈妈，果然像您说的一样，只要我仔细倾听，人们每天都会教我该吃些什么。”

4.2 交　　谈

20世纪伟大的心灵导师，美国人戴尔·卡耐基曾说过，与人进行有效的交谈，并且赢得他们的合作，这是那些奋发向上的人应该培养的一种能力。交谈是交流思想和表达情感最直接、最快捷的途径，作为一种最基本的媒体形式，在很大程度上关系到社会交往的成败。不管是“一言兴邦，一言丧邦”，还是“好言一语三冬暖，恶语伤人六月寒”都说明了交谈以及语言的意义和作用。交谈场景如图4-3所示。

图 4-3　交谈

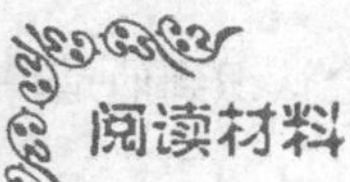

笑话一则

某人请五个人吃饭，还差一位左等右等也没到。见此情景，主人说道："该来的怎么还不来？"

客人甲听了，心想：这不是说我们不该来的倒来了吗？真气人！于是说："对不起，我有点事，得先走了！"

主人见他走了，很着急，就说道："不该走的怎么走了呢？"

客人乙心想：这分明是暗示我该走却赖着不走。于是说："我有点儿事，失陪了。"

主人更着急了，脱口而出："唉，他俩真多心，我说的又不是他们！"

客人丙、客人丁大怒，想：那你说的肯定是我们俩了！于是他们铁青着脸一言不发，拂袖而去。

一场宴席就这样还没有开始就不欢而散了。

4.2.1　交谈的语言要求

语言作为人类的主要交际工具，是沟通不同个体的桥梁。准确、有效、恰当的语言，可以使谈话达到事半功倍的效果。

1. 语言的有效性

不被接受的话显然等于白说。谈话者首先考虑的问题就应该是语言的有效性。

（1）好嗓音

好嗓音既能使交谈双方感到愉悦，又可以使对方印象深刻。"好嗓音"主要包括清晰的吐字、动听的声音；与此相反，"坏嗓音"则指吐字模糊、鼻音浑浊或尖锐刺耳，使对方听不清而产生反感。

（2）时代感

语言的时代感是非常重要的，现如今"父母在，不远游"；"新三年，旧三年，修修补补又三年"之类的警言已成为隔世之语。现代人已经很难接受这些"陈腐的语言"。

（3）好时机

讲话时要考虑时机是否适合，比如对方能否听得懂，是否感兴趣，接受程度怎样等。在生日、节日、纪念日、成功之日、获奖之日等特定的时刻、特殊的日子，一句由衷的祝贺、一段真诚的赞美会锦上添花；在他人心情沮丧或陷入困境之时，一番恳切的鼓励、一句贴心的问候更会达到雪中送炭的效果。

2. 语言的正确性

在你开口之前你就应该意识到，说话的正确性是对人最起码的尊重。

（1）实事求是

空话、大话、假话必须避免。“狼来了”的故事告诉大家，捉弄人一次、两次可能成功，但第三次就必然受到惩罚了。栽赃、陷害、伤人、诽谤，会对别人造成极大伤害。挨打的皮肉之伤易愈合，哀怨的心灵创伤难平复。

所谓“日久见人心”，说空话、大话者只能一时迷惑别人，时间长了别人就会认识到他是一个不可信赖之人。

（2）用词准确

有求于人时，要考虑对方能否办到以及能否领会。

太直接的问话显然令人不好回答。例如，“能否借一样东西给我？”、“可以借一笔钱给我吗？”

不能准确表达意思的话也是失礼的。例如，你手指着书架说“请帮我把书递过来，好吗？”，尽管用了客气委婉的语气，但由于没有表达准确是什么书，会令人无所适从。

（3）区分场合

正式场合与一般场合、书面语与口头表达所使用的语言有所区分，例如，称呼尊者、领导时，在正式场合和书面文件上要规范，一般用全称。如张三教授、李四副教授、王五副校长等。但在一般场合和口头语上往往用简称，一般会省略“副”字，如张教授、李教授、王校长，同时这也算作是一种敬称。

对令人敏感的谐音姓氏，要特别避免误会和尴尬。即便在一般场合，也应该说出其“姓名+职位”的全称。

（4）把握语意

在日常社交生活中，出于特定的需要和惯例，还有一类“言不由衷”的现象，例如客套语、反语以及善意的“谎言”，不能将其视为虚伪和失礼。

在初次见面时，往往要说一些恭维式、自谦式的客套话，如“久仰大名”、“幸会幸会”、“光临寒舍蓬荜生辉”，这已经是约定俗成的社交客套话，虽然有点言过其实，但令对方感到舒服，觉得受到尊重，因此不能算作是失礼的表现。在亲友、尤其是情侣之间，有时会说些带有戏谑成分的反语，诸如，“冤家”、“好恨你”等，可把这些话理解为“可亲可爱的人”、“好爱你”。这种戏谑与相敬如宾相辅相成，也是一种生活的情趣。

3. 语言的情感性

人是高级动物中最富有情感的，获得礼遇可以满足自尊。语言的情感性就显得非常重要。

（1）诚恳的态度

与人交谈时，应神情专注，态度诚恳亲切。表示祝贺时，应表情热情，而不仅是嘴巴动听，表情冷冰冰的敷衍，甚至讽刺。与人交谈时，应神态专一，而非失礼地东张西望、漫不经心、答非所问。

（2）礼貌的倾听

本杰明·富兰克林曾说过，“与人交谈取得成功的秘诀就是多听，永远也不要不懂装懂”。学会倾听就是指不要只顾自己讲话，也要给对方说的机会。认真倾听对方讲话，并经常有一些点头之类的体态语来交流，这样可使对方觉得自己受到重视。千万不要表现出不感兴趣，更不能去打断对方的话语。

（3）细微的差别

在丰富多彩的人类话语中，有时一字之差就会改变所表达的感情。如坐、上坐、请坐、请上座；喝茶、请喝茶、请用茶，就令人明显感受到所获礼遇等级的差别。

4.2.2 交谈的礼仪

交谈中遵从一定的礼仪规范，体现对对方的尊重，才能达到双方交流信息、沟通思想的目的。

1. 多用礼貌用语

用语文雅可以体现出一个人的学识教养，在文明社会，尤其是当今社会，社会活动中的礼貌用语尤为重要。

（1）尽量用敬语

礼仪的核心内涵是尊敬，而其在语言上的体现就是要常用敬语。如您——你；先生——喂；小朋友——小孩。这样给予相同对象的感受完全不同。同样是一种意思，但效果会由于语言载体的形式不同而大相径庭。《西游记》中猪八戒向两个抬水的女妖问路，张口便叫“妖精”，路没问成，还挨了一顿打。对此事他不明白，求教孙悟空。孙悟空说不能叫“妖精”，应该到她前面行个礼，看她多大年纪，若与我们差不多，叫她“姑姑”，若比我们老些，叫她“奶奶”。八戒照做，果然十分奏效。

（2）少命令，多商量

“请帮我跑一趟邮局可好吗”与“你替我跑一趟邮局啊”；“麻烦让一下”与“让开”所表达的都是同一种意思，但两者的口吻却相差甚远。

人们认为“请”与“叫”所表达的意思似乎一样，所以往往不大注意这两者之间的区别。让学生去叫老师“去叫老师”，甚至“去叫院长”之类的话在大学校园中也屡闻不鲜。实际上，一个人礼仪教养的水平就可以从“请”与“叫”中分别出来。

（3）了解传统敬语、谦辞

我国是历史悠久的礼仪之邦，据记载，古人非常重视使用礼貌用语，而在现代语言中礼貌用语却被淡化了很多。对祖国优秀的文化传统，现代人还是要继承、借鉴、更新，以期发扬光大、古为今用。

例如，古人常用“令、尊、贤”来尊称对方及其亲属，其中“令”可通用，“尊”只用于称呼长辈，“贤”则用于称呼平辈和晚辈，但当称呼对方配偶时则“尊、贤”皆可通用，如“令尊、令堂、令郎、令爱”，贤弟、贤妹、贤侄”，“尊夫人、贤夫人”等。

敬语可以分为以下几类。

① 问候语。如“您好!”、“早上好!”等。

② 欢迎语。如“欢迎您!”、“见到您很高兴!”等。

③ 回敬语。如“非常感谢!”、“让您费心了!”等。

④ 致歉语。如“请原谅!”、“很抱歉!”等。

⑤ 祝贺语。如“工作顺利!”、“祝您好运!”等。

⑥ 道别话。如“再见!”、“走好!”等。

⑦ 请托语。如“拜托!”、“劳驾!”等。

阅读材料

礼貌用语

初次见面应说：幸会	请人解答应用：请问
看望别人应说：拜访	赞人见解应用：高见
等候别人应说：恭候	归还原物应说：奉还
请人勿送应用：留步	求人原谅应说：包涵
对方来信应称：惠书	欢迎顾客应叫：光顾
麻烦别人应说：打扰	老人年龄应叫：高寿
请人帮忙应说：烦请	好久不见应说：久违
求给方便应说：借光	客人来到应用：光临
托人办事应说：拜托	中途先走应说：失陪
请人指教应说：请教	与人分别应说：告辞
他人指点应称：赐教	赠送作品应用：雅正

2. 慎重选择话题

人们在交谈中所涉及的题目范围和谈资内容统称为话题。换言之，话题是一些由相对集中的同类知识和信息构成的谈话资料及其相应的语体方式、表述语和语气词的总和。在人际交往中，选择一个好的话题，就能使谈话有个良好的开端。

（1）适宜的主题

① 对方或自己擅长的话题。

② 安全话题（即公共话题），如哲学、历史、地理、艺术、建筑、风土人情等。

③ 轻松愉快的话题，如电影、电视、体育比赛、美容美发、休闲娱乐、旅游观光、名胜古迹、流行时尚、烹饪小吃、天气状况等。

（2）忌谈的主题

① 涉及国家和政府的政治话题。

② 涉及国家秘密和行业秘密的话题。

③ 涉及交往对象的隐私话题，如收入、年纪、婚姻家庭、健康状况、个人经历等。

④ 格调不高的话题。

由于人们的学历、职业、精力、兴趣状况不同，每个人所掌握的话题状况也会有所差距，因此必须尽量扩大话题储备。在现实生活中，肯花工夫学习、多看书报，有意识地积累自己的知识将会给自己选择话题带来很大的帮助。

3. 讲究提问技巧

提问和回答是交谈的基本形式，善于提问可以更顺利地接近相识对方，同时可以获得信息、解除疑点、加深了解，能打破交谈的僵局，控制交谈言路的方向，保证交谈的顺利进行，因此提问往往是交际的起点，也在交谈中占主导地位。在交谈中要讲究问得其所，问得所需。

（1）看清对象

“上什么山唱什么歌，见什么人发什么问。”提问要根据对方的年龄、身份、职业性格的不同，选择不同的提问方式。

（2）把握时机

在交谈中，发问的时机也非常重要，所以要善于掌握对方的心理脉搏，选择恰当的时机发问。时机掌握得好，发问效果才佳。例如，当对方伤心或失意时，不宜提太复杂、太生硬，使对方不愉快的问题；当对方遇到困难或麻烦，需要单独冷静思考时，最好不要提任何问题。

（3）抓住关键

提问问题时抓住关键和重点可以引导对方的思路，并使问题显得清晰，从而避免让对方产生回答起来无从下手的感觉。

（4）精选类型

在提问时往往要准备多种提问方式，因为不是任何人一开始就愿意如实回答你所提出的问题，他往往会用各种借口来推托你的问题。当一种提问方式不行时，要试着换另一种方式提问。提问大体可以分以下几种类型。

① 正面直问。开门见山，直接提出你想了解的问题。

② 两面提问。既问好的，又问坏的。既问主要的，又问次要的。这种提问可以较好地了解人的全貌和事物发展的全过程，可以帮助我们克服主观片面性。

③ 迂回侧问。若正面或反面都不好问，就从侧面或另一角度入手，迂回之后，再回到正面问题上来。

④ 假设提问。站在对方的立场上，提出一些假设，启发对方思考，引导对方回答。

⑤ 步步深问。打破砂锅问到底，随着对方的谈话，步步深入。

当然，想使对方愿意回答自己提出的问题，也要注意自身形象的塑造，比如着装要得体、大方自然，称呼要得当，给人真诚可信的感觉。这样，在“问者谦谦，言者谆谆”的合理氛围中交谈才会进展得很顺利。

4.2.3 交谈的艺术

1. 有备而谈

日常生活中，成年人不能像小孩子一样，童言无忌是天真可爱的，如果成年人说话冒失，则是令人反感的。社交活动中的谈话要有所准备，讲究技巧，而不是随心所欲，信口开河。

扫一扫你就知道交谈的艺术。

（1）仪表仪态、端庄得体

仪表端庄，举止得体，神态饱满，气质上佳，风度翩翩，良好的第一印象显然有助于谈话的成功。

（2）思路清晰，主旨明确

明确的宗旨、细致的步骤以及备用方案，这些问题都要在会谈前准备好，谈话时要思路清晰，同时，要通过对方的反应寻找共同的话题，使谈话得以继续。

2. 掌握分寸

谈话要有放亦有收，不过头，不嘲弄，把握好“度”；谈话时不要唱独角戏，夸夸其谈，忘乎所以，不给别人说话的机会；说话时要察言观色，注意对方情绪，对方不爱听的话少讲，一时接受不了的话不急于讲。开玩笑的时候要看对象、性格、心理、场合。一般来讲，不要随便开女性、长辈、领导的玩笑，也不要与性格内向、多疑、敏感的人开玩笑。当对方情绪低落、心情不快时不开玩笑，在严肃的场合、用餐时也不宜开玩笑。

（1）身份意识

主从不分、没大没小是不礼貌的，所以说话时应注意自己和对方的身份。例如，“吃东西前要洗手，懂吗”对小孩说是很平常的，若对成年人说则不妥。

（2）顾及他人

说者无意，听者有心，说话者要顾及他人，避免无意刺伤他人，令人尴尬。要确保对方能听懂自己的话，比如商业交往不宜用方言，而且应避免与人耳语。另外要将心比心，与人为善。揭人伤疤，说刻薄的话，伤人自尊都是极为失礼的言行。还要注意不要在公共场合冷落某方面不如自己的人。

（3）考虑措辞

直率固然是优良品格，但在有些场合不宜太“直率”，否则容易使人误会，认为是没有教养。在商务活动中不宜居高临下、咄咄逼人，而应谦恭礼让、委婉客气。

3. 幽默风趣

在交谈中常常会因为意见不同而产生争论或分歧，但交谈本身就是一个寻求一致的过程。这就需要在交谈中，用应变和机智抛开或消除障碍；幽默还可以化解尴尬局面并且增强语言的感染力。它建立在高尚情趣、较深的涵养、丰富的想象、乐观的心境和对自我智慧、能力的自信基础上。

案例分析

臣子妙答

曹操很喜爱曹植的才华，因此想废了曹丕转立曹植为太子。当曹操将这件事征求贾翊的意见时，贾翊却一声不吭。曹操就很奇怪地问：“你为什么不说话？”贾翊说：“我正在想一件事呢！”曹操问：“你在想什么事呢？” 贾翊答：“我正在想袁绍、刘表废长立幼招致灾祸的事。”曹操听后哈哈大笑，立刻明白了贾翊的言外之意，于是不再提废曹丕的事了。

在南朝时，齐高帝曾与当时的书法家王僧虔一起研习书法。有一次，高帝突然问王僧虔说：“你和我谁的字更好？”这问题比较难回答，说高帝的字比自己的好，是违心之言；说高帝的字不如自己，又会使高帝的面子搁不住，弄不好还会将君臣之间的关系弄得很糟糕。王僧虔的回答很巧妙：“我的字臣中最好，您的字君中最好。”皇帝就那么几个，而臣子却不计其数，王僧虔的言外之意是很清楚的。高帝领悟了其中的言外之意，哈哈一笑，也就作罢，不再提这事了。

分析：在许多场合，有一些话不好直说、不能直说也无法明说，于是，旁敲侧击绕道迂回，就成为人们所采用的方法。

重要提示

有幽默感的人在谈话中总是受人欢迎的，幽默不但能很好地表达自己的意思，同时还可以活跃谈话气氛，使谈话更容易继续下去。

4.3 演　　讲

演讲（见图 4-4）是一门运用语言的艺术。它是指演讲者在公共场合，运用口语，借助于表情手势，郑重、系统地阐述自己的见解和主张，以教育或感召听众的一种口语表达方式。演讲可以分很多类，如政治演讲、学术演讲、法庭演讲、社会生活演讲等。

图 4-4　演讲

4.3.1　演讲的要素

从演讲定义的阐述中我们可以清楚地看到演讲是一种最直接、最灵活、最经济和极有效的口语表达形式和宣传教育艺术，它有着与一般口头语言和书面文章不同的特点和作用。

1. 特定的时境

演讲的时境指的是演讲者和听众同处一起的时间与环境。特定的时境是演讲的重要基础之一，是演讲活动不可缺少的物质要素。同时，特定的时境又对演讲这一口语表达活动起着突出的制约作用，随着特定时境的转移与变化，演讲的内容、语言和表情动作等，也都要做相应的调整与变化，只有这样，才能适应特定时境这一物质要素转移与变化的需要，才能取得演讲的最佳效果。

2. 有声语言

有声语言是演讲活动的最主要的物质表达手段，它以流动的方式，运载着演讲者经过组织的思想与感情，传入听众的听觉器官，从而产生很强的说服力、吸引力与感召力。好的有声语言，具有准确清晰、清亮圆润、富于变化、有耐久力的特征。它能在流动的过程中产生一种美感，勃发一种情趣，形成一种“余音绕梁，三日不绝”的佳境。

3. 态势语言

态势语言是演讲中重要的信息交流手段，又称为形体语言或无声语言，它是指能在一定程度上表达思想感情的眼神、面部表情、手势动作、体态、举止和礼仪等。如同话剧演员、戏剧演员的形体动作那样，这种态势语言也属流动着的形体动作，这种动作如果运用得自然、真实、鲜活，也能一定程度上弥补有声语言的不足，增强有声语言的表现力和感染力。

4.3.2 演讲的心理技能

演讲是一种强烈的精神劳动产物，因此，一次演讲它不仅是对演讲者思想、文化、知识、表达能力的考验，也是对演讲者心理和心理素质的严峻考验。良好的心理素质可以帮助演讲者获得演讲的成功，而心理素质差的演讲者也许还没有登场就败下阵来了，因此培养演讲者良好的心理素质，是取得演讲成功的先决条件。演讲者要具有的心理素质主要有以下几个方面。

1. 求真的心理素质

追求真理应该是我们每一个演讲者演讲中所追求的目的，而也只有追求真理、弘扬真理的演讲才是最具有生命力的演讲，才会是名垂青史的演讲。恩格斯的《在马克思墓前的讲话》如此，林肯的《葛底斯堡演讲》如此，闻一多的《最后一次演讲》也是如此。这一切都是演讲者追求真理的结果，如果没有他们对真理追求的内在思想品质、良好的心理素质，那么要想产生这些名垂青史的演讲传世之作是不可能的。

2. 创作上的心理素质

在演讲创作中需要哪些心理素质呢？大体说来有两个方面：一是形象思维和逻辑思维；二是联想与想象。

在演讲创作中逻辑思维占主导地位，演讲创作者要通过自己的创作说明问题、解决问题，最后昭示给人们的也不是某一具体的形象而是一个抽象的道理。所以形象思维在演讲创作中只是暂时的、阶段性的，占主导地位的是逻辑思维。但是形象思维在演讲创作中并不是可有可无的，它在演讲创作中也起着逻辑思维不可替代的作用，如事例的陈述、形象的描绘等，离开了形象思维同样完不成演讲任务。

德国哲学家黑格尔说过 “想象是创造性的”。想象可以为我们的思想插上一双展翅高飞的翅膀。没有了想象，我们的思想就飞不高、飞不远，我们的心灵就不会丰富，我们的生活也不会多彩；而联想又帮我们在错综复杂的事件之间找到联系，让我们在千头万绪中找出头绪，在千变万化中找到根本。想象和联想可以让我们的演讲创作得到升华，让我们的演讲主题更深刻，让我们的思维材料更丰富，让我们的演讲构思更灵活。

3. 表达的心理素质

“演讲是需要勇气”的，这种勇气到了演讲的表达阶段显现得更为突出。这时演讲者一般要做好以下几种心理准备。

（1）克服怯场

怯场是人人都有过的经历，许多著名的演讲家在初登讲台时也是心里发慌、两腿发抖。古罗马的雄辩家西塞罗曾在一次讲演后说：“演讲一开始，我就感到自己面色苍白，四肢和整个心灵都在颤抖。”可后来他成为了著名的演讲家，我们同样也一定会从不能到能。要知道演讲是人人都可以做到的，只要鼓起勇气，勇敢登台，你就已向成功迈出了第一步，胜利已离你不远了。

（2）情绪饱满

演讲者一定要想方设法在登台演讲前把自己的情绪调整到最佳状态，以饱满的情绪登台演讲。古希腊著名的哲学家亚里士多德曾经说过：“一个充满了感情的演说者，常常使听众和他一起感动，哪怕他所说的什么内容都没有。”而且饱满的情绪也能吸引听众、感染听众、打动听众。

因此，在登台以前，一定要调整好自己的状态，给听众留下美好的第一印象，让听众对你的演讲充满信心。

（3）善于沟通

演讲是一种双向交流。因此，演讲者在登上讲台之后，就要学会与听众交流，随时注意听众的反馈信息，并根据这些反馈信息及时调整自己的演讲内容。只有如此，你的演讲才会是适时的、得体的，也才会是成功的。

演讲者千万不能自视过高，不论你知识多么丰富、阅历如何广博、准备怎样周详，但是千万不要忘了“群众才是真正的英雄”。听众中并不乏真知灼见者，在演讲中，演讲者与听众往往也是可以“说听相长”的。

4.3.3 演讲的语言技巧

演讲是一门艺术，也是一门科学。良好的语言组织、适当的语言技巧是成功演讲的关键。它能以起伏自如、轻重有致、自然和谐、音义兼美的艺术魅力，使广大听众受到思想上的感染，得到精神上的熏陶和艺术上的享受。

扫一扫

扫一扫你就知道演讲的语言技巧。

1. 语言适度夸张

演讲不同于教学，演讲需要语言的适度夸张来强化自己的观点，使听众形成深刻的印象。如“我说过一万遍了，现在我要第一万零一遍地再次强调……”。

2. 采用各式问句

适度采用设问、反问、连续追问等手法，可直击听众心灵，达到激起兴趣、引发思考、引起共鸣的效果，如“难道这就是网络文化的含义吗？”

3. 悬念设计

在演讲的开头或过程中有意设计一些悬念，可激发听众的好奇心，引导听众耐心听下去。好的开头，比如一个动作、一句有力的称谓、一个幽默的自嘲、一个引人入胜的故事、一个有趣的问题等，可以马上将听众的注意力集中到演讲中来，激发出听的兴趣，或直接切换到演讲者期望的情绪中来。

4. 适当的连续排比

排比句是非常煽情的，在演讲的高潮部分适度加入排比能起到锦上添花的效果。例如：

“我希望，我的家族经历过无数次磨难，我的祖先有辉煌的故事流传；

我希望，我拥有先辈的过去，正在为生命的激荡营构诗篇；

我希望，跃马扬刀驰过广阔的大草原，用鲜血和烈火祭奠原始的勇武，用残破的战旗掩盖倾斜的地平线；

我希望，乘风破浪聆听海的歌唱，用毅力和智慧泊遍每一个港湾；用樯倾楫摧的悲壮点缀旅途的平凡；

我希望，单枪匹马去珠峰探险，为一睹极目的风采，我甘愿粉身碎骨在任何一条深涧。”

5. 运用情景描述、比喻、类比等手法

用自己描述性的语言将听众带入一种场景，使大家在一个共同的场景和氛围中感受演讲内容，而比喻、类比能将复杂的观点简单化、形象化，帮助听众更直观地理解演讲内容，使听众更容易引起共鸣。

6. 语言的渲染力

演讲是要达到煽情的效果。语言的渲染力主要靠日常语言习惯养成，但也可以进行设计。同样的语意，可以用不同的语句表达，设计时是可以选择的。

例如，“那天是1997年7月1日”与“记住这个日子吧！1997年7月1日”效果相差很多，明显后一个句式能够给听众留下更深的印象。

另外富于变化的语速、适当的音量和语调、恰当的停顿等都会为演讲增色。

阅读材料

我有一个梦想（节选）

【美】马丁·路德金（见图4-5）

朋友们，今天我要对你们说，尽管眼下困难重重，但我依然怀有一个梦。这个梦深深植根于美国梦之中。

我梦想有一天，这个国家将会奋起，实现其立国信条的真谛：“我们认为这些真理不言而喻：人人生而平等。”

图4-5　马丁·路德金

我梦想有一天，在佐治亚州的红色山冈上，昔日奴隶的儿子能够同昔日奴隶主的儿子同席而坐，亲如手足。我梦想有一天，甚至连密西西比州——一个非正义和压迫的热浪逼人的荒漠之州，也会改造成为自由和公正的青青绿洲。

我梦想有一天，我的四个小女儿将生活在一个不是以皮肤的颜色，而是以品格的优劣作为评判标准的国家里。

我今天怀有一个梦。

我梦想有一天，亚拉巴马州会有所改变——尽管该州州长现在仍滔滔不绝地说什么要对联邦法令提出异议和拒绝执行——在那里，黑人儿童能够和白人儿童兄弟姐妹般地携手并行。

我今天怀有一个梦。

我梦想有一天，深谷弥合，高山夷平，歧路化坦途，曲径成通衢，上帝的光华再现，普天下生灵共谒。这是我们的希望。这是我将带回南方去的信念。有了这个信念，我们就能从绝望之山开采出希望之石。有了这个信念，我们就能把这个国家的嘈杂刺耳的争吵声，变为充满手足之情的悦耳交响曲。有了这个信念，我们就能一同工作，一同祈祷，一同斗争，一同入狱，一同维护自由，因为我们知道，我们终有一天会获得自由。

到了这一天，上帝的所有孩子都能以新的含义高唱这首歌：

我的祖国，可爱的自由之邦，我为您歌唱。这是我祖先终老的地方，这是早期移民自豪的地方，让自由之声，响彻每一座山冈。如果美国要成为伟大的国家，这一点必须实现。因此，让自由之声响彻新罕布什尔州的巍峨高峰！

让自由之声响彻纽约州的崇山峻岭！

让自由之声响彻宾夕法尼亚州的阿勒格尼高峰！

让自由之声响彻科罗拉多州冰雪皑皑的洛基山！

让自由之声响彻加利福尼亚州的婀娜群峰！

不，不仅如此；让自由之声响彻佐治亚州的石山！

让自由之声响彻田纳西州的望山！

让自由之声响彻密西西比州的一座座山峰，一个个土丘！

让自由之声响彻每一个山冈！

当我们让自由之声轰响，当我们让自由之声响彻每一个大村小庄，每一个州府城镇，我们就能加速这一天的到来。那时，上帝的所有孩子，黑人和白人，犹太教徒和非犹太教徒，耶稣教徒和天主教徒，将能携手同唱那首古老的黑人灵歌："终于自由了！终于自由了！感谢全能的上帝，我们终于自由了！"

4.3.4 演讲的非语言技巧

1. 站姿

演讲时应挺直、舒展、自然，不要左右摇摆。在向听众表达一种传递信息欲望时，应适度前倾；在表达一种神圣感或渲染某种深远的情绪，希望将听众共同带往一种情绪境地时，可采用微仰头、仰望苍穹等姿态。

2. 手势

手势以自然为佳，最好就是日常的习惯性手势，在此基础上，可进行适当的修饰和设计，改掉一些不良的手势习惯。手势宁少勿多，不要让人感到生硬。指向听众或自己时不要用手指，而要用手掌。

常用手势：双手或单手有力地指向对方或自己；用力握拳；曲起手指敲击桌面以加强语气；用力挥一下手；自然连续地转动手腕；双手平摊、耸肩；用手指表达数字；伸大拇指表示极度肯定和赞赏；摆V字造型表达胜利的信心或快乐；轻摆手指表示否定或轻蔑；用手指轻敲太阳穴表示思考等。

3. 目光

目光要有力，凝视听众，但不可在一处停留过久，否则该处听众会不自在，也不可跳跃太频繁，一句话未说完时尽量不要转移目光，否则给人以游离、不自信的感觉。除非是表达悲痛的情绪，眼角不要向下垂。

4. 表情

演讲时首先要自信和从容，然后应有一些变化，能配合演讲的内容，善用眉头、眼角、嘴唇等易控制的部分，有效地传达自己的情绪。一般情况下面带微笑，尽量避免表情呆滞，或显得过于呆板。

小　结

本章共分为倾听、交谈、演讲3个部分，倾听部分又分为作用、方式、艺术3个方面，作为倾听礼仪的重点内容，倾听的艺术主要讲述了倾听的态度、礼仪和技巧，全面系统的讲解不但能

让读者知道“为什么这么做”，还能知道“怎么才能做成这样”；交谈部分则是从交谈的语言入手，延伸到交谈的礼仪以及交谈的艺术，其中穿插了很多阅读资料，帮助读者更好地理解；演讲部分主要从心理、语言、非语言3方面讲解了演讲所需要注意的重要事项。

本章的重点是倾听的艺术、说话的技巧以及演讲的技巧，旨在通过积极主动的训练，掌握语言沟通礼仪。

思考与练习

1. 倾听的技巧有哪些?
2. 交谈的礼仪有哪些?

活动与探索

1. 与朋友们一起练习常用的礼貌用语及使用方法。
2. 以“我为祖国的生日喝彩”为题，写一篇演讲稿。

第5章 见面礼仪

本章将介绍基本见面礼仪：介绍、握手、名片、称谓等有关知识，熟练运用这些知识和技巧，有助于顺利参与社会交往。

名言警句

生活里最重要的是礼貌，它比最高的智慧，比一切学识都重要。

——【俄】赫尔岑

5.1 介　　绍

人要生存、发展，就需要与他人进行必要的沟通，以寻求理解、帮助和支持。介绍是人际交往中与他人进行沟通、增进了解、建立联系的一种最基本、最常规的方式，是人与人进行相互沟通的出发点。

5.1.1 自我介绍

自我介绍，就是在必要的社交场合，把自己介绍给其他人，以使对方认识自己的过程。恰当的自我介绍，不但能增进他人对自己的了解，扩大自己的交际范围，广交朋友，而且有助于自我宣传、自我展示，在交往中减少麻烦、消除误会，有时还可创造出意料之外的机会。

1. 自我介绍的形式

（1）应酬式

这种自我介绍最为简洁，往往只包括姓名一项即可。适用于某些公共场合和一般性的社交场合，如聚会、宴会、通电话等，对象主要是一般接触的交往人。

“你好，我叫张涛。”

“你好，我是王波。”

（2）工作式

适用于工作场合，包括本人姓名、供职单位及其部门、职务或从事的具体工作等。有职务最好报出职务，职务较低或者无职务，则可报出目前所从事的具体工作。

“你好，我叫张涛，是东方广告公司的企划经理。”

“我叫王波，我在希望外语学校教英语。”

扫一扫

扫一扫你就知道自我介绍的形式。

（3）交流式

交流式自我介绍也叫社交式自我介绍或沟通式自我介绍，适用于社交活动中，是一种刻意寻求与交流对象进一步交流与沟通，希望对方认识自己、了解自己、与自己建立联系的自我介绍。大体包括介绍者的姓名、工作、籍贯、学历、兴趣及与交往对象的某些熟人的关系。

“你好，我叫张涛，我在东方广告公司工作。我是王波的高中同学。”

“我叫李立，是王波的同事，也在希望外语学校教英语。”

（4）礼仪式

礼仪式的自我介绍适用于讲座、报告、演出、庆典、仪式等一些正规而隆重的场合，如图 5-1

所示。这是一种表示对交往对象友好、敬意的自我介绍。内容包括姓名、单位、职务等，同时还应多加入一些适当的谦辞、敬语，以示对交往对象的尊敬与尊重。

"女士们、先生们，大家好！我叫张涛，是东方广告公司的企划经理。我代表本公司热烈欢迎各位来宾莅临指导，谢谢大家的支持！"

图 5-1　礼仪式自我介绍

（5）问答式

问答式自我介绍是针对对方提出的问题，做出自己的回答。适用于应试、应聘和公务交往，应做到有问必答，问什么就答什么。

"先生，你好！请问您怎么称呼？（请问您贵姓？）"

"先生您好！我叫张涛。"

主考官问："请介绍一下你的基本情况。"

应聘者："各位好！我叫王波，现年 26 岁，山东青岛人，汉族……"

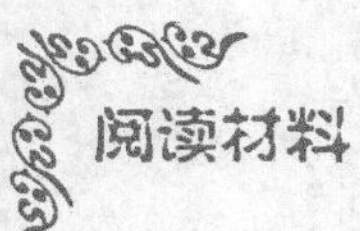

自我介绍的场景

1. 求职应聘。
2. 求学考试。
3. 在社交场合，与不相识者共处一室时。
4. 在社交场合，同兴趣者寻求交往时。
5. 在社交场合，与陌生人初次见面时。
6. 在公共聚会上，朋友介绍其交际圈时。
7. 在公共聚会上，打算加入陌生交际圈时。
8. 交往对象忘记自己身份，或担心这种情况可能出现时。
9. 有求于人，但对方不太了解自己或一无所知时。
10. 拜访熟人遇到不相识者挡驾，或是对方不在，而需要请不相识者代为转告时。
11. 工作需要，前往陌生单位联系业务时。
12. 在出差、旅行途中，与他人不期而遇，并且有必要与之建立临时接触时。
13. 因业务需要，在公共场合进行业务推广时。
14. 初次利用大众传媒，比如杂志、报纸、广播、标语传单等，向社会公众进行自我推荐、自我宣传时。

2. 自我介绍的技巧

（1）把握时机

要抓住时机，在适当的场合进行自我介绍，最好选择在对方有兴趣、有空闲、情绪好、干扰少、有要求之时，这样就不会打扰对方。如果对方兴趣不高、工作很忙、干扰较大、心情不好、没有要求、休息用餐或正忙于其他交际之时，则不太适合进行自我介绍。

（2）掌握时间

进行自我介绍一定要力求简洁，言简意赅，尽可能地节省时间。通常以半分钟左右为佳，如无特殊情况最好不要长于1分钟。话说得多，不仅显得啰唆，而且交往对象未必记得住。

为了提高效率，在作自我介绍时，可利用名片、介绍信等资料加以辅助。

（3）讲究态度

自我介绍时应镇定自信、真挚诚恳、落落大方、彬彬有礼。镇定自若，大方流畅的自我介绍，给人以好感；相反，如果你流露出畏怯和紧张，结结巴巴，目光不定，面红耳赤，手忙脚乱，彼此间的沟通便有了阻隔。进行自我介绍时所表达的各项内容，一定要实事求是，真实可信。过分谦虚，一味贬低自己去讨好别人，或者自吹自擂，夸大其词，都是不足取的。另外语气要自然，语速要正常，语音要清晰，生硬冷漠的语气、过快过慢的语速，或者含糊不清的语音，都会严重影响自我介绍的形象。

重要提示

自我介绍时应先向对方点头致意，得到回应后再向对方介绍自己。

5.1.2 为他人介绍

为他人介绍是第三者为彼此不相识的双方引见的介绍方式。在一般情况下，为他人介绍都是双向的，即第三者对被介绍的双方都作一番介绍。有些情况下，也可只将被介绍者中的一方向另一方介绍，例如，将甲介绍给乙，但前提是甲已知道、了解乙的身份，而乙不了解甲。

1. 介绍者

为他人作介绍的介绍者，通常是社交活动中的东道主，家庭聚会中的主人，公务交往中的礼仪专职人员，或正式活动中地位、身份较高者。如熟悉被介绍的双方，又应一方或双方的要求，也可充当介绍人。

2. 尊重双方意愿

为他人作介绍，要先了解双方是否有结识的愿望，做法要慎重自然，不要贸然行事。最好先征求双方的意见，以免为原来就相识者或关系不好者作介绍。

3. 内容

介绍时，根据实际需要的不同，介绍内容也有所不同，一般只介绍双方的姓名、单位、职务，有时为了推荐一方给另一方，介绍时可以说明被推荐方与自己的关系，或强调其才能、成果，便于新结识的人相互了解与信任。

4. 语言

介绍具体的人时，要用敬辞。如“张先生，请允许我向您介绍一下，这位是王先生”。同时，应该礼貌地用手示意，而不要用手指进行指点。

5. 被介绍者

作为被介绍者，应当表现出结识对方的热情，目视对方，除女士和年长者外，被介绍时一般应起立。但在宴会桌上和会谈桌上只需微笑点头有所表示即可。

6. 介绍的顺序

介绍的顺序其实就是把谁介绍给谁的问题。介绍的顺序是为了体现对长者、女士、身份高的人的敬重，所以一般的顺序是向长者、女士、身份高的人介绍对方，因为总是应该由年轻者、男士和身份低者主动去认识对方。但在不同的场合，介绍的顺序又略有不同。

图 5-2　将年轻人介绍给长者

（1）长者优先（见图 5-2）

一般社交场合中遵循长者优先的原则。

“宋教授，请允许我向您介绍一下，这位是希望外语学校的王老师。”

（2）女士优先

女士优先是一般社交场合遵循的另外一个原则。在西方先将男士介绍给女士通常不会错。

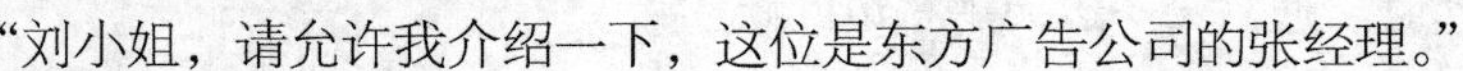

“刘小姐，请允许我介绍一下，这位是东方广告公司的张经理。”

（3）职位高者优先

在工作场合则以职位高者优先，也就是应将职位低的介绍给职位高的。在工作场合，长者与女士一般不具有优先权。

“张经理，请允许我介绍一下，这位是飞驰电脑公司的小刘。”

（4）先到者优先

如果被介绍的两人有先到后到之分，那么遵循先者为大的原则，先到者具有优先权，也就是应把晚到者介绍给早到者。

扫一扫

扫一扫你就知道介绍的顺序。

（5）他人优先

如果被介绍的一方是你的家人，那么通常应把你的家人介绍给别人，也就是说亲人在介绍中通常不具有优先权，以此向他人表示尊重。这一原则也可以进一步推广到朋友和熟人之间，通常把关系较近的介绍给关系较疏远的人。

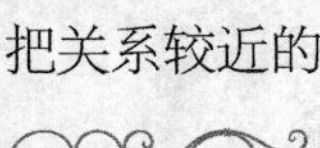

5.2 握　手

握手，是人们交往过程中最为常见、使用范围十分广泛的见面礼，是一个使用最频繁的传达情意的形式，可以表示欢迎、友好、祝贺、感谢、敬重、道歉、慰问、惜别等各种感情。运用好握手礼仪，对于我们的社交活动和商务交往有着重要的意义。

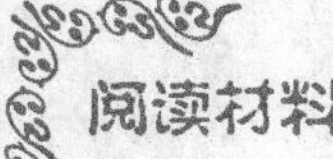

阅读材料

握手礼的由来

说法一：战乱期间，骑士们除两只眼睛外，全身都包裹在盔甲中，随时准备发起攻击。如果表示友好，就会互相走近并脱去右手的甲胄，伸出右手，表示没有武器，互相握手言好。后来，这种友好的表示方式逐渐流传到民间，演变成了今天的握手礼。现代社会握手礼的礼仪也要求不戴手套，以示对对方尊重。

说法二：远古时代，以狩猎为生的人们，遇到素不相识的人时，会扔掉手中的狩猎工具、摊开手掌示意对方表示友好。随后渐渐演变，武士们为了表示友谊，会互相摸一下对方的手掌，表示手中没有武器，不再互相争斗。随着时间的推移，逐渐形成了现在的握手礼。

说法三：原始人居住在山洞，打仗时使用棍棒做武器。后来他们为了消除敌意，结为朋友，见面时先扔掉手中棍棒，然后再挥挥手，经过演变，变成现在的握手礼。

5.2.1 握手的场合

在当今社会交往中，握手的场合非常多，握手所表达的含义也非常丰富。

1. 介绍认识

当双方被介绍认识时，通常用握手礼来互相致意，如图 5-3 所示。

2. 重逢

熟人朋友在好久不见重逢时，通常会一边握手一边问候。

3. 迎接、告别

在比较正式的场合与认识的人道别，或作为主人，迎接或送别来访者时。

4. 祝贺、感谢、慰问

当需要向对方表示祝贺、感谢和慰问时，也可以用握手来致意。有些特殊场合，如双方交谈中出现了令人满意的共同点；别人给予你一定的支持、鼓励或帮助时；对别人表示理解、支持、肯定时；向别人赠送礼品或颁发奖品时；得知别人患病、失恋、失业或遭受其他挫折时也可使用握手礼。

5. 道歉、和解

表达对对方的歉意，当双方的谈判和争论达成统一或和解时；双方原先的矛盾出现了某种良好的转机或彻底和解时，习惯上也以握手为礼。如图 5-4 所示。

图 5-3 介绍认识时握手

图 5-4 谈判中的握手

5.2.2 握手的顺序

在握手时，双方握手的先后顺序很有讲究。一般情况下，讲究的是“尊者居前”，即通常应由握手双方之中的身份较高者首先伸出手来，反之则是失礼的。

扫一扫

扫一扫你就知道握手的顺序。

1. 女士与男士

女士同男士握手时，应由女士首先伸手；如女方无握手之意，男方可点头或鞠躬致意；如果男方为长者，应以长者为先。

2. 长辈与晚辈

长辈与晚辈之间，长辈伸手后，晚辈才能伸手相握。

3. 上级与下级

上级与下级之间应是前者先伸手，后者先问候，待前者伸手后，后者才能伸手相握。

4. 主人与客人

宾主之间的握手则较为特殊。正确的做法是客人抵达时，应由主人首先伸手，以示欢迎之意；客人告辞时，则应由客人首先伸手，以示主人可就此留步。如果这一次序颠倒，则很容易让人发生误解。

应当强调的是，在社交和商务场合，当别人不按先后顺序的惯例已经伸出手时，你应毫不迟疑地立即回握，因为拒绝他人的握手是不礼貌的。有时当你主动伸出手与对方相握时，对方却没有注意到，此时最好的办法是自然微笑地收回自己的手，不必在意，任何人都会碰到这种情况。

重要提示

在正规场合，当一个人有必要与多人一一握手时，既可以由“尊”而“卑”地依次进行，也可以由近而远地逐渐进行。

5.2.3 握手的礼仪

作为一种常规礼节，握手的礼仪颇有讲究。恰当地握手，既可以向对方表现自己的真诚与自信，同时也是接受别人和赢得信任的契机。

1. 神态

与他人握手时，应当神态专注、认真、友好。在正常情况下，握手时应目视对方双眼，面带微笑，上身稍向前倾，头微低，并且同时问候对方。

2. 姿势

与人握手时，一般均应起身站立，迎向对方，在距其约 1 步左右，略向前下方伸出右手，四指自然并拢并微微向内弯曲，拇指与之分开，握住对方的右手手掌，稍许上下晃动一两下，并且令其垂直于地面，如图 5-5 所示。

图 5-5 握手的姿势

3. 力度

握手的时候，以手指稍用力握对方手掌，用力既不可过轻，也不可过重。若用力过轻，有怠慢对方之嫌；不看对象而用力过重，则会使对方难以接受而生反感。男性与女性握手时，只需轻轻地握一下女性的四指即可。异性握手一般不用双手。

4. 时间

握手时相握时间的长短可因人因地因情而异，握得太长会使人感到局促不安，太短则表达不出应有的情感，有敷衍之嫌。初次见面时握手以 3 秒钟左右为宜。多人相聚，不宜只与某一人长时间握手，以免冷落其他人并引起误会。

重要提示

久别重逢的朋友、熟人握手力度可大一些，时间长一些，还可以同时伸出左手去握住对方右手的手背，两手做紧握状。

阅读材料

握手所传达的态度

握手不仅是传情达意、联络沟通的手段，而且从握手的姿势中可以反映双方的性格特点和心态。美国著名盲人女作家海伦·凯勒说：“我接触过的手，虽然无言，却极有表现性。有的人握手能拒人千里，我握着他们冷冰冰的指尖，就像和凛冽的北风握手一样。而有些人的手却充满阳光，他们握住你的手，使你感到温暖。”虽然握手的姿势千差万别，但可归纳为支配型、顺从型、平等型 3 种基本态度。其中，平等型表达的是：“我喜欢你，我们可以相处得很好。”而支配型的人握手时，支配欲和垄断欲很强，认为自己高人一等，会将手掌心向下行握手礼。顺从型的人恰好与此相反，他们握手时手心朝上，此类人处事比较民主、谦和，平易近人，敬仰对方，也容易被他人支配改变自己的观点。

5.2.4 握手的禁忌

在正式场合与他人握手时，如果疏忽一些禁忌，会造成不必要的误会和麻烦，应当避免。

1. 用左手

握手宜用右手，以左手握手被普遍认为是失礼之举。

2. 戴手套

握手前务必要脱下手套。只有女士在社交场合戴着薄纱手套与人握手，才是允许的。在握手时另外一只手不要插在衣袋里或者手里拿着东西。

3. 戴墨境

在握手时一定要提前摘下墨镜，不然就有防人之嫌。

4. 用双手

用双手与人相握，只有在熟人之间才适用。与初识之人握手，尤其当对方是一位异性时，两手紧握对方的一只手是不妥当的。

5. 手脏

在一般情况下，用以与人相握的手理应干干净净。以脏手、病手与人相握，都是不应当的。在任何情况下拒绝对方主动要求握手的举动都是无礼的。但手上有水或不干净时，应谢绝握手，同时必须解释并致歉。

6. 交叉握手

多人相见时，不要交叉握手，也就是当两人握手时，第三者不要把胳膊从上面伸过去，急着和另外的人握手。

7. 疏远

不要在握手时仅仅握住对方的手指尖，面无表情，目光游离，好像有意与对方保持距离。

8. 过分热情

不要在握手时把对方的手拉过来、推过去，或者上下左右抖个没完。不要长篇大论、点头哈腰，过分客套。

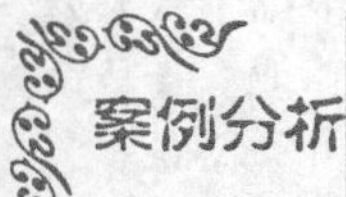

握手的细节

小李大学毕业应聘到一家物流公司工作。一段时间下来，小李虽然很努力，但是工作效果不理想，一位客户也没谈成。一天，经理将小李叫到了办公室，说客户对小李提出了投诉，原因是态度不好。

小李吓了一跳，一边矢口否认一边觉得很委屈。原来打从工作开始，每次小李与客户握手时，只是象征性地轻轻握一下，并且在握手时眼睛还看着其他地方——就是这个细节让客户很不开心，因为在客户看来，这样握手说明对方对自己很不重视，或者很有意见。生意也自然谈不拢了。

分析：小李在握手中有哪些错误的做法？

5.3 名 片

名片是在日常生活中人们用来表明自己身份的卡片，一般写有姓名、工作单位、职位、联系方式等，多用于工作场合，是现代人使用最频繁、最广泛、也是最方便的社会交往工具。

5.3.1 名片的分类

现代社会，名片的使用相当普遍，分类也比较多，没有统一的标准。最常见的分类主要有按名片用途、按名片质料和印刷方式、按排版方式等。这里主要介绍按用途分类。

按用途分类也就是按名片的使用目的来分。人们的交往方式有两种，一种是朋友间交往、另一种是工作间交往。工作间交往又可分为两种，一种是商业性的，另一种是非商业性的，由此成为名片分类的依据。

1. 商业名片

为公司或企业进行业务活动中使用的名片，其使用大多以盈利为目的。商业名片的主要特点为：名片常使用标志、注册商标、印有企业业务范围，大公司有统一的名片印刷格式，使用较高档纸张，名片没有私人家庭信息，主要用于商业活动。

2. 公用名片

为政府或社会团体在对外交往中所使用的名片，名片的使用不是以盈利为目的。公用名片的主要特点为：名片常使用标志、部分印有对外服务范围，没有统一的名片印刷格式，名片印刷力求简单适用，注重个人头衔和职称，名片内没有私人家庭信息，主要用于对外交往与服务。

3. 个人名片

朋友间交流感情，结识新朋友所使用的名片。个人名片的主要特点为：名片不使用标志、名片设计个性化、可自由发挥，常印有个人照片、爱好、头衔和职业，使用名片纸张根据个人喜好，名片中含有私人家庭信息，主要用于朋友交往。

各式各样的名片如图 5-6 所示。

图 5-6　各式各样的名片

5.3.2　名片的用途

对现代人而言，名片是一种物有所值的实用型交际工具，是公务、交友的小助手。在人际交往中，名片的用途主要有以下几类。

1. 自我介绍（见图 5-7）

初次会见他人，以名片作辅助性自我介绍，效果最好。它不但可以说明自己的身份，强化效果，使对方难以忘怀，而且还可以节省时间，避免啰唆，含糊不清。

图 5-7　自我介绍

2. 结交朋友

没有必要每逢遇见陌生人，便上前递上自己的名片。换言之，主动把名片递给别人，便意味着对对方的友好、信任和希望深交之意。也就是说，巧用名片，可以为结交朋友“铺路架桥”。

3. 维持联系

名片犹如“袖珍通讯录”，利用它所提供的资料，即可与名片的提供者保持联系。正因为有了名片上所提供的各种联络方式，人们的“常来常往”才变得更加现实和方便。

4. 业务介绍

公务式名片上列有归属单位等项内容，因此利用名片亦可为本人及所在单位进行业务宣传、扩大交际面，争取潜在的合作伙伴。

5. 通知变更

利用名片，可以及时地向老朋友通报本人的最新情况。如晋升职务、乔迁新居、变换单位、电话改号之后，可以用印有变更的新名片向老朋友打招呼，以使彼此联系畅通无阻，对方对自己的有关情况了解得更加充分。

6. 拜会他人

初次前往他人居所或工作单位进行拜访时，可将本人名片交由对方的门卫、秘书或家人，转交给被拜访者，以便对方确认“来者何人”，并决定见与不见。这种做法比较正规，可避免冒昧造访。

7. 简短留言

拜访他人不遇，或者需要请人转达某件事情时，可在名片上写下几行字，或一字不写，然后将它留下，或托人转交。这样做，会使对方“如闻其声，如见其人”，不至于误事。

8. 用作短信

在名片的左下角，以铅笔写下几行字或短语，寄交或转交他人，如同一封长信一样正式。若内容较多，也可写在名片背面。在国外，流行以法文缩略语写在名片左下角，以慰问、鼓励、感谢、祝贺他人的做法。

- n.b. 意即“提请注意”。
- p.f. 意即“祝贺”。
- p.r. 意即“感谢”。
- p.c. 意即“谨唁”。
- p.p. 意即“介绍”。
- p.p.c. 意即“辞行”。
- p.f.n.a. 意即“贺年”。

9. 用作礼单

向他人赠送礼品时，可将本人名片放入其中，或先装入一个不封口的信封中，再将该信封固定于礼品外包装的上方。后者是说明“此乃何人所赠”的标准做法。

10. 替人介绍

介绍某人去见另外一人时，可用回形针将本人名片（居上）与被介绍人名片（居下）固定在一起，必要时还可在本人名片左下角写上意即“介绍”的法文缩写“p.p.”，然后将其装入信封，再交予被介绍人。这是一封非常正规的介绍信，是会受到高度重视的。

5.3.3　名片的交换

恰当地携带、递交、接收名片，有助于更好地宣传自我，结交朋友，积累人脉。一个小小的动作，也能发挥社交的大作用。

1. 携带名片

（1）足量适用

携带的名片要数量充足，确保够用。交换名片时如果恰好名片用完，可用干净的纸代替，在上面写下个人资料。

（2）完好无损

名片要保持干净整洁，切不可出现折皱、破烂、肮脏、污损、涂改的情况。

（3）放置妥当

名片应统一置于名片夹、公文包或上衣口袋之内，在办公室时还可放于名片架或办公桌内，如图5-8所示。放置名片的位置要固定，以免需要名片时东找西寻，显得毫无准备。切不可随便放在钱包、裤袋之内；也不要把自己的名片和他人的名片或其他杂物混在一起，以免用时手忙脚乱或拿错名片。

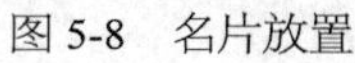
图5-8　名片放置

2. 递送名片

（1）意愿

名片要在交往双方均有结识对方并欲建立联系意愿的前提下发送。这种愿望往往会通过“幸会”、“很高兴认识你”等谦虚用语以及表情、体姿等非语言符号体现出来。如果双方或一方并没有这种愿望，则无须发送名片，否则会有故意炫耀、强加于人之嫌。

重要提示

除非对方要求，否则不要在年长者面前主动出示名片。

（2）时机

递送名片要掌握适宜时机，只有在确有必要时，才会令名片发挥功效。一般应选择初识之际或者分别之时，不宜过早或过迟。如果自己即将发表意见，则在说话之前发名片给周围的人，可帮助他人更好地认识你。

不要在会议、用餐之时递送名片，也不要在大庭广众之下向多位陌生人递送名片。对于陌生人或巧遇的人，不要在谈话中过早递送名片。因为这种热情一方面会打扰别人，另一方面有推销自己之嫌。

（3）动作

递送名片要用双手或右手，上体前倾 15° 左右，用双手拇指和食指执名片两角，让文字正面朝向对方，递交时要目光注视对方，微笑致意，可顺带一句"请多多关照"、"欢迎前来拜访"等礼节性用语，如图 5-9 所示。递送名片的整个过程应当谦逊有礼，郑重大方。

（4）顺序

双方交换名片时，应当首先由位低者向位高者发送名片，再由后者回复前者。但在多人之间递交名片时，不宜以职务高低决定发送顺序，切勿跳跃式进行发送，甚至遗漏其中某些人。最佳方法是由近而远、按顺时针或逆时针方向依次发送。

3. 接收名片

（1）动作

接名片时要立刻起身或欠身，面带微笑，用双手的拇指和食指接住名片的下方两角，口称"谢谢"或"十分荣幸"。名片接到手中后，应从头至尾认真看一遍，遇有显示对方荣耀的职务、头衔不妨轻读出声，以示尊重和敬佩。若对方名片上的内容有所不明，可当场请教对方，如图 5-10 所示。

图 5-9　递送名片

图 5-10　接收名片

（2）放置

接到对方的名片后，如果接下来与对方谈话，不要将名片收起来，应该放在桌子上，并保证不被其他东西压起来，使对方感觉到你对他的重视。

接到他人名片后，切勿将其随意乱丢乱放、乱揉乱折，而应将其谨慎地置于名片夹、公文包、办公桌或上衣口袋之内，且应与本人名片区别放置。

重要提示

接收了他人的名片后，一般应当即刻回送对方自己的名片。没有名片，名片用完或者忘带名片时，应向对方做出合理解释并致以歉意，切莫毫无反应。

4. 索要名片

（1）互换法

互换法即以名片换名片。在主动递上自己的名片后，对方按常理会回送给自己一张他的名片。如果担心对方不回送，可在递上名片时明言此意："能否有幸与您交换一下名片？"

（2）暗示法

暗示法即用含蓄的语言暗示对方。例如，向尊长索要名片时可说："请问今后如何向您请教？"向平辈或晚辈表达此意时可说："请问今后怎样与你联络？"

重要提示

他人索要名片，不宜拒绝。如确有必要这么做，则需注意分寸，在措辞上一定注意不要伤害对方，可以说"对不起，名片刚用完"，或者"不好意思，我忘记带名片"。

5.3.4 名片的管理

要认真对待收到的名片，对名片进行有效管理，充分发挥其使用价值。

1. 记录

当与他人在不同场合交换名片时，注意记忆与对方会面的日期、场所、天气、见面地点、谈话主题，以及对方生日、所在单位等信息。交际活动结束后，应回忆刚刚认识的重要人物，记住他的姓名、企业、职务、行业等，并可在名片的背面写下备注。第二天或两三天后，主动打个电话或发个电邮，向对方表示结识的高兴，或者适当地赞美对方的某个方面，或者回忆你们愉快的聚会细节，让对方加深对你的印象和了解。

2. 分类

名片可按自己的习惯分类，方便翻阅和查找。如按地域分类，如省份、城市等；按人脉资源的性质分类，如同学、客户、专家等；还可以按业务内容、交往范围、姓氏笔画或是行业等分类。

3. 整理

将名片放置在名片夹里。养成经常翻看名片的习惯，在节日、对方生日等特殊时刻，给对方打一个问候的电话，发一个祝福的短信等，让对方感觉到你的存在和对他的关心与尊重。

定期对名片进行清理，依照重要性、使用频率、互动性等因素，将它们分成3组：第一组是要长期保留的；第二组是不太确定，可以暂时保留的；第三组是确定不要的，可做销毁处理。

5.4 称　谓

人际交往，礼貌为先。与人交谈，称呼在前。称呼虽只是一个人的符号，却代表着一个人的地位和尊严。在人际交往中，选择正确、恰当的称呼，反映着自身的教养和对对方尊敬的程度，甚至还体现着双方关系发展所达到的程度和社会风尚。正确、恰当地运用称呼，还可以使双方的交往更融洽，沟通更顺利，情感更亲近。

5.4.1 称谓的分类

选择称谓要合乎常规，要照顾被称呼者的个人习惯，入乡随俗。在不同场合，人们彼此之间的称谓有其特殊性，例如，生活中的称谓亲切、自然、准确、合理；工作中的称谓庄重、正式、规范。

1. 亲属称谓

自古以来，我国在使用亲属称谓时十分重视和讲究。生活中的亲属称谓，如图 5-11 所示。

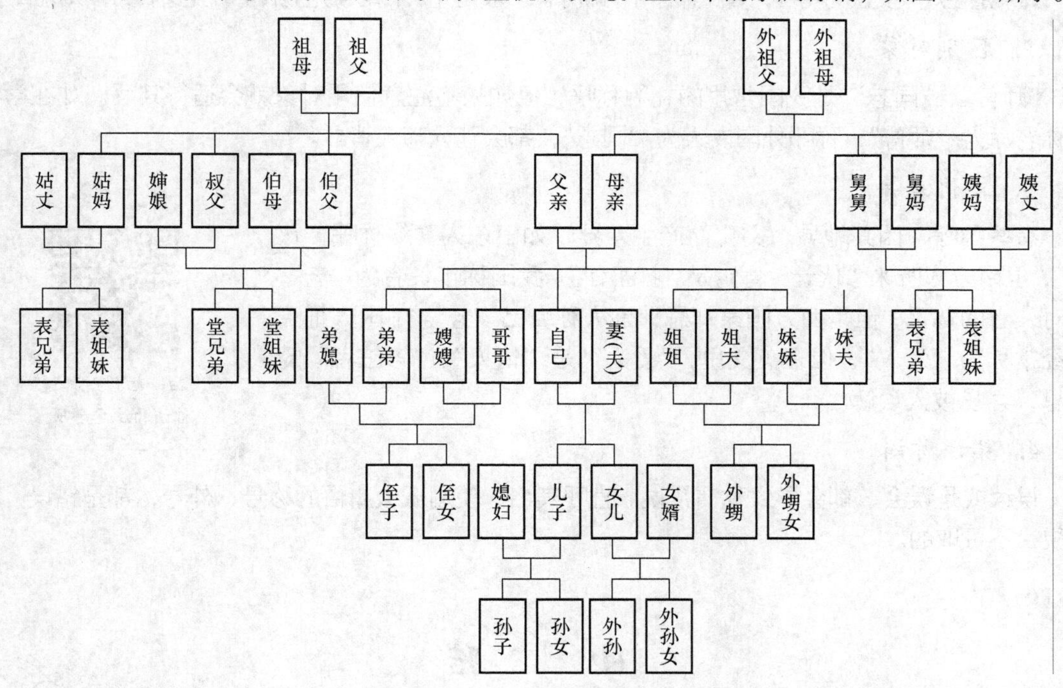

图 5-11 常用亲属称谓

2. 社会称谓

（1）职务称呼

以交往对象的职务相称，以示身份有别、敬意有加，这是一种最常见的称呼。有 3 种情况：称职务、在职务前加上姓氏、在职务前加上姓名，如李院长、郭经理。

（2）职称称呼

对于具有职称者，尤其是具有高级、中级职称者，在工作中直接以其职称相称。称职称时可以只称职称、在职称前加上姓氏、在职称前加上姓名，如唐教授、孙研究员。

（3）行业称呼

在工作中，有时可按行业进行称呼。对于从事某些特定行业的人，可直接称呼对方的职业，如（老师、医生、会计、律师等），也可以在职业前加上姓氏、姓名，如张大夫、韩老师。

（4）性别称呼

对于从事商界、服务性行业的人，一般约定俗成地按性别的不同分别称呼“小姐”、“女士”或“先生”，“小姐”是称未婚女性，“女士”是称已婚女性。

（5）姓名称呼

在工作岗位上称呼姓名，一般限于同事、熟人之间。有 3 种情况：可以直呼其名；只呼其姓，要在姓前加上“老、大、小”等前缀；只称其名，不呼其姓，通常限于同性之间，尤其是上司称呼下级、长辈称呼晚辈，在亲友、同学、邻里之间，也可使用这种称呼。

5.4.2 称谓的注意事项

1. 注意顺序

如果是在众人交谈的场合，要注意称呼的顺序。一般是先长后幼，先上后下，先女后男，先疏后亲。

2. 区别对象

“师傅”、“同志”是我国常用的礼貌称呼，但如果不注意使用对象就会适得其反。如在学校里称老师为“师傅”，称呼外国友人为“同志”，都会让人啼笑皆非。

3. 文化差异

有些称呼，因其地域、文化而产生差异，如山东人喜欢称呼“伙计”，但南方人听来“伙计”肯定是“打工仔”。我国称年长者为“老”，是对长者的尊重，但是西方国家却忌讳别人称自己“老”。中国人把配偶经常称为“爱人”，但在英文里，“爱人”是“情人”、“第三者”的意思，容易被人误解。

扫一扫

扫一扫你就知道称谓的注意事项。

4. 错误称谓

误读或是误会，都会导致称谓错误。直呼其名、使用低级庸俗的称号、外号，都是错误、不礼貌、不可取的。

小　　结

本章重点介绍了握手礼仪、自我介绍与为他人介绍、名片的交换及国内常用称谓等礼仪知识。旨在通过知识的学习，能够灵活运用大方得体的握手，亲切、准确的称谓等见面礼仪。这不但体现了对对方的尊敬，同时也是沟通思想、交流情感、增进友谊的重要方式。

思考与练习

1. 为他人介绍的顺序是怎样的？
2. 社会称谓有哪些？

活动与探索

1. 假设你是某高校的教授，要主持某学术会议论坛，请设计一份自我介绍。
2. 以3～5人为一个小组，一起练习握手与交换名片的礼仪。

第6章

访送礼仪

拜访和接待是人们工作、生活中常见的礼仪，也是社交中一种重要的形式，越来越受到人们的重视。亲朋、同事、同行的拜访和接待能增进理解、促进友谊、加强合作。

名言警句

有朋自远方来，不亦乐乎。

——孔子

6.1 拜 访

在生活中，对一些单位或是家庭进行拜访是经常发生的。掌握拜访的礼仪，有助于提高人际交往的成功率，保证工作任务的顺利完成。

6.1.1 预约时间

预约时间是成功拜访的第一步。这样既可避免吃闭门羹，又可以让对方有所安排和思想准备。“不速之客”在绝大多数普通关系的社交场合都是不受欢迎的。

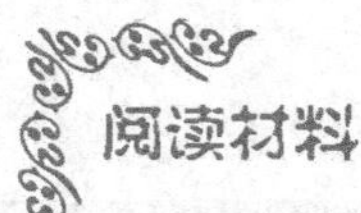

阅读材料

国外的预约习惯

在国外，尤其是西方国家，拜访别人事先预约是最基本的礼貌准则。外国人通常有计划时间的习惯，如果不事先预约贸然造访，打乱了他人的计划安排，会使对方非常生气，同时对不速之客留下缺乏教养的印象。与美国人预约，最好提前一周，美国人性情开朗，个人计划较多，拜访前最好再用电话联系确定。德国人作风严谨，未经邀请的不速之客，有时会被他们拒之门外。日本人约会的规矩较多，事先联系、先约优先和严守时间是日本人约会的3条基本原则。

1. 预约的方式（见图6-1）

预约的方式有3种：口头直接预约、通过电话预约和写信（或电子邮件）预约。在预约的同时把访问的重要目的告诉对方。一般性的活动可以只用口头或电话预约，比较正式的活动应事前写信预约，估计对方收到信后，再打电话落实，并询问对方的答复。

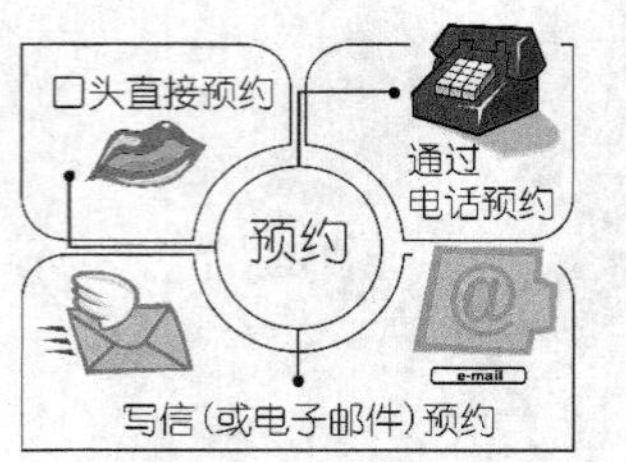

图6-1 预约的方式

扫一扫

扫一扫你就知道预约的方式。

2. 预约的态度

预约的语言、口气应该是友好、请求、商量式的，而不能是强求命令式的。如果对方答复说，在你选择的时间内他已另有安排或应酬，应先主动表示歉意，然后再与对方商讨下次的预约时间。这样既有礼貌，又有风度，对方在感动之余会尽早考虑安排接待你的访问。如果发现对方并无其他安排，只是托词拒绝，那对方一定有什么难言之隐，也应当理解，而不应直接迁怒对方。

3. 未有预约

如果因事情紧急或无法预约而做了“不速之客”，则应在相见时及时详细地道出事情的原委，表示自己的歉意，求得对方的谅解。否则，很可能造成对方反感，因为你有可能打乱了对方原定的工作或生活的安排。

4. 失约

按约定进行的访问必须守时，如因故不能及时到达，应尽早通知对方，并讲明原因，无故迟到或失约都是不礼貌的。

重要提示

选择拜访时间应先考虑对方是否有空，以不让对方感到为难为原则。在夏季不宜安排太多的拜访活动；如果到工作单位拜访，最好不要选择星期一；如果到他人家中拜访，应避开午休和用餐时间。

6.1.2 充分准备

拜访是一种正式的社交场合。拜访前，做好充分的准备（包括内部和外部的各种细节）可使拜访顺利而和谐。

1. 心理准备

无论是初次拜访还是再次拜访，都要明确拜访的目的。如果是公务拜访则要做好心理准备，树立自信心，以积极向上的心态、冷静豁达的态度迎接拜访过程中的一切困难和障碍。

2. 物品准备

如果是私人拜访，要准备好名片、礼品等物品。如果是探望好友，可赠送艺术品、工艺品等，也可带茶叶、酒、水果等食品；探视病人可携带鲜花以及有利于病人健康的食品。

如果是公务拜访，则要准备公司的资料、相关产品资料、销售资料与方案、客户资料等。还要制订拜访方案，针对可能出现的情况事先拟定可行的应对措施。

阅读材料

探访病人宜选择的礼物

探望发高烧的病人：可以送能生津止渴的西瓜、生梨、鲜藕、橘子或橘子汁等。因为高烧病人出汗多，排钾量增加，西瓜、生梨、橘子中含较多的钾，可以补其不足。

探望患呼吸道感染的病人（特别是伴有咽痛、呛咳的病人）：可以送有润肺止咳功用的生梨。对患慢性气管炎，肺气肿的病人，可以送有补肺益肾作用的核桃。对咳血的病人，可以送有利于养阴补肺的白木耳和有止血功能的黑木耳。

探望腹泻的病人：可以送苹果、杨梅、石榴等水果，因为这些水果有收敛止泻的功效。对于久泻不止的病人，可以送有健脾止泻功用的莲心、百合、藕粉等食品。

探望患便秘、痔疮的病人：可以送蜂蜜、香蕉、核桃等食品，因为这些食品有润肠通便的效果，可以治便秘，减少大便出血。

探望高血压，动脉硬化症的病人：可以送山楂、橘子、蜂蜜等食品，这些食品可以降低血压，减缓血管硬化的发展。

探望肝炎病人：可以送些新鲜的水果，营养丰富的鸡蛋、鱼、麦乳精、蜂蜜等。对于慢性肝炎病人，最好送甲鱼，因为甲鱼含丰富的蛋白质，有养阴清热的功能，对慢性肝炎的恢复有益。

探望外科手术后和骨折的病人：可以送些肉骨头、鸡蛋、奶粉、鱼等营养丰富，易消化，含钙质较多的食物。

探望癌症肿瘤的病人：可以送人参、杏仁、奶粉、水果等。

探望产妇：可以送鸡蛋、鸡、鱼、虾等食物。对于产后出血较多的产妇，可以送些猪肝、桂圆、红枣等。

3. 细节准备

良好的仪表仪容，是维护自己的良好形象和对被访者表示尊重的必要。拜访者应选择与自己个性、年龄、肤色、身材、场合相适应的妆容和服装。如果是公务拜访，应着正装，代表单位组织的形象，必须注意仪表仪容，从服饰、装束到发型妆容，都要符合社交礼仪要求。

如果是重要的拜访对象，则要在拜访前关掉手机，确保不受打扰，体现对拜访对象的尊敬和对拜访的重视。

6.1.3 上门有礼

在拜访的过程中，遵循有关礼仪和习惯，可以使拜访取得更好的效果。

扫一扫

扫一扫你就知道上门有礼。

1. 确保准时

拜访者应准时到达约定地点。一般来说，对中国人的约请，通常比约定提前 2 分钟至 3 分钟到达为好；对外国人尤其欧美人的约请比约定时间晚到 2～3 分钟显得更有礼貌。

如果是私人拜访，走到主人门前，要擦净脚上的泥土，雨天更要特别注意。敲门时要用食指敲门，力度适中，间隔有序敲三下，等待回音。如无应声，可再稍加力度，再敲三下，如有应声，再侧身站立于右门框一侧，待门开时再向前迈半步，与主人相对。按门铃的时间不要太长；如果主人家的门开着，仍然要敲门、按门铃或在门口呼叫主人。跟主人不是特别熟的朋友，开门之后，应等主人说“请进”之后再进去，并主动询问主人是否要换鞋或戴鞋套，如图 6-2 所示。

图 6-2　上门拜访礼仪

问候致意进屋后，除了向主人问候寒暄外，对主人的家人或其他客人，不管认识与否，都应笑脸相对，简单地向他们说声“你好”或点头致意，待主人安排座位后再道谢坐下。

2. 注意细节

主人不让座不能随便坐下。如果主人是年长者或上级，主人不坐，自己也不能先坐下。主人让座之后，要口称“谢谢”，然后采用规矩的礼仪坐姿坐下。

如果是第一次见面，应主动递上名片（见图 6-3）或做自我介绍；对熟人可握手问候。如果有其他人同来，应介绍给主人。

主人递上烟茶时要双手接过并表示谢意（见图 6-4）。如果主人没有吸烟的习惯，要克制住自己的烟瘾，尽量不吸，以示对主人习惯的尊重。

图 6-3　第一次见面

图 6-4　双手接茶

主人献上果品，要等年长者或其他客人取用后，自己再取用。即使在最熟悉的朋友家里，也不要过于随便。

在主人家里随意翻动物品，到处乱闯，是对主人的不尊重。家庭拜访不能擅自进入卧室、餐厅、贮藏室、阳台等“私人空间”。一般不要带幼小的孩子去做客，这会给主人增加麻烦，更不宜在别人家责骂自己的小孩。

3. 把握言谈

交谈的时候谈吐要文雅，对主人家的家庭情况只作一般了解。若关心过度、反复盘问，就显得粗鲁无理了。交谈时要先把要事说完，不可独自滔滔不绝，让主人插不上嘴。主人说话时要留心倾听，观察其心理，若主人有不耐烦的神色出现，适时告辞较为明智。

如果是探视病人，则在谈话的内容上，针对患者的焦虑心态要多说一些轻松、宽慰的话，释疑开导，以利于病人恢复平静稳定的心情。

有些公务拜访要进行工作磋商，不要轻易表态，随便允诺。

6.1.4 礼貌告辞

拜访时应善始善终，告退有方。

拜访时间根据拜访目的和主人的意愿而定，通常宜短不宜长。通常情况下，一般拜访的时间以半小时为佳。告辞时应对主人的款待致谢，并对自己的打扰表示歉意。主人家有长辈的话，也应向长辈告辞。女士跟男主人告别，应主动和对方握手，如向年长的妇女告辞，则应等对方伸出手来再握手。出门后，应主动请主人留步，不用远送。待主人留步后，走出几步，再回首挥手致意，以示再见。

公务拜访可视约定的结束时间而定。

阅读材料

酒会的告辞

出席鸡尾酒会的客人应按请帖上写明的时间起身告辞。如果接到的是口头邀请，没有说明结束时间，则默认酒会将进行两个小时。

图 6-5　离开前向女主人告辞

正餐之后的酒会的告辞时间按常规而定，如果酒会不是在周末举行，那就意味着告辞时间应在晚间十一时至午夜之间。若是周末，则可更晚一些。除非客人是主人的亲密朋友，一般都不应在酒会的最后阶段还留在那里。

在各种（除了最大型的）酒会上，离开之前都应向女主人当面致谢，这是礼貌。如图 6-5 所示。倘若你因故而不得不早一些告辞，则致谢不能太引人注目，以免使其他客人认为他们也该走了。

参加了一次鸡尾酒会或非正式的正餐后酒会之后，并不一定要向女主人写信致谢，但这样做总是令人感到愉悦的。如果女主人是一位好朋友，那么可以在第二天上午和她通一个电话，向她祝贺酒会的成功。

6.2　接　　待

接待是表现主人情谊、体现个人礼仪修养的重要环节。在整个接待过程中，应遵循有关的礼仪规范，创造出和谐、温馨的氛围。这里重点介绍公务接待礼仪。

如图 6-6 所示，本小节将分别从细心准备、热情迎宾、耐心陪同、周到送别等几方面详细介绍接待礼仪。

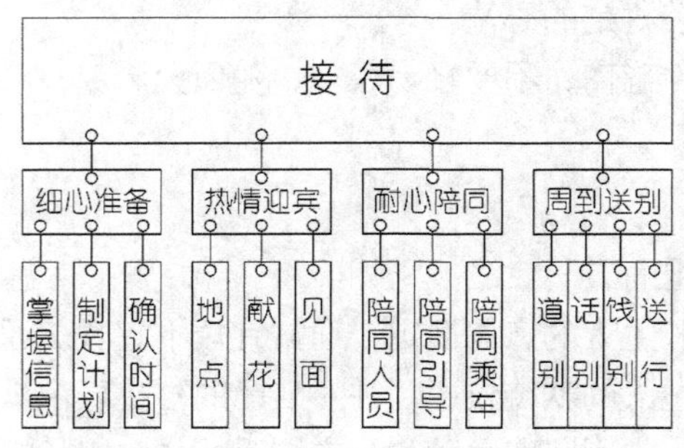

图 6-6　接待礼仪

6.2.1　细心准备

在接待工作中，把迎宾工作做好，尤其是将准备工作做细致，是对来宾表示尊敬、友好和重视的行为。

1. 掌握信息

一定要充分掌握来宾尤其是主宾个人的基本状况。例如姓名、性别、年龄、籍贯、民族、单位、职务、职称、学历、专长、偏好等。必要时，还需要了解其婚姻、健康状况，以及政治倾向与宗教信仰。在了解来宾的具体人数时，不仅要务求准确无误，而且应着重了解对方由何人负责、来宾之中有几对夫妇等情况。来宾此前有无正式来访的记录。如果来宾，尤其是主宾此前曾来访问过，则在接待规格上要注意前后协调一致。无特殊原因时，一般不宜随意在迎宾时升格或降格。来宾如能报出自己一方的计划，例如来访的目的、来访的行程、来访的要求等，主人在力所能及的前提之下，应当在迎宾活动之中兼顾来宾一方的特殊要求，尽可能地对对方多加照顾。

扫一扫你就知道如何细心准备。

2. 制定计划

详尽制定迎接来宾的具体计划，有助于使接待工作避免疏漏，减少波折，更好地、按部就班地顺利进行。根据常规，接待计划至少要包括迎送方式、交通工具、膳宿安排、工作日程、文娱活动、游览、会谈、会见、礼品准备、经费开支以及接待、陪同人员等各项基本内容。

3. 确认时间

有时候，来宾会因健康状况、天气状况等临时变更来访时间，所以有必要在来宾启程前再次确认抵达的具体时间。

6.2.2 热情迎宾

迎宾是指在人际交往中，在已有约定的情况下，由主人一方派专人前往来访者知晓的某一处所，恭候对方的到来的一种礼节。在一般情况下，迎宾仪式包括如下内容。

1. 地点

来宾的身份地位不同，迎宾的地点有所不同。通常情况下，迎宾可安排在火车站、机场等交通工具停靠站，来宾的临时住所以及主人的办公地点门外等。

2. 献花

图 6-7 献花

有些重要客人还要向其献花，如图 6-7 所示。向来宾鲜花，献花者通常应为女青年或少先队员。如果来宾不止一人，可向每位来宾逐一献花，也可以只向主宾或主宾夫妇献花。向主宾夫妇献花时，可先献花给女主宾，也可以同时向男女主宾献花。

献花要根据民族、地域、风俗的不同而有所区别，也要从鲜花的品种、颜色、数量等方面加以考虑。尤其是要注意了解献花的花语，避免不必要的误会和尴尬。

阅读材料

花 语

扫一扫

扫一扫你就知道花语。

红玫瑰——我爱你
康乃馨——母爱
米红康乃馨——伤感
郁金香——魅惑、爱之寓言
黄郁金香——绝望之爱
波斯菊——纯情、永远快活
水仙花——尊敬
红郁金香——爱的誓言
白山茶——真爱、真情
红山茶——天生丽质
剑兰——性格坚强、用心
勿忘我——永恒的爱
鸡冠花——多色的爱
雏菊——清白、纯真、纤细
蝴蝶兰——初恋、幸福渐进、纯洁美丽
桃花——疑惑、好运将至、爱慕
牡丹——宝贵
马蹄莲——幸福、纯洁
千日草——不朽
万年青——健康长寿、青春永驻
月季——兴旺发达
白菊花——哀悼

火百合——喜气洋洋
红棉花——英雄之花
月桂——光荣
月桂树环——有功之臣
爆竹红——热烈祝贺
山茶花——英勇
文心兰——青春活泼

刺槐——友谊
百日草——惜别
黄杨——坚定、冷静
桂枝——学识渊博
款冬——正义
木樨草——品德高尚
松柏——延年益寿

翠竹——高风亮节

木莲——高尚

腊梅——慈爱

薰衣草——清雅、女人味

橙花——爱慕

梨花——纯情

杏花——拜访我

蒲公英——勇气

菊花——高洁、欢愉、真爱

白百合——百年好合

3. 见面

依照惯例，应当首先由主人同主宾来到东道主方面的主要迎宾人员面前，按其职位的高低，由高而低，一一介绍给主宾。随后，再由主宾陪同主人行至主要来访人员的队列前，按其职位的高低，由高而低，一一介绍给主人。

6.2.3 耐心陪同

陪同要讲究规格，且要自始至终。

1. 陪同人员

陪同人员要了解客人综合情况，明确接待方案，熟悉全过程，注意各个环节的衔接。参观访问中，指定的陪同人员不宜过多，中途不得换人或不辞而别。要对客人有问必答，但不能随意越权许诺。陪同要适时向客人宣传介绍、注意时间节奏，对陪同活动中客人的要求要予以重视。

2. 陪同引导

在公务活动中，接待人员陪同客人，步行时一般应在客人的左侧，以示尊重。如果是主陪陪同客人，那要与客人并排同行，其他随行人员应走在客人和主陪人员的后面。负责引导时，应走在客人左前方一两步远的地方和客人的步速一致，遇到路口或转弯处，应用手示意方向并加以提示。乘电梯时，如有专人服务，应请客人先进，如无专人服务，接待人员应先进去操作，到达时请客人先行。进房间时，如门朝外开，应请客人先进，如门往里开，陪同人员应先进去，扶住门，然后再请客人进入。

3. 陪同乘车

乘车时，陪同人员要先打开车门，请客人上车，并以手背贴近车门上框，提醒客人避免磕碰，待客人坐稳后，再关门开车。按照习惯，乘车时客人和主陪应坐在司机后第一排位置上，客人在右，主陪在左，陪同人员坐在司机身旁。车停后陪同人员要先下车打开车门，再请客人下车。如果接待两位贵宾，主人或接待人员应先拉开后排右边的车门，让尊者先上，再迅速地从车的尾部绕到车的另一侧打开左边的车门，让另一位客人从左边上车；只开一侧车门让一人先钻进去的做法是失礼的。当然，如为了让宾客顺路看清本地的一些名胜风景，也可以在说明原因后，请客人坐在左侧，但同时应向客人

扫一扫你就知道如何陪同乘车。

表示歉意。需要强调的是，即使是为了让客人欣赏风景，也不要让客人坐司机旁的位置，尤其是接待中国港、澳、台地区和外国客人时更应注意这一点，否则，会弄巧成拙、事与愿违。

6.2.4 周到送别

送别是指在来宾离去之际，出于礼貌而陪着对方一同行走一段路程，或者特意前往来宾启程返还之处与之告别，并目送对方离去。最为常见的送别形式有道别、话别、饯别、送行等。

1. 道别

按照常规，道别应当由来宾率先提出来，假如主人首先与来宾道别，难免会给人以厌客、逐客的感觉，这是不应该的。在道别时，来宾往往会说 “就此告辞”、“后会有期” 等而此刻主人则一般会讲 “一路顺风”、“旅途平安” 等。有时，宾主双方还会向对方互道 “再见”，叮嘱对方 “多多保重”，或者委托对方代问其同事、家人安好。

重要提示

在道别时，主人应特别注意 4 个环节：一应当加以挽留；二应当起身在后；三应当伸手在后；四应当相送一程。

2. 话别

话别亦称临行话别。最佳的话别地点是来宾的临时下榻之处。在接待方的会客室、贵宾室里，或是在为来宾饯行而专门举行的宴会上，都可与来宾话别。参加话别的主要人员，应为宾主双方身份、职位大致相当者，对口部门的工作人员、接待人员等。话别的主要内容如下：一是表达惜别之意；二是听取来宾的意见或建议；三是了解来宾有无需要帮忙代劳之事；四是向来宾赠送纪念性礼品。

重要提示

与来宾话别的时间，一要讲究主随客便，二要注意预先相告。

3. 饯别

饯别，又称饯行。它是指在来宾离别之前，东道主专门为对方举行一次宴会，以便郑重其事地为对方送别。为饯别而举行的专门宴会，通常称做饯别宴会。专门为来宾举行一次饯别宴会，不仅在形式上显得热烈而隆重，而且往往还会使对方产生备受重视之感，进而加深宾主之间的相互了解。

4. 送行

为来宾正式送行的常规地点，通常应当是来宾返还时的启程之处，例如机场、码头、火车站、长途汽车站等。倘若来宾返程时将直接乘坐专门的交通工具，从自己的临时下榻之处启程，则亦可以将来宾的临时下榻之处作为送行的地点，例如宾馆、饭店、旅馆、招待所等。

送行特指东道主在异地来访的重要客人离开本地之时，特地委派专人前往来宾的临时住所，与客人亲切告别，并目送对方渐渐离去。

重要提示

为来宾送行时，要同时兼顾两点：一是切勿耽误来宾的行程；二是切勿干扰来宾的计划。

小　结

本章介绍了拜访与接待礼仪，其中拜访部分按照邀请、准备、上门礼仪和告辞的顺序介绍了每个环节应该注意的问题；接待部分则分为细心准备、热情迎宾、耐心陪同、周到送别4部分进行阐述。

通过对本章内容的学习，大家应该学会怎样做受人欢迎的客人和称职的主人。

思考与练习

1. 公务拜访前要做哪些准备？
2. 在陪同客人时应注意哪些细节？

活动与探索

1. 假如在你拜访过程中又来了一位客人，该怎么办？
2. 接待来访客人时，居室中的上座有哪些？

第7章 宴请礼仪

宴请，是一种常见的社交活动。一般情况下，举办宴请和参加宴请活动都是以交际为目的的。宴请是增进友谊、融洽气氛、沟通交流的重要手段。宴请的形式多样，内容丰富，掌握其礼仪是十分必要和重要的。

本章将概述宴会的形式及礼仪，分别介绍中餐与西餐的文化和习惯。

名言警句

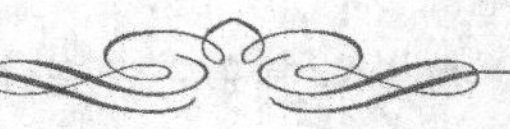

你在品味食物，别人在品味你。

——【加拿大】英格丽·张

7.1 宴请的形式

宴请是交往中最常见的交际活动之一。各国和各的宴请都有自己国家或民族的特点与习惯。国际上通用的宴请形式有宴会、招待会、茶会、工作进餐等，每种宴请都有特定的规格和要求。举办宴请活动采用何种形式，通常根据活动的目的、邀请对象以及经费开支等各种因素而定。

7.1.1 宴会

宴会为正餐，坐下进食，由招待员顺次上菜。宴会有国宴、正式宴会、便宴之分。按举行的时间，又有早宴（早餐）、午宴、晚宴之分，如图 7-1 所示。

宴会的隆重程度，出席规格以及菜肴的品种与质量等均有区别。一般来说，晚上举行的宴会较之白天举行的更为隆重。

1. 国宴

国宴是国家元首或政府首脑为国家的庆典，或为外国元首、政府首脑来访而举行的正式宴会，因而规格最高。宴会厅内悬挂国旗，安排乐队演奏国歌及其他音乐。席间还有致辞或祝酒等活动。

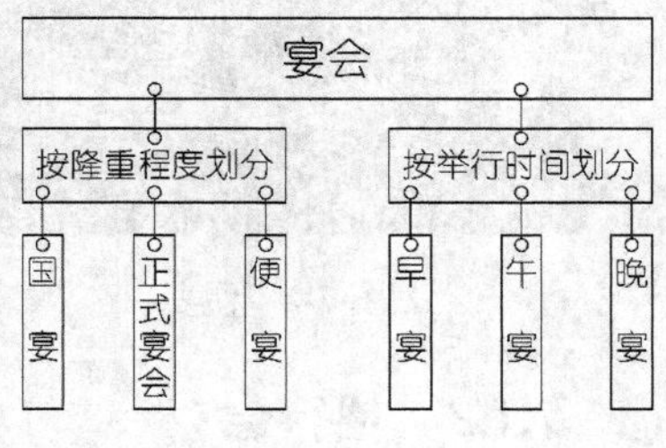

图 7-1 宴会分类

2. 正式宴会

正式宴会除不挂国旗、不奏国歌以及出席规格不同外，其余安排大体与国宴相同。有时也会安排乐队奏其他音乐。宾主均按身份排位就座。许多国家正式宴会十分讲究排场，在请柬上注明对客人服饰的要求。外国人对宴会服饰比较讲究，往往从服饰规定体现宴会的隆重程度。对餐具、酒水、菜肴道数、陈设以及服务员的装束、仪态都要求很严格。通常菜肴包括汤和几道热菜（中餐一般 4 道，西餐用 2～3 道），另有冷盘、甜食、水果等。

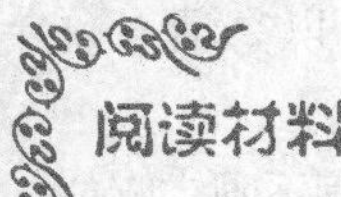

阅读材料

正式宴会用酒

国外正式宴会餐前上开胃酒。常用的开胃酒有雪梨酒、白葡萄酒、马丁尼酒、金酒加汽水（冰块）、苏格兰威士忌加冰水（苏打水），另上啤酒、水果汁、番茄汁、矿泉水等。席间佐餐用酒，一般多用红葡萄酒和白葡萄酒，很少用烈性酒，尤其是白酒。餐后在休息室上一小杯烈性酒，通常为白兰地。

我国的正式宴会做法较简单，餐前如有条件，在休息室稍事叙谈，通常上茶和汽水、啤酒等饮料。如无休息室也可直接入席。席间一般用两种酒，一种甜酒，一种烈性酒。餐后不再回休息室座谈，亦不再上饭后酒。

3. 便宴

便宴即非正式宴会，常见的有午宴、晚宴，有时亦有早上举行的早餐，如图 7-2 所示。这类宴会形式简便，可以不排席位，不作正式讲话，菜肴道数亦可酌减。西方人的午宴有时不上汤和烈性酒。便宴最大的特点是自由、轻松，较随便、亲切，适合用于日常友好交往。

4. 家宴

家宴即在家中设便宴招待客人，如图 7-3 所示。西方人喜欢采用这种形式，以示亲切友好。家宴往往由主妇亲自下厨烹调，家人共同招待，也可采用自助餐形式，气氛亲切、轻松、自由。

图 7-2　便宴

图 7-3　家宴

扫一扫你就知道
便宴和家宴。

7.1.2　招待会

招待会是指各种不备正餐、较为灵活的宴请形式，备有食品、酒水饮料，通常都不排席位，可以自由活动。常见的有冷餐会和酒会两种形式。

1. 冷餐会

冷餐会（自助餐）的特点是不排席位，菜肴以冷食为主，也可用热菜，连同餐具陈设在菜桌上，供客人自取，如图 7-4 所示。客人可以自由活动，也可以多次取食。酒水可陈放在桌上，也可由招待员端送。冷餐会在室内或在院子里、花园里举行，可设小桌、椅子，自由入座，也可以不设坐椅，站立进餐。根据主、客双方身份，招待会规格隆重程度可高可低，举办时间一般在中午十二时至下午二时、下午五时至七时。这种形式常用于官方正式活动，以宴请人数众多的宾客。

我国举行的大型冷餐招待会，往往用大圆桌，设座椅，主宾席排座位，其余各席不固定座位，食品与饮料均事先放置桌上，招待会开始后，自助进餐。

2. 酒会

酒会又称鸡尾酒会，如图 7-5 所示。这种招待会形式较活泼，便于广泛接触交谈。被邀请参加鸡尾酒会的客人一般都要认真修饰，例如男士要穿西服，女士要化妆、穿小礼服等。招待品以酒水为主，略备小吃，不设座椅，仅置桌台，以便客人随意走动。酒会举行的时间亦较灵活，中午、下午、晚上均可，请柬上往往注明整个活动延续的时间，客人可在其间任何时候到达和退席，来去自由，不受约束。

图 7-4　冷餐会

图 7-5　酒会

鸡尾酒是用多种酒配成的混合饮料。酒会上不一定都用鸡尾酒。但通常用的酒类品种较多，并配以各种果汁，不用或少用烈性酒。食品多为三明治、面包、小香肠、炸春卷等各种小吃，以牙签取食。饮料和食品由招待员用托盘端送，或部分放置小桌上。

近年国际上举办大型活动多采用酒会形式。庆祝各种节日、欢迎代表团访问，以及各种开幕、闭幕典礼，文艺、体育招待演出前后往往举行酒会。

阅读材料

鸡尾酒

鸡尾酒是指两种或两种以上的酒和果汁、香料等混合而成的饮料，多在饮用时临时调制。

鸡尾酒是一种量少而冰镇的酒。它是以朗姆酒、金酒、龙舌兰、伏特加、威士忌等烈酒或是葡萄酒作为基酒，再配以果汁、蛋清、苦精、牛奶、咖啡、可可、糖等其他辅助材料，加以搅拌或摇晃而成，最后还可用柠檬片、水果或薄荷叶作为装饰物。

扫一扫

扫一扫你就知道什么是鸡尾酒。

鸡尾酒由两种或两种以上的非水饮料调和而成，其中至少有一种为酒精性饮料。像柠檬水、中国调香白酒等不属于鸡尾酒。用于调酒的原料有很多类，各种酒所用的配料种数也不相同，有两种、三种甚至五种以上。就算以流行的配料种类确定的鸡尾酒，各配料在分量上也会因地域不同、人的口味各异而有较大变化，从而冠用新的名称。鸡尾酒必须有卓越的口味，而且这种口味应该优于单体。品尝鸡尾酒时，舌头的味蕾应该充分扩张，方能尝到刺激的味道。如果过甜、过苦或过香都会影响品尝风味的能力，降低酒的品质，是调酒时不允许的。

经过200多年的发展，现代鸡尾酒已不再是若干种酒及乙醇饮料的简单混合物。虽然其种类繁多、配方各异，但都是由各调酒师精心设计的佳作，其色、香、味兼备，盛载考究，装饰华丽，除圆润、协调的味觉外，观色、嗅香，更有享受、快慰之感。甚至其独特的载杯造型，简洁妥贴的装饰点缀，无一不充满诗情画意，如图 7-6 所示。

图 7-6　鸡尾酒

7.1.3　茶会

图 7-7　茶会

茶会是一种简便的招待形式，如图 7-7 所示。举行的时间一般在下午四时左右（也有上午十时举行）。茶会通常设在客厅（不用餐厅），厅内设茶几、座椅，不排席位。如果是为某贵宾举行的活动，入座时，要有意识地将主宾同主人安排坐到一起，其他人则随意就座。茶会，顾名思义，是请客人品茶。因此，茶叶、茶具的选择要有所讲究，或具有地方特色。一般用陶瓷器皿，不用玻璃杯，也不用热水瓶代替茶壶。外国人组织的茶会一般用红茶，略备点心和地方风味小吃，也有不用茶而用咖啡的，其组织安排与茶会相同。

7.1.4　工作餐

图 7-8　工作餐

工作餐是现代国际交往中经常采用的一种非正式宴请形式（有的时候由参加者各自付费），利用进餐时间，边吃边谈问题，如图 7-8 所示。工作餐按用餐时间分可为工作早餐、工作午餐、工作晚餐。在代表团访问中，往往因日程安排不开而采用这种形式。此类活动一般只请与工作有关的人员，不请配偶。双边工作进餐往往排席位，尤以用长桌更便于谈话。如用长桌，其座位排法与会谈桌席位安排相仿。

7.2　宴请的礼仪

以宴请的方式来款待宾客，是交往中的一项经常性活动。成功的宴请体现主人的诚意与修养，成功的宴请更需要成功的组织。礼节在宴请中占据着举足轻重的地位。如图 7-9 所示，本节将具体介绍宴会各个流程当中的礼仪及注意事项。

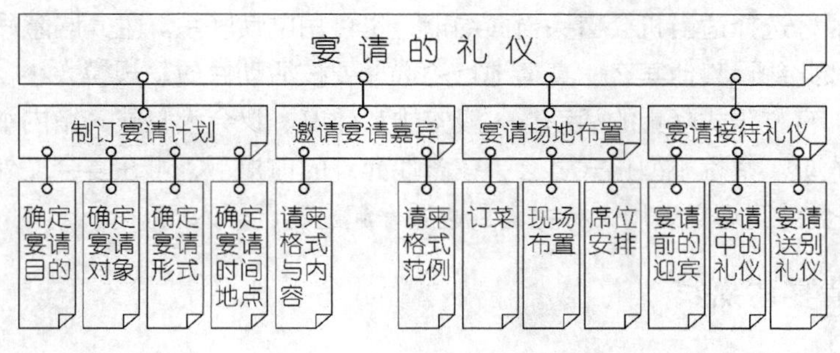

图 7-9　宴请的礼仪

7.2.1　制订宴请计划

举办成功的宴请，制订宴请计划可以使宴请更顺畅和谐。计划要确定宴请的目的、名义、参加者以及时间地点等一系列问题。考虑这些问题时，必须兼顾政治气候、文化传统、民族习惯等因素的影响。

1. 确定宴请目的

宴请的目的是多种多样的，可以是为某一个人宴请，也可以为某一事件宴请，可以表示欢迎、答谢、欢送，也可以是庆贺、纪念等。例如为代表团来访，为庆祝某一节日、纪念日，为外交使节或外交官员的到离任，为展览会的开幕、闭幕，某项工程动工、竣工等。在国际交往中，还经常根据需要举办一些日常的宴请活动。

扫一扫

扫一扫你就知道宴请计划。

2. 确定宴请对象

确定宴请对象和范围的依据是宴请的性质、目的、主宾的身份、国际惯例及其他有关要求。

指请哪些方面人士，请到哪一级别，请多少人，主人一方请什么人出来作陪，这都是要考虑的因素。邀请范围要根据宴请的性质、主宾的身份、国际惯例，以至当前政治气候等划定。各方面都要想到，不能只顾一面。

邀请范围与规模确定之后，即可草拟具体邀请名单。被邀请人的姓名、职务、称呼，以至对方是否有配偶参加等信息都要准确。多边活动尤其要考虑政治关系，对政治上相互对立的国家是否邀请其人员出席同一活动，要慎重考虑。

3. 确定宴请形式

宴请采取何种形式，在很大程度上取决于当地的习惯做法。一般来说，正式、规格高、人数少的以宴会为宜，人数多则以冷餐或酒会更为合适，妇女界活动多用茶会。

目前各国礼宾工作都在简化，宴请范围趋向缩小，形式也更为简便。酒会、冷餐会被广泛采用，而且中午举行的酒会往往不请配偶，不少国家招待国宾宴会只请身份较高的陪同人员，不请其他随行人员。我国也在进行改革，提倡多举办冷餐会和酒会以代替宴会。

4. 确定宴请时间、地点

宴请的时间应对主、客双方都合适。驻外机构举行较大规模的活动，应与驻在国主管部门商定时间。注意不要选择对方的重大节假日、有重要活动或有禁忌的日子和时间。小型宴请应首先征询主宾意见，最好选择适当机会口头当面约请，也可用电话联系。主宾同意后，时间即被认为最后确定，可以按此约请其他宾客。宴请地点的选择要按活动性质、规模大小、形式、主人意愿及实际可能而定。官方正式隆重的活动，一般安排在政府、议会大厦或宾馆内举行，其选定的场所要能容纳全体人员。举行小型正式宴会，在条件允许的前提下，可在宴会厅外另设休息厅（又称等候厅），供宴会前简短交谈用，待主宾到达后一起进宴会厅入席。

7.2.2 邀请宴请嘉宾

各种宴请活动，一般均应发请柬，这既是礼貌，也能对客人起到提醒、备忘之用。便宴经约定后，可发亦可不发请柬。工作进餐一般不发请柬。有些国家，邀请最高领导人作为主宾参加活动，需单独发邀请信，其他宾客则发请柬即可。

1. 请柬格式与内容

宴会邀请可书写请柬或电话邀请。重要宴请活动和重大外事活动一般要发请柬。宴请国宾或其他重要外宾时，应以主持宴会的领导个人名义署名发请柬，一般不宜用单位名义印发请柬。

请柬要提前发出，以便被邀请人及早安排。已经口头约妥的活动，原则上仍应补送请柬，在请柬右上方或下方注上“To Remind”（备忘）字样。需安排座位的宴请活动，为确切掌握出席情况，往往要求被邀者答复能否出席。遇到这种情况，请柬上一般用法文缩写注上“R.S.V.P.”（请答复）字样，如只需不出席者答复，则可注上“Regrets only”（因故不能出席请答复），并注明电话号码。另外，也可以在请柬发出后，用电话询问能否出席。

请柬内容包括活动形式、举行的时间及地点、主人的姓名（如以单位名义邀请，则用单位名称）。请柬行文不用标点符号，所提到的人名、单位名、节日名称都应用全称。中文请柬行文中不提被邀请人姓名（其姓名写在请柬信封上），主人姓名放在落款处。请柬格式与行文中外差异较大，注意不能生硬翻译。请柬可以印刷，也可以手写，但手写字迹要美观、清晰。正式宴会的请柬，最好能在发请柬之前排好席次，并在信封下角注上席次号（Table No.）。

重要提示

请柬发出的时间因宴请的形式与具体情况而定：来宾如果从外地赴约，提早二至四个月寄出；例行的商业午餐会，也应于三天前（最好一个礼拜前）发出请柬；办公餐会或鸡尾酒会，二至四周前寄出较为适宜。

2. 请柬格式范例

（1）正式宴会请柬

为欢迎×××州长率领的×国×××州友好代表团访问××，谨订于××××年×月×日（星期×）晚×时在××饭店××阁举行宴会。

敬请光临

R.S.V.P

××省人民政府

扫一扫

扫一扫你就知道请柬写作规范。

（2）普通请柬

谨订于××××年×月×日（星期×）晚×时在××饭店举行宴会。

敬请光临

敬请回复×× 电话：×××××××××（主人姓名）

（3）英文请柬

Mr. Li Hua requests the pleasure of the company of Miss Jin Ling at a tea party in Qilin Restaurant on Wednesday，September 9th，2009 from 20:00 to 21:00.

李华先生定于2009年9月9日（星期三）晚8时至9时在麒麟餐厅举行茶会。敬请金玲小姐光临。

7.2.3 宴请场地布置

宴请别人时，对于场地的布置和准备也是十分重要的，主要包括主人在宴请之前对于场地的布置，对菜肴的订购以及对席位的安排等几个方面。

1. 订菜

宴请的酒菜根据活动形式和规格，在规定的预算标准以内安排。选菜不以主人的爱好为准，主要考虑主宾的喜好与禁忌。如果宴会上有个别人有特殊需要，也可以单独为其上菜。大型宴请则应照顾到各个方面，菜肴道数和分量都要适宜，不要简单地认为海味是名贵菜而泛用，其实不少外国人并不喜欢，特别是海参。在地方上，宜用有地方特色的食品招待，用本地产的名酒。无论哪一种宴请，事先均应开列菜单，并征求主管负责人的同意。获准后，如是宴会，即可印制菜单，一般每桌两三份，至少一份，讲究的也可每人一份。

2. 现场布置

宴会厅和休息厅的布置取决于活动的性质和形式。官方正式活动场所的布置应该严肃、庄重、大方。不要用红绿灯、霓虹灯装饰，可以少量点缀鲜花、刻花等。

宴会可以用圆桌也可以用长桌或方桌。两桌及两桌以上的宴会，桌子之间的距离要适当，各个座位之间也要距离相当。如果安排有乐队演奏席间乐，不要离得太近，乐声宜轻。宴会休息厅通常放小茶几或小圆桌，与酒会布置类同，如人数少，也可按客厅布置。

冷餐会的菜台用长方桌，通常靠四周陈设，也可根据宴会厅情况，摆在房间的中间。如果坐下用餐，可以摆四五人一桌的方桌或圆桌，总座位数要略多于全体宾客人数，以便客人自由就座。

酒会一般摆小圆桌或茶几，以便放花瓶、烟缸、干果、小吃等，也可以在四周放些椅子，供妇女和年老体弱者就座。

3. 席位安排

席位安排既要按礼宾次序原则有序安排，又要有灵活性，有利于增进友谊和席间的交谈方便。主要的原则有以下几个方面。

扫一扫

扫一扫你就知道席位安排。

（1）以右为尊，左为卑。故如男女主人并座，则男左女右，以右为大。如席设两桌，男女主人分开主持，则以右桌为大。宾客席次的安排亦然，即以男女主人之右侧为大，左侧为小。

（2）职位或地位高者为尊，高者坐上席。依职位高低，即官阶高低定位，不能逾越。

（3）职位或地位相同，则必须依官职之伦理定位。

（4）女士以夫为贵，其排名的顺序，与其丈夫相同。但如邀请对象是女宾，而她是主宾排在第一位，此时她的丈夫并不一定排在第二位，如果同席的还有其他重要官员，而这位先生官位不显，譬如是某大公司的董事长，则必须排在重要官员之后，夫不见得与妻同贵。

（5）与宴宾客有政府官员、社会团体领袖及社会贤达参加的场合，则依政府官员、社会团体领袖、社会贤达为序，这是原则。

（6）欧美人士视宴会为社交最佳场合，故席位采用分座的原则：即男女分座，排位时男女互为间隔。夫妇、父女、母子、兄妹等必须分开。如有外宾在座，则华人与外宾杂坐。

（7）遵守社会伦理，长幼有序，师生有别，在非正式的宴会场合，尤应恪守。如某君已为部长，而某教授为其恩师，在非正式场合，不能将某教授排在某部长之下，贵为部长的某君，在此种场合，亦不能逾越长幼之礼。

（8）座位的末座，不能安排女宾。

（9）如男女主人的宴会，邀请了他的顶头上司，如果经理邀请了其董事长，则男女主人必须谦让其应坐的尊位，改坐次位。

正式宴会的座次安排

国际上的习惯，桌次高低以离主桌位置远近而定，右高左低。桌数较多时，要摆桌次牌。同一桌上，席位高低以离主人的座位远近而定。外国习惯，男女掺插安排，以女主人为准，主宾在女主人右上方，主宾夫人在男主人右上方。我国习惯按各人本身职务排列以便于谈话，如夫人出席，通常把女方排在一起，即主宾坐男主人右上方，其夫人坐女主人右上方。两桌以上的宴会，其他各桌第一主人的位置可以与主桌主人位置同向，也可以以面对主桌的位置为主位。

礼宾次序是排席位的主要依据。在排席位之前，要把经落实出席的主、客双方出席名单分别按礼宾次序开列出来。除了礼宾顺序之外，在具体安排席位时，还需要考虑其他一些因素。多边的活动需要注意客人之间的政治关系，政见分歧大，两国关系紧张者，尽量避免排到一起。此外，适当照顾各种实际情况。例如，身份大体相同，使用同一语言者，或属同一专业者，可以排在一起。译员一般安排在主宾右侧。在以长桌作主宾席时，译员也可以考虑安排在对面，便于交谈。但一些国家忌讳以背向人，译员的座位则不能作此安排。在他们那里用长桌作主宾席时，主宾席背向群众的一边和下面第一排桌子背向主宾席的座位均不安排坐人。在许多国家，译员不上席，为便于交谈，译员坐在主人和主宾背后。

以上是国际上安排席位的一些常规。遇特殊情况，可灵活处理。如遇主宾身份高于主人，为表示对他的尊重，可以把主宾摆在主人的位置上，而主人则坐在主宾位置上，第二主人坐在主宾的左侧；也可按常规安排。如果本国出席人员中有身份高于主人者，譬如部长请客，总理或副总理出席，可以由身份高者坐主位，主人坐身份高者左侧；少数国家亦有将身份高者安排到其他席位上。如主宾带有夫人，而主人的夫人又不能出席，通常可以请其他身份相当的妇女作为第二主人相陪。如无适当身份的妇女出席，也可以把主宾夫妇安排在主人的左右两侧。

席位排妥后应着手写座位卡。一般情况下，我方举行的宴会，中文写在上面，外文写在下面。卡片要求用钢笔或毛笔书写，字应尽量写得大些，便于辨认。

7.2.4 宴请接待礼仪

莎士比亚曾说过“在宴席上最令人开胃的就是主人的礼节。”作为主人，也是宴会的举办者，一举一动会受到大家的关注。温馨的话语，恰当的动作，舒适的接待，都会让来宾感受到温馨和愉悦。

1. 宴请前的迎宾

宴会开始之前，主人应在门口迎候来宾，有时还可有少数其他主要人员陪同主人列队欢迎客人，客人抵达后，宾主相互握手问候，随即由工作人员将客人引领至休息厅内小憩。在休息厅内应由相应身份者照应客人，并以饮料待客。若无休息厅，可请客人直接进入宴会厅，但不可马上落座。

主宾到达后，主人应陪同他进入休息厅与其他客人会面。当主人陪同主宾进入宴会厅后，全体人员方可入座，此时宴会即可开始。

家庭便宴则较随便，客人到达，主人主动趋前握手。如主人正与其他客人周旋，未发觉客人到来，则客人应主动前去握手问好。

2. 宴请中的礼仪

如果有正式讲话，各国安排讲话的时间不尽一致。一般正式宴会可在热菜之后甜食之前由主人讲话，接着由客人讲。也有一入席双方即发表讲话。冷餐会和酒会讲话时间则更灵活。

宴会尾声，吃完水果，主人与主宾起立，宴会即告结束。

在外国人的日常宴请中，如女主人为第一主人时，往往以她的行动为准。入席时女主人先坐下，并由女主人招呼客人开始就餐。餐毕，女主人起立，邀请全体女宾与之共同退出宴会厅，然后男宾起立，尾随进入休息厅或留下抽烟（吃饭过程中一般是不能抽烟的）。男女宾客在休息厅会齐，即上茶（咖啡），之后宴会便结束。

3. 宴请送别礼仪

宴请结束，主宾告辞时，主人送至门口，主宾离去后，原迎宾人员顺序排列，与其他客人握别。家庭便宴结束，客人如无余兴，即可陆续告辞，通常男宾应先与男主人告别，女宾与女主人告别，然后交叉，再与家庭其他成员一一握别。

7.3 赴宴的礼仪

不同形式的宴请都会有不同的礼仪规范。越正式、越高级的宴会，礼仪规范越严格。要做到宴会合乎规范，宾主同乐，就必须对各种宴会、餐饮聚会的礼仪有一定了解。

赴宴礼仪的流程及注意事项如图 7-10 所示。

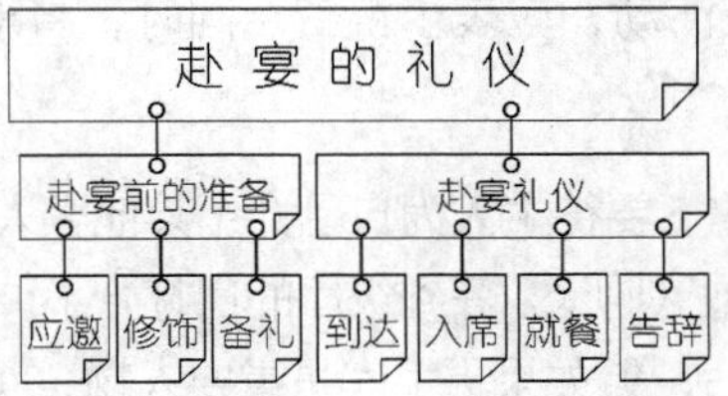

图 7-10 赴宴礼仪的流程

7.3.1 宴会前的准备

赴宴前充分而恰当的准备会使你成为餐桌上的儒雅绅士和气质美人，也会让你成为受欢迎的客人。

1. 应邀

接到宴请，无论是否能出席，都应迅速答复，以便主人做安排。在接受邀请之后，不要随意改动。万一遇到不得已的特殊情况不能出席，尤其是主宾，应尽早向主人解释、道歉，甚至亲自登门表示歉意。应邀出席一项活动之前，要核实宴请的主人，活动举办的时间地点，是否邀请了配偶以及主人对服装的要求。活动多时尤其应注意，以免记错地点，或主人未请配偶而双双出席。

2. 修饰

出席宴会前，应梳洗打扮一番，使自己看起来精神饱满，容光焕发。女士要适当化妆，男士要梳理头发并剃须。衣着要求整洁、大方、美观，使仪容、仪表打扮符合宴请场合的要求。国外宴请非常讲究服饰，往往根据宴会的正式程度，在请柬上注明着装要求。在我国，虽然没有具体要求，但应邀者也应该穿一套得体入时的整洁服装，精神饱满地赴宴，这将给宴会增添隆重、热烈的气氛。

3. 备礼

可按宴请的性质和当地的习惯以及主客双方的关系，准备赠送的花篮或花束。参加家庭宴会，可以给女主人准备一束鲜花（赠花时要注意对方的禁忌）。有时需准备一定的礼品，在宴会开始前送给主人，礼品价值不一定很高，但要有意义。

7.3.2 赴宴礼仪

一个宴请，有时候可以改变人的一生；一次筵席，甚至可以影响职业生涯的成功与失败。如果将事业视为一次盛宴，那么，要掌握其中的玄机也要从掌握餐桌礼仪开始。

1. 到达

出席宴请活动，抵达时间的迟早、逗留时间的长短，在一定程度上反映对主人的尊重。过早、过迟、逗留时间过短，不仅是对主人的失礼，也有损自己的形象。按时出席宴请是最基本的礼貌。一般来说，出席宴会要根据各地习惯，以正点或提前或晚于宴请时间的两三分钟抵达为宜。身份高者可略晚些到达，一般客人宜略早些到达，可以和主人以及其他客人应酬。万一有特殊原因不能及时到达，应及时通知主人并致歉。一般情况下，宴会开席延误 10～15 分钟是允许的，但最多不能超过 30 分钟。否则将会冲淡宾客的兴致，影响宴会的气氛。

抵达后，先到衣帽间脱下大衣和帽子，然后前往主人迎宾处，主动向主人问好，并对在场的其他人微笑点头致意。如是节庆活动，应表示祝贺。同时，将事先备好的礼物双手赠送给主人。

2. 入席

进了客厅，不要着急找位子坐，要待主人为自己介绍其他客人。你可以从侍者送来的酒和其他饮料里面选一杯合适的边喝边和其他人聊天。等到饭厅的门打开了，男主人和女主宾会带着大家走进饭厅，女主人和男主宾应该走在最后，但如果男主宾是重要人物，女主人也可和他走在最前面。

入座应听从主人安排，不可随意乱坐，最好在进入宴会厅之前，先了解自己座位。只有当主人或上司入座后，你才能从椅子左方入座。入座时注意桌上座位卡上是否写着自己的名字，不要坐错座位。如邻座是年长者或妇女，应主动协助他们先坐下。入座时，切记要用手把椅子拉后一些再坐下，如果用脚把椅子推开会有失你儒雅绅士的身份。

入座后不要东张西望，也不要坐在那儿发呆，或摆弄餐具、餐巾，而应该坐得端正，双腿靠拢，两脚平放在地上，把双手放在自己的腿上，神态自如，风度优雅地和邻座的上司或客人轻声谈几句，或是神态安详地倾听别人的谈话。

重要提示

宾客落座之后，主人拿餐巾，客人才能跟着拿餐巾。不管这时出现什么情况（如主人有饭前祷告的习惯），主人没拿餐巾之前客人不能拿餐巾。

3. 就餐

祝酒词完毕经主人招呼后，即可开始进餐。

（1）举止

就餐时应有愉快的表情，心事重重的神态、漫不经心的样子，是对主人和其他宾客的不礼貌。即使菜不对口味，也应吃上一些，而不能皱眉拒绝。席间不要吸烟，一般在宴会未基本结束前吸烟是失礼的，尤其是有女士在的场合。用餐过程中，一般不可随便离席。如果咳嗽、吐痰，或有刺卡住，或需要将口中食物吐出来等，这时应暂时离席，否则是不礼貌的。离席时动作要轻，不要惊扰他人，更不要把座椅、餐具等物碰倒。

扫一扫你就知道如何就餐。

重要提示

不能对着餐桌打电话，要离开餐桌。

（2）交谈

无论是作为主人、陪客或宾客，都应与同桌的人交谈，特别是左右邻座。不要只同几个熟人或只同一两人说话。邻座如不相识，可先自我介绍。

进餐时要注意讲话分寸，要谈一些大家感兴趣的事情，不可夸夸其谈，最好不谈工作、政治和健康问题。在与女性谈话时，一般不询问年龄、婚否等问题，但也不要议论妇女的胖瘦、体型等，与较陌生的男性谈话时不要直接询问对方的经历、工资收入、家庭财产、衣饰价格等私人生活方面的问题。

（3）祝酒

主人向客人敬酒时，客人应起立回敬。当主人给客人斟酒时，有酒量的也要谦让一下，不要饮酒过量，导致酒后失态；不善饮酒的可向主人说明，或喝一小口，表示对主人的敬意。

无论主人还是客人，都不应强劝别人喝酒。宴会上相互敬酒表示友好，活跃气氛，但切记喝酒过量。喝酒过量容易失言，甚至失态，因此，喝酒必须控制在本人酒量的三分之一以内。

（4）用餐

一般的菜谱是三至五道菜，前三道菜应该是冷盘、汤、鱼，后两道菜是主菜（肉或海鲜加蔬菜）、甜品或水果，最后是咖啡及小点心。吃饭的时候不要把全部的精力都放在胃的享受上，要多和左右的人交谈。另外要注意吃相要温文尔雅，从容安静。必须小口进食，不要大口地塞，食物未咽下，不能再塞入口。闭嘴咀嚼，不要发出“吧嗒吧嗒”的咀嚼声。如果汤、菜太热时，不要用嘴去吹，应等稍凉后再吃。口内有食物或他人在咀嚼食物时，均应避免跟人说话或敬酒。

甜品用完之后，如果咖啡没有出现，那可能是等会儿请你去客厅喝。总之，看到女主人把餐巾放在桌子上站起来后，你就可以放下餐巾离开座位。这时，懂礼貌的男士又要站起来帮女士拉开椅子，受到照顾的女士不必对这一前一后的殷勤有特别的想法，这是男士应该展现的绅士风范。

阅读材料

注意餐巾的正确用法

当主人示意用餐开始后，餐巾打开或对折平摊在自己的腿上，切勿把餐巾系在腰带，或挂在西装领口。

用餐过程中如需离开时，要将餐巾放在椅子上，用餐完毕才可将餐巾放在桌面上。

餐巾的基本用途是保洁，主要防止弄脏衣服，兼做擦嘴角及手上的油渍。切忌用餐巾擦拭餐具、皮鞋、眼镜，或用来擦鼻涕、抹汗。

4. 告辞

主人宣布宴会结束后，客人才能离席。客人应向主人道谢、告别，感谢主人的热情款待，如“谢谢您的款待”，“您真是太好客了”，“菜肴丰盛极了”等，并要与其他认识的客人道别。如果客人有事要提前离席，则应向主人及同桌的客人致歉。如果宴会比较正式，即使你当时向主人道谢了，你在回去之后仍然可以礼貌地再写封感谢信给主人，这如同宴会的程序一样，几乎是必不可少的。

7.4 中餐礼仪

中华饮食文化内涵丰富，源远流长。随着中西饮食文化的不断交流，中餐不仅是中国人的传统饮食习惯，还越来越受到外国人的青睐。而这种看似最平常不过的中式餐饮，用餐时的礼仪却是有一番讲究的。

7.4.1 中餐组织安排

中餐的组织安排，主要是指中餐的席位安排。

1. 中餐宴会的席位排列（见图 7-11）

图 7-11　中餐席位

这关系到来宾的身份和主人给予对方的礼遇，所以是一项重要的内容。可以分为桌次和位次排列两方面。

（1）桌次排列

在中餐宴请活动中，往往采用圆桌布置菜肴、酒水。排列圆桌的尊卑次序，有以下两种情况。

第一种情况是有两桌组成的小型宴请。

第二种情况是有三桌或三桌以上的桌数所组成的宴请。在安排桌次时，所用的餐桌的大小、形状要基本一致。除主桌可以略大外，其他餐桌都不要过大或过小。

（2）位次排列

举办中餐宴会一般用圆桌。宴请时，每张餐桌上的具体位次也有主次尊卑的分别。排列位次的基本方法有四条，他们往往会同时发挥作用。

方法一是主人大多应面对正门而坐，并在主桌就座。

方法二是举行多桌宴请时，每桌都要有一位主桌主人的代表在座，如图 7-10 所示。位置一般和主桌主人同向，有时也可以面向主桌主人。

方法三是各桌位次的尊卑，应根据距离该桌主人的远近而定，以近为上，以远为下。

方法四是各桌距离该桌主人相同的位次，讲究以右为尊，即以该桌主人面向为准，右为尊，左为卑。

2. 便餐位次排序的原则

一是右高左低原则。

二是中座为尊原则。

三是面门为上原则。

四是特殊原则。

7.4.2　中餐上菜顺序与用餐方式

中餐上菜和用餐也是有讲究的，主要有以下几个方面。

1. 上菜顺序

中餐一般讲究先凉后热，先炒后烧，咸鲜清淡的先上，甜的味浓味厚的后上，最后是饭菜。当冷盘吃剩 1/3 时，开始上第一道热菜，一般每桌要安排 10 个热菜。宴会上无论桌数有多少，各桌都要同时上菜。有规格的宴席，热菜中的主菜——如燕窝席里的燕窝、海参宴里的海参、鱼翅宴里的鱼翅等应该先上，即所谓最贵的热菜先上，再辅以溜炒烧扒等其他菜肴。

上菜时，如果由服务员给每个人上菜，要按照先主宾后主人、先女士后男士或按顺时针方向依次进行。如果由个人取材，则每道热菜应放在主宾面前，由主宾开始按顺时针方向依次取食，切不可迫不及待地越位取菜。

阅读材料

中餐上菜顺序

茶：视情况而定，不是必须的。

凉菜：冷拼、花拼。

热炒：视规模选用滑炒、软炒、干炸、爆、烩、烧、蒸、浇、扒等组合。

大菜：指整只、整块、整条的高贵菜肴，比如一头乳猪、一只全羊、一大块鹿肉等。

甜菜：包括甜汤，如冰糖莲子、银耳甜汤等。

点心（饭）：糕、饼、团、粉，以及各种面食、包子、饺子等。

水果：果盘等。

2. 用餐方式

中餐用餐方式可以分为多种，具体有分餐式（见图 7-12）布菜式（见图 7-13）和公筷式等。

图 7-12　分餐式

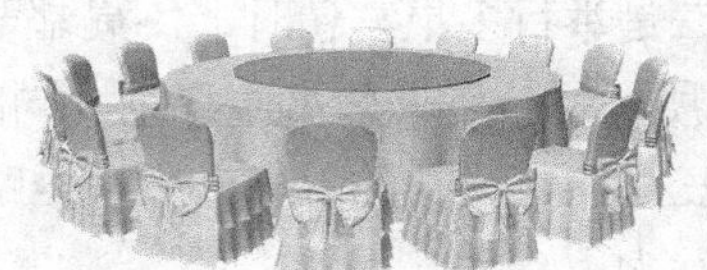

图 7-13　布菜式

7.4.3　中餐注意事项

中国人热情好客，很讲究餐饮礼仪。中餐是指具有浓郁中国传统民族风格的餐会，应遵守中国人的饮食习惯和礼仪规范。

1. 中餐餐具使用注意事项

中餐的餐具主要包括：筷子、勺子、水杯、餐巾和牙签。在使用这些中餐餐具时要注意以下几点。

（1）筷子（见图 7-14）

筷子是中餐最基本、最主要的餐具。筷子通常成双使用。用筷子取菜、用餐的时候，要注意下面几个问题。

一是不要去舔筷子上的残留食物。

二是不能一边说话，一边像指挥棒似地舞着筷子，如需与别人交淡要暂时放下筷子。

三是只在祭奠死者的时候才用筷子竖插放在食物上面，所以用餐时不要这样做。

四是严格筷子的职能。筷子只是用来夹取食物的。不要用来剔牙、挠痒或是取其他物品。

（2）勺子（见图 7-15）

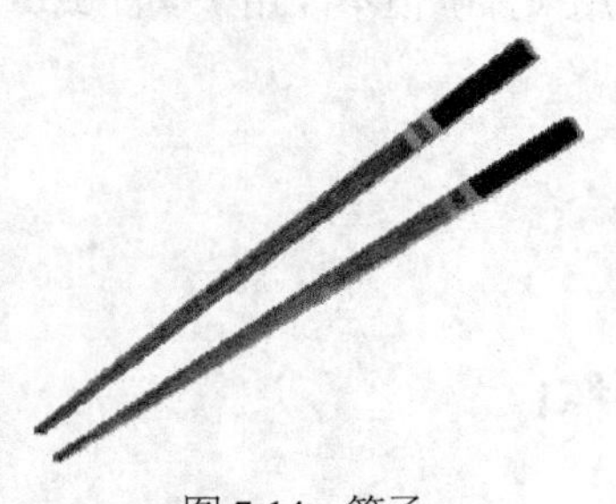

图 7-14　筷子

图 7-15　勺子

勺子的主要作用是舀取菜肴、食物或是辅助筷子取菜。尽量不要单用勺子去取菜。为避免食物溢出来弄脏餐桌或自己的衣服，取食物时不要太满。舀取食物后，应在原处“暂停”片刻，待汤汁不会再往下流时，再移回来享用。

暂时不用勺子时，不要把它直接放在餐桌上，应放在自己的碟子上或是让它在食物中“立正”。用勺子取食物后，要立即食用或放在自己的碟子里，不要再把它倒回原处。而如果取用的食物太烫，应先放到自己的碗里等凉了再吃，不可用勺子舀来舀去，更不要用嘴对着吹。用餐时切忌把勺子塞到嘴里，或者反复吮吸、舔食。

（3）盘子

盘子（稍小点就是碟子）主要用来盛放食物，在使用方面和碗基本相同。盘子在餐桌上一般要保持原位，而且不要堆放在一起。

食碟是一种用途比较特殊的盘子。食碟主要用来暂放从公用的菜盘里取来享用的菜肴的。用食碟时，不要一次取过多的菜肴，也不要把多种菜肴堆放在一起，因为那样会显得繁乱不堪和没有礼貌。不吃的残渣、骨、刺要用筷子夹放到碟子的前端，不要直接用嘴吐在地上、桌上。如果食碟放满了，可以让服务员更换。

（4）水杯

水杯不是用来盛酒的，而是用来盛放清水、汽水、果汁、可乐等软饮料的。另外，喝进嘴里的东西不能再吐回水杯。

（5）餐巾

在比较正式的中餐用餐前，会为每位用餐者上一块湿毛巾。它是用来擦手的。用完后放回盘子里等待服务员拿走。有时候，在正式宴会结束前，会再上一块湿毛巾。和前者不同的是，它不是用来擦脸的，而只能用来擦嘴。

（6）牙签

尽量不要当众剔牙。非剔不行时，要用另一只手掩住口部，剔出来的东西，不要随手乱弹，随口乱吐，也不要当众观赏或再次入口。牙签不要长时间叼着，更不要用来扎取食物。

2. 中餐礼仪

① 入席：按照主人安排就座，若旁边有女宾或是长者，应帮助他（她）先就座，自己再坐下。

② 注意传统习惯和寓意如渔家、海员吃饭时，忌讳把鱼翻身，因为那样有“翻船”的意思。

③ 主人祝酒、致辞时不要吃东西，也不要取食物，应停止交谈，注意倾听。

④ 彼此之间可以让菜，劝对方品尝，但不要为他人夹菜。
⑤ 正式宴会由侍者布菜，不要拒绝送来的菜，也不要对菜品横加挑剔。
⑥ 用餐时坐姿要端正，肘部不要放在桌沿；餐巾可用来擦嘴但不能用来擦汗或鼻涕。
⑦ 用餐时不要摇头晃脑、宽衣解带、声响大作。
⑧ 用餐期间，不要敲敲打打，比比划划。
⑨ 用餐的时候，不要当众补妆。

朋友啊，请你干一杯！

祝酒词是在宴会开宴前所发表的表示诚挚敬祝的讲话。与开幕词相仿，但更简单扼要，其篇幅简短、语言口语化、态度热情，在最后有举杯祝愿的内容。祝酒词的格式一般如下。

（1）标题

一般由事由和文种构成。有的标题由致词人、事由和文种构成，其形式是"×××同志在××××会议上的祝酒词"，也有的只写文种"祝酒词"。

（2）称谓

一般根据会议性质、与会者身份来确定称谓及称谓的修饰语。

（3）正文

致辞人（或代表谁）在什么情况下，向出席者表示欢迎、感谢和问候；谈话成果、作用、意义；展望未来，联系面临的任务、使命。

结尾

请允许我，为谁、为什么而干杯。

（5）示例

祝酒词

女士们、先生们：

晚上好！"中国国际××展览会"今天开幕了。今晚，我们有机会同各界朋友欢聚，感到很高兴。我谨代表中国国际贸易促进委员会××市分会，对各位朋友光临我们的招待会，表示热烈欢迎！"中国国际××展览会"自上午开幕以来，已引起了我市及外地科技人员的浓厚兴趣。这次展览会在上海举行，为来自全国各地的科技人员提供了经济技术交流的好机会。我相信，展览会在推动这一领域的技术进步以及经济贸易的发展方面将起到积极作用。

今晚，各国朋友欢聚一堂，我希望中外同行广交朋友，寻求合作，共同度过一个愉快的夜晚。

最后，请大家举杯，为"中国国际××展览会"的圆满成功，为朋友们的健康，干杯！

小　结

本章首先介绍了宴会、招待会、茶会、工作餐等几种宴请方式，然后分为宴请礼仪和赴宴礼

仪两大类，按照宴会前、宴会中、宴会后的顺序重点介绍了做主人和做客人的礼仪规范。最后一部分介绍了中餐的组织安排、上菜顺序、餐具使用、用餐方式、注意事项等几方面的知识。

本章系统介绍了宴请礼仪，重点讲述了中餐的组织安排与上菜顺序以及餐具使用方法等，旨在进一步提高读者的宴会社交能力。

思考与练习

1. 中餐正式宴会的席位安排是怎样的？
2. 中餐的最重要餐具——筷子，应当如何文明使用？

活动与探索

1. 如果你参加朋友的生日宴会，应该发表一段怎样的酒词？
2. 拟写一份请柬，邀请公司领导参加你所在部门举办的中秋节宴会。

第8章 办公室礼仪

办公室是日常工作的地方，最能体现一个人是否具备良好的素质和个人修养。良好的办公室礼仪不仅能树立个人和组织的良好形象，也关系到一个人的个人前程和事业发展。

名言警句

人只有献身于社会，才能找出那短暂而有风险的生命的意义。

——【美】爱因斯坦

8.1 工作态度

个人的工作表现与能力有关，同时也与个人的性格和工作态度有关。偏执、专横或者盲从等消极的性格特质，会对工作产生不良影响。如果说能力与性格短时间内难以改变的话，人们对待本职工作的态度却是可以改变的，并且态度的变化会在工作实践中对能力的提高与性格的改变产生潜移默化的影响。

正确积极的工作态度是职场人士谋求自身发展的强大动力，对个人的职业发展大有裨益。如图 8-1 所示。你会发现，拥有正确工作态度的自己，在职场的拼搏之路上，表现得越来越出色。

图 8-1　正确的工作态度的作用

8.1.1　强烈的责任心

对待自己的本职工作，要兢兢业业、尽职尽责，勇挑重担，不推脱责任，不拈轻怕重。这是基础，也是对待事业最起码的要求。尤其是初入职的新人，更要对工作充满热忱，满腔热情，认真负责，否则就容易偏离方向。

职场中的一些人，把薪水的高低作为衡量成败的唯一标准。整日埋怨公司不识人才，给自己的薪资太少，因此对工作毫无热情、毫无责任心，他们以应付的态度对待工作，偷懒、逃避，不愿意为公司多做一点点工作。他们的工作仅仅就是为了对得起这份薪水，而从来没有想过这会和自己的前途有什么关系。这种缺乏责任心的想法和做法是十分消极的工作态度，职场人士应当努力避免。

8.1.2 健康的进取心

扫一扫你就知道如何获得进取心。

进取心是成功的要素。不断进取，就是要始终保持一种追求更卓越的表现、努力学习和提高、把事情做得更完善的精神动力，不消极，不甘落后，不断追求成功。“领导才能”是获得成功的基本条件，而“进取心”则是建立“领导才能”这个基本条件的基础。两者的关系就有如轮辐与车轴。

但是也不能把进取心理解为野心，以至于造成同事之间勾心斗角。工作能否出色，关键在于是否积极进取，这是必要的精神动力。

积极进取 克服拖延

拿破仑·希尔告诉我们，进取心是一种极为难得的美德，它能驱使一个人在不被吩咐应该去做什么事之前，就能主动地去做应该做的事。

胡巴特对“进取心”作了如下的说明：这个世界愿对一件事情赠予大奖，包括金钱与荣誉，那就是“进取心”。什么是进取心？我告诉你，那就是主动去做应该做的事情。仅次于主动去做应该做的事情的，就是当有人告诉你怎么做时，要立刻去做。更次等的人，只在被人从后面踢时，才会去做他应该做的事，这种人大半辈子都在辛苦工作，却又抱怨运气不佳。最后还有更糟的一种人，这种人根本不会去做他应该做的事，即使有人跑过来向他示范怎样做，并留下来陪着他做，他也不会去做。他大部分时间都在失业中，因此，易遭人轻视，除非他有位有钱的老爸。但如果是这个情形，命运之神也会拿着一根大木棍躲在街头拐角处，耐心地等待着。你属于上面的哪一种人呢？

如果你想成为一个具备进取心的人，你必须克服拖延的习惯，把它从你的个性中除掉。这种把你应该在上星期、去年或甚至于十几年前就要做的事情拖到明天去做的习惯，正在啃噬你意志中的重要部分，除非你革除了这个坏习惯，否则你将难以取得任何成就。

克服拖延的习惯，可以使用下列方法。

1. 每天从事一件明确的工作，而且不必等待别人的指示就要能够主动去完成。

2. 到处去寻找，每天至少要找出一件对其他人有价值的事情来做，而且不要期望一定要获得报酬。

3. 每天要把养成这种主动工作习惯的价值告诉别人，至少也要告诉一个人。

8.1.3 宽容的心

凡事要就事论事，同事间互相团结，在意见不一致的情况下要学会宽容、求同存异，坚持原则但不斤斤计较。减少摩擦、减少抱怨会使你在人际关系上游刃有余，便于加强同事之间的合作与赢得上司的信任。

8.1.4 感恩的心

要认识到企业提供的岗位就是自己施展才艺的舞台，要心存感激并且珍惜；同事之间的互相配合与帮助是自己履行岗位职责的必要保障，要感谢同事的合作；家人的支持与付出是自己做好工作的坚实后盾，要感激并保持家庭和谐。有了感恩的心态，减少了偏执与孤傲，消除了不平之心，处理好了家庭关系，做好工作就是水到渠成的事了。

8.2 办公室妆容与着装

办公室里的个人形象包括妆容与着装，这些都直接反映出一个人的精神面貌、文化素养和审美水平，也直接反映着一个单位或企业的形象和文化。不可小视办公室仪容与仪表要求与生活、休闲等场合的区别，办公室妆容与着装具有职业、干练、与环境和工作内容协调的特点，要得体、讲究分寸，要与办公场所的气氛、环境以及所从事的工作性质相协调。搭配得当的仪容仪表可提高工作效率，增添职业魅力。

8.2.1 办公室妆容

首先要保持脸部和头发的清洁，男职员应每天刮胡子，如果条件允许可天天洗发，保持头发清爽洁净。女职员忌浓妆艳抹，清新的淡妆能使人充满自信，增添魅力；忌用过浓的香水、佩戴过多的首饰。

8.2.2 办公室着装

办公室着装礼仪越来越被人们所关注。因为服装无声地诠释了人们所在的行业的职业态度，使着装者有一种职业的自豪感、责任感，是敬业、乐业在服饰上的具体表现。规范穿着职业服装的要求是整洁、合体、规范。

1. 整洁

整洁是着装的基本要求。这并不是要求衣着华丽鲜亮，一味地追求品牌，而是要做到干净平整，朴素大方。

保持着装整洁，主要是靠“四勤”。

一是勤换。衣服常换常新，适时更换，不仅自己感觉更有精神、更加自信，而且能让别人产生一种视觉上的变化，给人一种向上的感觉。

二是勤洗。干净是对着装最起码的要求。有的人认为自己衣服脏那么一点儿无伤大雅，其实这种观点是不对的。脏兮兮的衣服不仅暴露了自己的懒惰，也会“污染”别人的视觉，让人觉得不舒服，是对身边人的不尊重。

三是勤熨。“人老怕皱，衣服怕褶。”衣物不怕旧，就怕不保养，要坚持做到衬衣熨烫平整，裤子熨出裤缝，始终保持笔挺有型。

四是勤检查。每天出门前要对自己的着装进行认真的检查，衣扣、裤扣是否扣好，裤带、鞋带是否系好，衣服上是否有污点、脏物等，发现问题及时处理。

2. 合体

合体就是追求着装与人体特点的统一。服装只有与人体相适合，衣服的色彩、式样、比例等均相宜于人体的“高、矮、胖、瘦”，显得自然而协调，才能真正穿出艺术，穿出风采。过肥或过紧的衬衫、过大或过小的裤腿、过高的高跟鞋以及不得当的颜色搭配等，都会影响个人的形象。此外，还要注重服装和人体的互补，巧妙利用服装的特点，弥补自己体形上的缺点。在这方面若不注意，则有可能使自己的缺点更为明显，让人感觉很不协调。如身材较瘦者不宜选用直条纹的服装，这样会使人显得更加单薄；身材较胖者不宜选用横条纹的服装，这样会使人显得更加笨拙。

3. 规范

礼仪最重要的一个特点就是讲究规范。具体到着装，遵循那些约定俗成的规矩和惯例也非常重要。

扫一扫

扫一扫你就知道着装规范。

（1）对于男职员而言，最适合的搭配是穿深色西装套装、白衬衫，打素色领带，配深色皮鞋。

此外，男士在着装搭配上必须牢牢把握“三个三”的要求。

一是“三色原则”，即身上服装的颜色搭配不能超过三色，包括外套、衬衣、领带、皮鞋和袜子。

二是“三一定律”，即腰带、皮鞋、袜子要保持一色（通常以黑色为佳），如果带有公文包，颜色也应一致。

三是“三大禁忌”，即一忌西装袖口的商标不拆，二忌在正式场合没穿西装也打领带，三忌穿尼龙丝袜和白色袜子。同时，还要注意着装的严肃性。如穿西装就应该打领带，领带长度以到皮带处为宜，如果穿有马夹或毛衣，则须把领带放在里面，领带夹一般夹在衬衣的第四五粒纽扣之间。如果穿三粒扣的西装，可以只系第一粒纽扣，也可以系上面两粒纽扣，但切忌只系下面一粒纽扣，而将上面两粒纽扣敞开。在办公室内，如天气热，可以将西装上衣脱下来，只穿着长袖衬衫办公。脱下来的衣服应挂衣架上或搭在椅背上。

阅读材料

腰间的品位
——男士皮带的选择与佩戴礼仪

男士皮带是男士腰间的品位象征。

现代都市生活似乎让男人承受的压力越来越大。从男人腰间的皮带上，就能体会到其忙碌的状态。他们总是挂着或别着手机、钥匙包，甚至打火机，这很容易使人联想到古人腰带上携挂着的弓、剑、砾石、算盘等。挂弓、剑等在古代是地位高的象征，也必然会受到别人的羡慕。可是在今天，如果一个男人再在腰上挂一大串东西的话，那么就显得没有品位、没有内涵了。现实生活中，大多数男人也都会不以为然地在腰间挂一些东西，甚至还美其名曰是显示自己的身份，殊不知这样做，在别人眼里，尤其是在一些有品位有见识的女性眼里，这些举止看起来是多么俗气和没有档次。

一个成熟的男人是不会让自己的腰间挂满着细小东西的。他们会在腰间系上一条高雅的腰带，简单而干练，还能在一定程度上代表男人的身份、品位和个性。

男人该如何选择适合自己又彰显品位的皮带呢？

1. 在皮带的选择上请千万保持低调。黑色、栗色或棕色的皮带配以钢质、金质或银质的皮带扣，既适合各种衣物和场合，又可以很好地表现职业男士的气质。不要轻易使用式样新奇的和配以巨大皮带扣的皮带。

2. 要考虑皮带的装饰性，不要挂过多的物品。因为简洁、干练是男人的特征。

3. 皮带的长度应介于第一和第二裤扣之间，宽度应保持在 3 厘米。皮带太窄会失去男性的阳刚之气，皮带太宽则只适合于休闲、牛仔风格的装束。

总之，在时尚潮流中，一个在意风度形象的男人，总会在腰间这一细节上多花点心思，而不是随意对待，让一些小饰物挡住皮带的光芒。

（2）女职员最适宜的着装是职业套装。

选择合身的短外套，既可以搭配裙子穿，也可以搭配长裤来穿。衬衫则易选择与外套和谐自然的，不太夸张的款式。穿长筒或连裤式肉色丝袜，配黑色高跟皮鞋或半高跟皮鞋更能令女性体态优美。女职员不适合穿过于暴露或紧身的服装，例如，不宜穿着具有很强透视效果的服装、高开衩裙、紧身裤或“热裤”等。

重要提示

女职员只有在穿长裤子的情况下才可以穿短丝袜，穿裙子或短裤配短丝袜非常不雅观；夏天最好不要穿露趾的凉鞋，更不适合在办公室内穿凉拖；秋冬的靴子不能太长。

8.3 办公室一般礼仪

遵守办公室一般礼仪和制度是保证工作正常进行的重要前提。

8.3.1 守时

上班时间要按时报到，遵守午餐、上班、下班时间，不迟到早退，否则会给公司留下一个懒散、没有时间观念的印象。另外，要严格遵守上班时间，一般不能在上班时间随便出去办私事。国外一个著名企业老板，针对商务白领归纳出 13 条戒律，其中一条就是没有守时的习惯，经常迟到早退。

8.3.2 整洁

我们往往有这样的感觉，如果某个办公室里杂乱无章，办公桌椅随意摆放，桌面上文件成堆、纸张与文件交杂，报纸胡乱地摆在沙发上等，那这样的办公室定会让人望而生畏，也会引起人们对办公室里工作人员的素质和专业程度的怀疑，所以办公场所的整洁十分重要。

（1）桌椅

桌椅等办公设施，都需要保持干净、整洁、井井有条。从办公桌的状态可以看到当事人的状态，会整理自己桌面的人，做起事来肯定也是干净爽快。他们为了更有效地完成工作，桌面上只摆放目前正在进行的工作文件；在休息前应做好下一项工作的准备；因用餐或去洗手间暂时离开座位时，应将文件覆盖起来；下班后文件或是资料应该收放在抽屉或文件柜中。常用物品要各就各位，不要随手乱扔。要尽量不在办公桌上放自己的私人物品，如孩子的照片、恋人的信物、备用的化妆品，个人的收藏品等。对柜内物品也要经常进行清理、整顿，以保持清洁整齐。

随着办公室改革的推进，有的公司已废弃掉了个人的专用办公桌，而是用共享的大型办公桌。无论是哪一种，为了下一个使用者，我们都应对办公桌更加爱惜。

（2）地面

办公室的地面要保持清洁，水泥地面要常清扫、擦洗，地毯要定期吸尘，以免滋生寄生虫、尘螨。窗户要经常打开换气。门窗不常开，室内空气混浊，会给访问人带来不便。

（3）墙壁

办公室的墙切忌乱刻乱画，不能在办公室的墙上记录电话号码或张贴记事的纸张。墙面可悬挂地图、公司有关图片。

（4）盆栽

宽敞的办公室可以放置盆花，但盆花要经过认真选择。一般不用盛开的鲜花装点办公室，因为过艳的色彩会夺取来访者的注意力，使人们的精力发生偏移；可以选用以绿色为主的植物，绿色植物是装点办公室的主要材料，绿色可以给人舒适的感觉，可以调节人的情绪。对盆花要给予经常的浇灌和整理，不能让其萎枯而出现黄叶。可以在绿叶上喷水，使其保持葱绿之色。

花盆的泥土不能有异味，肥料要精选。有异味的肥料会引来苍蝇或滋生寄生虫，反而会给办公室带来污染。

总之，办公场所一定要整洁，才能体现效率与专业性。

8.3.3 礼貌

（1）妥当称呼

在办公室里对上司和同事们都要讲究礼貌，不能由于大家天天见面就将问候省略掉了。同事之间不能称兄弟道弟或乱叫外号，而应以姓名相称。对上司和前辈则可以用“先生”或其职务来称呼，最好不要与他们在公共场合开玩笑。

对外来办事人员，可视其性别、年龄、职务，称呼“先生”、“小姐”、“经理”等。除礼貌称呼外，还应热情接待，真诚相助，办完公事后应礼貌相送。

（2）避免打扰

要注意在办公室里不要随便打扰别人。当你已经将手头的活儿干完时，一定不要打扰别人，更不要与没有干完活的人交谈，因为这样做是不礼貌的。

（3）热心助人

当看到同事有需要帮忙的事情时，一定要主动帮助别人。

微笑是一种礼貌，也是一种修养。微笑会创造良好的人际关系，更会使你赢得信任和机会。

扫一扫你就知道礼貌要求。

（4）尊重女士

要尊重一起工作的女性同事。在工作中要讲究男女平等，一切按照社交中的女士优先的原则去作未必会让女同事高兴。

（5）预约造访

去别的办公室拜访同样要注意礼貌问题。一般需要事先联系，准时赴约，经过许可，方可入内。

在别的办公室里，没有主人的提议，不能随便脱下外套，也不要随意解扣子、卷袖子、松腰带。未经同意，不要将衣服、公文包放到桌子和椅子上。公文包很重的话，则放到腿上或身边的地上。不要乱动别人的东西。在别的办公室停留的时间不宜太久，初次造访以停留 20 分钟左右为准。

8.3.4 公私分明

一名好员工的重要标志就是公私分明，这意味着在工作时就是工作，不应将私人事务掺杂到工作中，也不应占公司和单位的小便宜。

不接打私事电话（见图 8-2），不干私活，如打毛衣、写家信、会晤私交等。不在办公室玩扑克、下棋等。即使有的公司允许用公用电话谈私事，也应该尽量收敛一些，不要在电话里与自己的家人、孩子、恋人等说个没完，这样让人感觉不舒服，有损于你的敬业形象。

图 8-2 公私不明

爱惜办公室公共用品。办公室的公用物品是办公时用的，不能随便带回家去，也不能浪费。

8.3.5 不诿过

遇到问题，要首先报告给顶头上司，切莫诿过或越级上告。如果有些小的事情办错了，当上司询问起来时，如果这事与自己有关，即使别的同事都有一些责任，你也可以直接向大家解释或道歉；如果是自己做错了事，更要勇于承担责任，绝不可以诿过于别人。

重要提示

在国外，如果在老板面前打同事们的小报告，常会被当成不务正业，弄不好会丢掉自己的饭碗。

8.4 办公室禁忌

要塑造成功的职场人生，就需懂得掌握说话的分寸。职场人生风云变幻，害人之心不可有，防人之心不可无。保护自己的隐私并尊重他人的隐私，不去触碰职场中的禁忌问题是明智的做法，也是竞争压力下的自我保护。而办公室的谈论禁忌，主要包括以下几个方面。

8.4.1 忌谈薪金等问题

办公室文化中，员工习惯对自己的收入保密。询问薪水多少如同询问女士年龄一样，属禁忌话题。很多公司不喜欢下属之间打听薪水，因为同事之间工资往往有不小差别，所以发薪时老板有意单线联系，不公开数额，并叮嘱不让他人知道。

同工不同酬是老板常用的手法，用好了，是奖优罚劣的一大法宝，但它是把双刃剑，用不好，就容易引发员工之间的矛盾，而且最终会掉转刀口朝上，矛头直指老板，这当然是其所不想见的，所以对“包打听”之类的人需要格外防备。

8.4.2 忌背后谈论老板和同事

不谈论老板和同事的是是非非，不谈道听途说的事情。每个人都有优点和缺点，无论在习惯上，还是性格、脾气、品德上。每个人都会犯错，干一些傻事、蠢事，而任何人对自己的保护意识都是相当强的。在办公室谈的一些是是非非会在某一天因为“世上没有不透风的墙”而被同事知道，出现这种情况时，将会非常糟糕。

忌在背后说领导和同事的坏话。这样会给别人一种印象：你也会在别人那里说我的坏话。一旦这样的看法形成，你就成了别人眼里的“小人”。不在背后谈论领导和同事体现出你是一个正面看问题的人，也有利于彼此之间的团结。

8.4.3 忌谈公司的任何机密

任何人都有一种表现或称为卖弄欲，喜欢把自己知道的一些秘密说出来以显得自己高明，殊不知其结果是害人害己。企业一般或明或暗地都有自己的机密，如客户信息、供应商信息、技术信息（新产品、新技术、新工艺、新设备等）、私下交易等，泄露这些机密会导致严重的后果。

8.4.4 忌讲粗话

在平时的工作中，会听到一些男同事喜欢说一些粗话，还有一些人不管旁边是否有异性，经常说一些“黄段子”，这都是非常不合适的。

8.4.5 忌抱怨

不要经常愤愤不平。这个世界可以说没有绝对公平、公正的事，所以受到一些委屈、遇到不公平公正的对待，甚至被冤枉了，都是很正常的。没有必要在办公室大肆抱怨，抱怨解决不了任何问题，只会把自己的形象给破坏掉；也不要在办公室里表现出一个“愤青”的形象，心平气和地对待自己所遇到的一切，想办法去解决、改善它才是上上之策。

重要提示

在办公室“多听少说”是至理名言，谈论有关工作上的事怎么谈都不过分。但闲聊一定要注意分寸，多说一些好听的、正面的、肯定的话。

8.5 上下级相处的礼仪

与上司保持良好的关系，这是下属能顺利开展工作的重要条件，也是保持自己身心愉快、事业长进的重要因素。

8.5.1 尊重

从工作的角度看，领导就是领导，下属就是下属。领导与被领导的关系是为了更好地做好工作而形成的，而非完全依据年龄大小、阅历深浅。所以，下属要尊重领导，服从领导，维护领导的尊严。遇到领导要主动打招呼，遇到自己难以决断的事要向领导请示，以争取得到领导的支持。

上级应率先垂范，以身作则。“己所不欲，勿施于人”，做到对下属关心爱护，同时又严格管理和要求。上级要尊重下属的人格，尊重下属的劳动，重视下属的建议，不要对具体工作干涉过多，不要忘记集思广益。

8.5.2 平等

平等是上下级相处的基本要求。职务上有高低不同，但这仅仅是分工的不同，在人格尊严上，上下级之间是完全平等的。

作为领导，在与下属接触中，应本着谦虚谨慎的态度，在工作决策前要不耻下问，真诚地采纳下级有益的建议。

下级在人格上与领导者是平等的，要不卑不亢。平时保持适当的距离，不可动辄称兄道弟。工作上应勤奋积极，成为领导者的参谋和助手，并经常主动向领导者学习，提高自己的工作能力。还应注意，对不同的领导要做到在人格上一样尊重，在工作上一样支持，在组织上一样服从，不搞亲疏有别。

8.5.3 沟通

一般来说，上下级之间主观上都希望建立良好的关系，希望消除误会和隔阂。现实生活中，往往有上下不合彼此争斗的状况。其主要原因在于上下级关系的沟通不及时，不主动。作为上级应主动营造良好的交流环境，采取灵活多样的沟通方式。

下级在接受下发的任务时，要多问，以确保对任务信息的正确接收和理解，可采用倾听、询问、商讨问题等形式。

有时候一个眼神的交流，一次开诚布公的交谈，往往会使得你与上级的关系获得出乎意料的进展。学会与上级交流的手段和技巧，不仅会使你与上级之间的信息交流通畅，也会有利于建立和谐的人际关系，进而提升你在上级眼中的地位。

阅读材料

玩味职场——节日送礼有门道

中国是礼仪之邦，讲究礼尚往来。节日送礼，尤其是春节前的送礼，成了职场人的一大头疼事。

送礼时，礼物太贵重，无疑是加重了自己的经济负担，礼物太便宜，又怕拿不出手；不送礼，别人都在送，自己不送，来年的加薪晋升恐怕就轮不到自己。职场送礼也是一门学问，火候掌握不好，不但劳民伤财，还会适得其反。

1. 上司

给上司送礼，通常分三种情形：一是真心实意感谢上司，加深感情；二是有溜须拍马之嫌，讨好上司；三是有事相求，意图明显。不管是上述哪一种动机，如果你已经决定给上司送礼，那就应该根据上司的需要及个人爱好，选择不同寻常的礼物。

（1）喜欢抽烟、喝酒的男上司，送投其所好的礼物他肯定最喜欢。

（2）爱美的女BOSS，可以送美容美发卡，或是瑜伽一类的健身卡。

（3）如果朝夕相处的顶头上司是女性，精致小巧的礼物会很贴心，如口红、包包（异性忌）。

（4）遇到博学的上司，可以送他喜欢的书籍，美妙的音乐 CD，或两张新年音乐会的门票。

（5）年长的上司，可以送上一束花或果篮，配上健康养生的书籍。

向上司送礼加强感情沟通，与诚实、正直、勤劳的人品并不冲突，但需要注意的是，要避免唐突地送大礼给上司，以免让上司心生疑惑，觉得你有事相求。送礼表达出祝福和感谢的心意就好，毕竟，再重的礼也不能取代你的才能与业绩。

2. 同事

同事之间送礼就简单得多，给贪吃的他捎些家乡的土特产，给臭美的她送一个精美的发卡，给她家的宝贝女儿准备一条漂亮的围巾。

总之，高情商的你用心准备的每一件礼物，必将帮助你一举夺得办公室最高人气大奖！让你在新的一年里，人际关系瞬间变得井井有条。

3. 客户

春节前，很多人通常会给客户寄出一些小礼品，如公司的宣传台历。另外，还有些公司会召开客户团拜会之类的年终联谊活动，通常可以借此机会派送公司的小礼品或者购物卡。送客户的礼物要有亮点，如果礼品是客户随处可以买到的，就难以体现公司对客户的独到关注，应尽可能送自己企业的专属礼品。如印有公司名称和祝福语的普洱茶礼品盒，有地方特色的剪纸艺术品或是具有纪念价值的珍藏版集邮册等。总之在给客户送礼时，一定要让客户觉得送礼人不仅用心，而且品位不凡，由此赢得客户对企业的好感。企业送礼送的是心意和文化，一份有心意的礼品，能在企业与客户之间架起一座友谊的桥梁。

这里需要注意以下几点。

（1）礼物不可过于贵重，免得对方有所顾忌。一些土特产、书籍或文房四宝等艺术摆件都是合适的选择。

（2）送鲜花者要事先了解对方是否有花粉过敏症或其他呼吸道疾病；另外哪些花不宜放在卧室，也要在买花时了解清楚，并且告诉收花者，以免好心办坏事。

（3）送台历要越早越好，元旦以后才送出的台历，其受欢迎程度肯定远远低于元旦之前。

8.6 同事相处礼仪

同事互相尊重、彼此信任，是一种相互支持、相互配合的协作关系。遵循同事相处的礼仪，会创造和谐办公环境，增加职场魅力指数。

1. 多看多做少说

首先，初入新环境，人生地不熟，要多看少说。因为不了解情况，轻易对一些事情发表评论，很容易因所言不符实际，误解别人而导致矛盾或受人轻视。其次，要有自知之明，对现实不要期望太高。不要认为自己很能干，什么都懂，从而指手画脚；也不要老觉得自己怀才不遇，似乎自己的才识得不到赏识，从而对新的职业环境感到不满。最后，要学会待人处事的艺术，要尽快熟悉周围的同事，要真诚待人，关心他人，尽量克服使人讨厌的性格和习惯，也不要斤斤计较、小里小气。

2. 尊重

在单位与同事相处要尊重同事之间的距离感，必要时还要巧妙地运用回避之术。首先是尊重他人的空间感。对正在办公的同事，无论他在看什么，或在写什么，只要他不主动和你聊，你最好回避不问，忌刻意追问，刨根究底。如“谁来的信”、“写什么东西呀”。其次是不可轻易翻动同事的东西。如同事不在，而你又确实急需找东西，事后要主动说明并致以歉意。最后是对同事的私事要采取不干预态度。每个人都有不愿为别人知道的隐私。因此，对同事的个人（或家庭）私事，不宜打听和干预，如陌生人找同事谈话，最好尽量避让，而不要“旁听”、“偷听”；同事的信件，不应留意发信人地址；同事的电话，无需去揣摩；对异性之间的聊天，更无必要去凑热闹。但如同事个人或家庭遇到了困难和麻烦时，则应主动询问要否需要帮助，如果他不希望你介入，就不必多次提及；如需你帮助，则应义不容辞地去做好。

3. 一视同仁

同事由于个体不同，因而存在性别、性格、年龄、阅历、能力、家庭和文化水平等各方面的差异，但在交往中我们还是要注意一视同仁。如对上司和对一般同事应一视同仁；对年长者和对年轻者要一样关心；对一线职工和对后勤服务职工需同等看待；对志同道合者和对与己有分歧者应和平共处。

在工作方面，同事之间应相互协作；在贡献方面，提倡彼此竞争；在荣誉方面，应当礼让谦恭。一视同仁还必须做到一如既往，而不是“贵贱不明”时，一视同仁，了解情况后，亲疏有别；也不能同甘苦时，一视同仁，升迁分手后，另眼相待。

4. 忌蜚短流长

与同事交谈时，应避开敏感话题、敏感时期和敏感人物，应有分寸，多谈些内容高雅之事，背后谈论他人或窥探别人隐私都是一种不光彩的、有害的行为。如果从他人口中听到闲言闲语时，绝不可以附和他，而应该不加任何评论，培养成熟的个性。

小　结

本章的第一部分是工作态度，主要讲述了怎样选择积极的工作态度，使自己在工作中更加出色；之后重点介绍了办公室的礼仪和禁忌；最后又单独介绍了与同事相处和与上司相处过程中需要注意的礼仪问题。

思考与练习

1. 办公室的一般礼仪有哪些?
2. 与上级相处应注意什么?

活动与探索

1. 假如你是外企公司职员，如果办公室有人主动跟你讨论工资，你该怎样对待?
2. 遇到棘手的问题可以越级直接去见更高层的上司吗?

第9章 会议礼仪

无论是召集、组织会议，参加会议，还是为会议服务，都有一些基本守则和规矩必须遵守，会议礼仪就是其中的一部分。

本章讲述会议礼仪的相关内容，包括会议含义的介绍，召开会议前、会议中、会议后及参会人应注意的事项，以及掌握会议礼仪对促进会议精神的执行和会后工作的开展的重要作用。

名言警句

没有一种伟大思想是在会议中诞生的，但已有许多愚蠢的思想是在那里死去的。

——【美】斯科特·菲茨杰拉德

9.1 会议的含义

9.1.1 会议的含义

会议是有组织、有目的地召集人们商议事情、沟通信息、表达意愿的行为过程。它是人类社会历史发展的产物，它经历了图 9-1 所示的演变过程。

图 9-1 会议的演变过程

扫一扫

扫一扫你就知道会议的含义。

9.1.2 会议的作用

会议有着以下重要作用。

第一，交流信息，互通情报。

第二，发扬民主，科学决策。

第三，组织领导，推动工作。

第四，带动消费，促进经济。

第五，联络感情，塑造形象。

此外，我们还看到现实中会议还存在着以下一些缺陷。

第一，浪费过多时间和精力。

第二，造成资金的浪费。

第三，造成信息的重复和浪费。

第四，公款消费，滋长不正之风。

9.1.3 会议的分类

会议可以按照其性质的不同分为以下几种。

（1）按规模分：特大型（万人以上）、大型（上千人）、中型（数百人上下）、小型（数十人或数人）。

（2）按性质分：法定性、决策性、专业性、动员性、纪念性、外事性 、专题性、综合性。

（3）按时间分：定期和非定期。

（4）按出席对象分：联席会、内部会、代表会、群众会.

（5）按召开方式分：电话会、电视会、广播会、网络会。

（6）按秘密程度分：公开会议、内部会议、机密会议。

（7）按与会者的神任何国籍分：国内会议和国籍会议。

（8）按与会者国别或与会各方的数量：双边会议和多边会议。

（9）按会议议题所涉及的领域：经济性会议、政治性会议、军事性会议、文化性会议。

9.2 会前准备

会前做好充分的准备工作，才能使会议工作进行得更顺利。小到部门例会、公司庆典，大到国家乃至国际重大会议，都需要相关责任部门在开会前对所有准备工作进行检查，以防因为准备不到位而影响会议的效率。做好充足全面的准备是保证会议圆满完成的前提。

9.2.1 确定议题内容

确定会议主题的依据主要有三个方面：一是要有切实的依据；二是必须要结合本单位的实际；三是要有明确的目的。议题是对会议主题的细化。在会前准备过程中，首先必须确定的是会议的议题和主要目的，要明确此次会议是传达上层领导者的执导精神或方针策略，还是为了解决某个紧急的具体的问题或危机等。

会议名称一般由“单位 + 内容 + 类型”构成，应根据会议的议题或主题来确定。

不论会议具体的目标如何，召开会议的基本议题都是传达并贯彻所要执行的经营方针，使各个部门和与会者集思广益、协调一致，找到解决问题的最佳办法。

阅读材料

万隆会议

万隆会议的中心议题是：反对殖民主义，推动亚非各国民族独立。

会议达成一致的议题如下。

《关于促进世界和平和合作的宣言》的决议中，提出了各国应当在下列原则的基础上，作为和睦的邻邦彼此实行宽容，和平相处，发展友好合作：

一、尊重基本人权，尊重联合国宪章的宗旨和原则。

二、尊重一切国家的主权和领土完整。

三、承认一切种族的平等，承认一切大小国家的平等。

四、不干预或干涉他国内政。

五、尊重每一国家按照联合国宪章单独地或集体地进行自卫的权利。

六、不使用集体防御的安排来为任何一个大国的特殊利益服务；任何国家不对其他国家施加压力。

七、不以侵略行为或侵略威胁或使用武力来侵犯任何国家的领土完整或政治独立。

八、按照联合国宪章，通过如谈判、调停、仲裁或司法解决等和平方法以及有关方面自己选择的任何其他和平方法来解决一切国际争端。

九、促进相互的利益和合作。

十、尊重正义和国际义务。

这就是著名的十项原则，它是万隆会议达成的最重要的协议，是在万隆会议那七天里各国讨论并通过的议题或决议。

9.2.2 确定会期会址

（1）确定会议的最佳时间，要考虑主要领导是否能出席，确定会期的长短应与会议内容紧密联系。会议开始之前，会议筹备组需要告诉所有的参会人员会议开始的时间和会议计划进行的时间。这样能够让参加会议的人员很好地安排自己的工作。

（2）会议地点要根据会议的规模、规格和内容等要求来确定，有时也考虑政治、经济、环境等因素。而后通知与会人员会议召开的明确地点，以防与会人员不能按时找到会议地点而导致迟到或者错过会议。

9.2.3 制发会议通知

（1）会议通知的内容包括名称、时间、地点、与会人员、议题及要求。会议通知的发送形式有正式通知和非正式通知。会议通知的方式有口头、书面、电话、电子邮件等，如图 9-2 所示。

口头通知
适用于小型例会，三五个人的碰头会
电话通知
一般是与会者比较分散，尤其是不同单位部门的不定期会，常会以电话通知的形式通告
会议通知方式
便条式或卡片式的会议通知卡
张贴式即黑板启示栏的会议通知
书面通知

图 9-2 会议通知方式

（2）发出会议通知之前，应务必核实与会人员的人数，其中包括自己方面有哪些人员参加，外来嘉宾有哪些人员参加。以外部客户参加的公司外部会议为例，会议有哪些人物来参加，公司这边谁来出席，是不是已经请到了适合外部的嘉宾来出席这个会议。在确认会期、会址及议题均书写正确之后，准确无误地寄发通知。

扫一扫你就知道制发会议通知。

通知寄发以后，还需要再确认一下每一位与会人员是否得到会议通知，以免因为漏发通知而导致的与会人员没有参加会议的失误，尽量做到万无一失。

会议通知示例如图 9-3 所示。

教学观摩会通知

时间：2011 年 5 月 5 日（周四）下午两点半

地址：三楼阶梯教室

主讲：英语系张 × × 教授

内容：关联理论观下的幽默翻译

参加者：各系负责教学的主任、助理。

校教科研所

× 月 × 日

图 9-3　会议通知示例

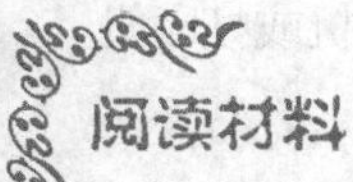

礼堂里的尴尬

某机关定于某月某日在单位礼堂召开总结表彰大会，发了请柬邀请有关部门的领导光临，在请柬上把开会的时间、地点写得一清二楚。

接到请柬的几位部门领导很积极，提前来到礼堂开会。一看会场布置不像是开表彰会的样子，经询问礼堂负责人才知道，今天上午礼堂开报告会，某机关的总结表彰会改换地点了。几位领导同志感到莫名其妙，个个都很生气，一气之下都回家去了。

事后，会议主办机关的领导才解释说，因秘书人员工作粗心，在发请柬之前还没有与礼堂负责人取得联系，一厢情愿地认为不会有问题，便把会议地点写在请柬上，等开会的前一天下午去联系，才得知礼堂早已租给别的单位使用了，只好临时改换会议地点。但由于邀请单位和人员较多，来不及一一通知，结果造成了上述失误。尽管领导登门道歉，但造成的不良影响也难以消除。

9.2.4　其他准备工作

各种辅助器材是会议得以顺利进行的重要保证。在召开会议之前，应该把各种辅助器材准备妥当。

（1）桌椅、名牌、茶水

会议的最基本设备是桌椅。根据会议的需要，桌椅可以摆成圆桌型或报告型。圆桌型一般用于参加会议的人数较少时，并且需要提前制作和摆放好座位牌，即名牌，以便各位与会人员按照名牌就座。而报告型一般用于参加会议的人数较多时，这种情况下一般不需要准备名牌。

会议上的茶水饮料最好使用矿泉水或白开水，也可准备茶、咖啡或果汁饮料等。但因为每一位与会人员的口味不同，所以如果没有特别的要求，矿泉水是最能让每个人都接受的选择。

（2）签到簿、名册、文件资料

签到簿的作用是帮助了解到会人员的多少，分别是谁。一方面能使会议组织者查明是否有人缺席，另一方面能够使会议组织者根据签到簿安排下一步的工作，如就餐、住宿等。

印刷名册可以方便会议的主席和与会人员尽快地掌握各位参加会议的人员的相关资料，加深了解，彼此熟悉。

需准备的会议文件资料主要有议程表和日程表、会场座位分区表和主席台及会场座次表、主题报告、领导讲话稿、其他发言材料、开幕词和闭幕词、其他会议材料等。

（3）黑板、白板、笔

在有的场合，与会人员需要在黑板或者白板上写字或画图，从而说明问题。虽然现在视听设备发展得很快，但是传统的表达方式依然受到很多人的喜爱，而且在黑板或白板上表述具有即兴、方便的特点。此外，粉笔、万能笔、板擦等配套的工具也必不可少。

（4）各种视听器材

现代科技的发展带来了投影仪、幻灯机、录像机、镭射指示笔或指示棒等视听设备，给人们提供了极大的方便。在召开会议前，必须先检查各种设备是否能正常使用，如果要用幻灯机（如幻灯会议，见图9-4），则需要提前做好幻灯片。录音机和摄像机能够把会议的过程和内容完整记录下来，有时需要立即把会议的结论或建议打印出来，这时就需要准备一台小型的影印机或打印机。

图9-4　幻灯会议

（5）资料、样品

如果会议属于业务汇报或者产品介绍，那么有关的资料和样品是必不可少的。如在介绍一种新产品时，单凭口头泛泛而谈是不能给人留下深刻印象的，如果给大家展示一个具体的样品，结合样品一一介绍它的特点和优点，那么给大家留下的印象就会深刻得多。

（6）特殊用品

特殊用品是针对一些特殊类型的会议而准备的，例如谈判会议、庆典会议、展览会议等所需的特殊用品和设备。

9.3　会中礼仪

会议召开过程中，为了保障会议顺利进行，各方面工作都要做得井井有条、安排有序。

9.3.1 统计签到

在与会人员步入会场时需要统计下到场者的个人基本信息，做好统计。会议的统计签到的方式有传统手写签到和会务签到两种。常见的会议签到方式如图 9-5 所示。

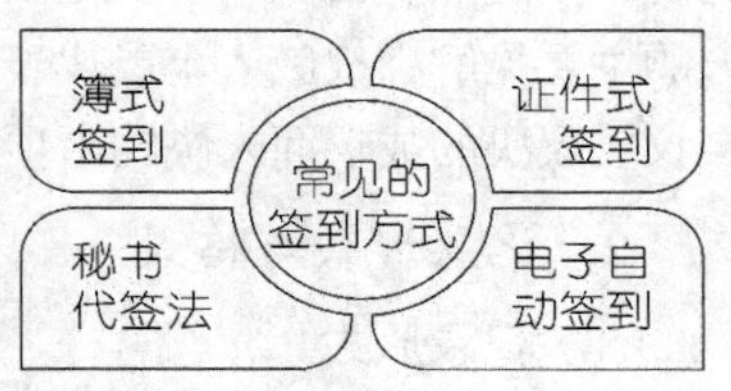

图 9-5 常见会议签到方式

传统的手写签到多使用签到本、签到背景板等形式。

会务签到则使用于更多高质的会务活动，如各种商务会议、政府会议、学术会议、新闻发布会、客户答谢会、专业培训会、公司年会、庆典、宴会等。这种签到方式除了重视邀请嘉宾到会所提供的服务外，更关注进会嘉宾身份的识别，务求彰显主办方的企业形象。随着信息科技发达、社会的进步，高效又快捷的二维码会议签到广泛应用于各大小会务签到活动之中。

9.3.2 安排议程

因为会上要讨论的问题不止一个，所以应根据事务的轻重缓急合理安排会议议程。会议议程安排如图 9-6 所示。

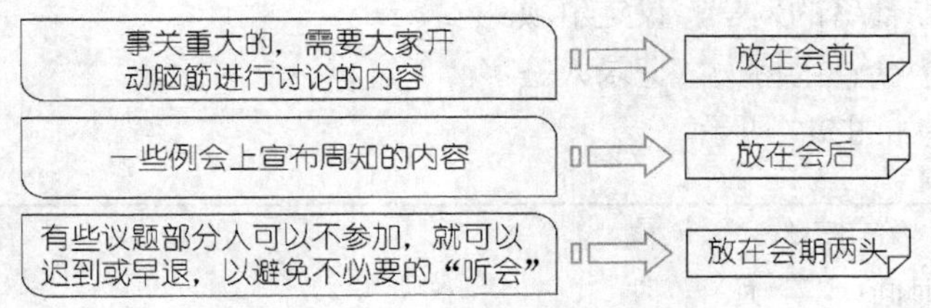

图 9-6 会议议程安排

在不考虑其他因素时，一般应当先进行部分人员的议题，再进行全体人员的议题。这样小范围的会场容易集中，会场好掌握，会议进程也容易紧凑地控制。

会议中，安排会议发言也是比较重要的工作，可以控制会议进行的时间和按照会议主题合理进行。首先，会议的主办方致会议开幕词；其次，根据会议的主要议题安排请嘉宾作首要发言。

9.3.3 会议记录

1. 基本要求

会议过程中，记录人员要把会议的组织情况和具体内容客观地记录下来，以便进行分析、研究、综合、整理。会议记录是会议简报、纪实、决议的主要依据。因此，每一次重要的会议，都应当有专人做好会议记录工作，务必做到真实准确、简洁完整。

（1）真实准确会议

记录要如实地记录别人的发言，不管是做详细记录，还是做概要记录，都必须忠实实际的内容，不得添加记录者的观点、主张，不可断章取义，特别是关于会议的决定和选举评定的结果等内容，更不能有丝毫出入。

（2）简洁完整

记录的详略，要根据情况决定。一般地说，决议、建议、问题和发言人的观点、论据材料等要记得具体、详细。一般情况的说明，可抓住要点，略记大概意思。会议记录应该突出重点，常见的记录重点有会议中心议题以及围绕中心议题展开的有关活动；会议讨论、争论的焦点及其各方的主要见解；权威人士或代表人物的言论；会议开始时的定调性言论和结束前的总结性言论；会议已议决的或议而未决的事项；对会议产生较大影响的其他言论或活动等。

2. 记录形式与格式

（1）记录形式

主要分为“记”和“录”两种。“记”分为详记与略记两种。略记是记会议大要，会议上的重要或主要言论。详记则要求记录的项目必须完备，记录的言论必须详细完整。“录”分为笔录、音录和影像录等。对会议记录而言，音录、像录通常是过渡的手段，最终还是要将录下的内容还原成文字。笔录也常常要借助音录、像录，保证记录内容最大限度地再现会议情境。

（2）记录格式

① 会议记录的格式：记录头、记录主体、 记录尾部。

② 记录头：会议名称；会议时间；会议地点；会议主席（主持人）；会议出席、列席和缺席情况；会议记录人；会议主要议题。

③ 记录主体：与会者的发言；议定事项。

④ 记录尾部：散会；主持人、记录人签字。

会议记录示例，如图 9-7 所示。

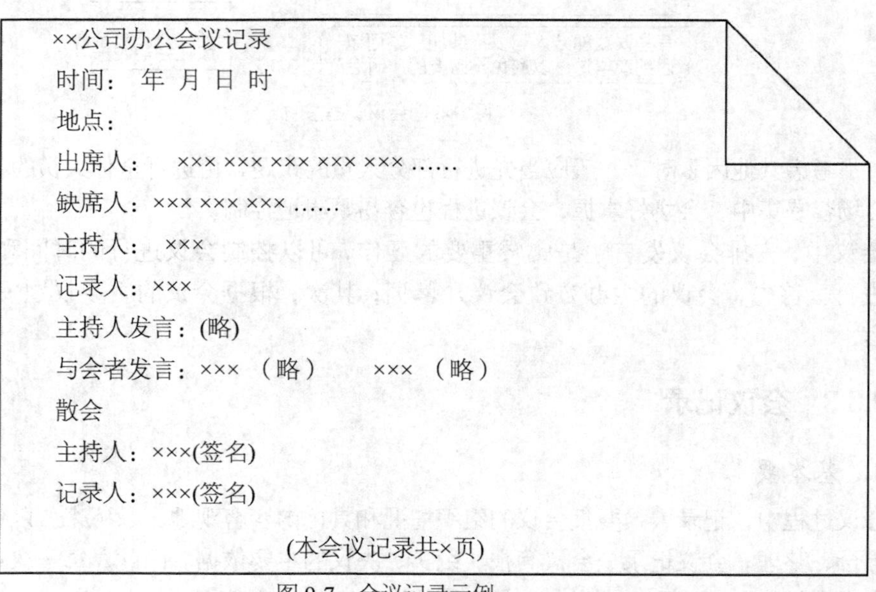

××公司办公会议记录

时间： 年 月 日 时

地点：

出席人： ××× ××× ××× ××× ××× ……

缺席人：××× ××× ××× ……

主持人： ×××

记录人：×××

主持人发言：(略)

与会者发言：××× （略） ××× （略）

散会

主持人：×××(签名)

记录人：×××(签名)

(本会议记录共×页)

图 9-7 会议记录示例

9.3.4 外事翻译

翻译工作在会议中发挥着双向转换文字、消除交流障碍、传递双方信息的重要作用。外事翻译主要是在外交、外事会议场合进行口头和书面的讲话和文件。在外事会议中，口、笔译往往同时使用。如建交谈判、关于国际公约的谈判，都要求译员既能口译，又能将所谈的内容和结果落实到文字上，成为公报、公约、条约备忘录、协议等。有时是先口译，然后产生文件；有时则在讲话、演讲前将稿附件译好，再到现场作口译。

9.3.5 餐饮安排

会议餐饮安排应本着“卫生第一、保证营养、适合口味、方便节约”的原则，做好伙食预算和伙食搭配与烹调工作。

就餐地点和用餐标准多为固定的，所以在点菜时可多借鉴餐厅的推荐套餐，酒水也要提前预订好。餐饮安排通常可以按照下面的步骤来做。

（1）确定会议结束时间，与餐厅协调好上菜时间，不要等会议结束了吃不上饭或者菜上早了已经凉了。由于会议时间有时候很难确定，所以在大概的时间先通知把凉菜上好，这样客人会议结束就可以直接吃，热菜则可在等会议即将结束时迅速和餐厅联系。

（2）确定好会议人数，以及有无少数民族或素食者，安排好人员餐位。如果与会人员没有身份要求，大家可以随意就座；但如果有等级身份区分，最好要事先把重要与会人员的名牌打好，放到主桌及副主桌上。名牌的摆放很讲究，要和会议安排人员协商好，以免产生误解。会议的餐饮安排主要在于时间要掌握好，不要影响下午的会议或者客人的航班飞机等。

（3）掌握费用控制。会议餐饮因为涉及的人数多，有时会有客人单点套餐以外的东西或者酒水，所以需提前和餐厅沟通。主桌的重要客人要点的东西一般都可以同意餐厅予以满足；而其他客人如果要单点需先通知会议餐饮的负责人员，经负责人员同意后才可以拿给客人。但这种情况一定不能让客人有所察觉，可通过服务员询问负责人员。

9.3.6 服务和保卫

1. 服务

会场中的服务工作主要包括：第一，及时充足的茶水供应；第二，主席台座位要放置铅笔、纸张、纸巾等物品；第三，各种设施如电力、空调、音响、通风、同声传译等是否均已通畅待用。

2. 保卫

保卫工作主要包括：第一，重要与会者人身安全保卫；第二，重要文件的保卫；第三，会场和驻地的保卫；第四，会议设备的保卫。

9.4 会后礼仪

会议结束后，各项工作要做到善始善终。在礼仪方面，主要应该安排好会议闭幕式、材料整理、返程协助和游览等工作。

9.4.1 举行闭幕式

闭幕式是会议结束的标志，开好闭幕式更是会议取得圆满成功的标志。在闭幕式上通过的会议纪要，一定要充分征求代表的意见，以表示对代表的尊重。对会后需贯彻执行和落实的事项，要逐项明确，防止不了了之，毫无效果。

9.4.2 整理材料

会后，整理会议文件，做好立卷归档工作十分重要。

会谈要形成文字结果，哪怕没有文字结果，也要形成阶段性的决议，落实到纸面上，而且应该有专人负责相关事项的跟进。会后必须对现场记录进行整理，以更正现场记录中由于紧张而造成的字迹不情、语言文字不规范等问题，保证会议记录的真实、清晰、准确、完整和规范，最后成为会议文件之一或编发会议报告的依据。

会议文件必须在会议结束后归入卷内，其排列顺序一般是：会议通知、会议纪要、会议议题及有关文件。对修改过的文件，立卷时应将原稿放在前面，然后将修改稿依次排在后面。大型会议完整的会议案卷，应包括以下部分：会议正式文件，如决定、计划等；会议参阅文件；会议安排的发言稿；会议上的讲话记录；其他有关材料。

9.4.3 协助返程

会务人员要根据代表的返程车次、航班、船期的具体时间，逐一做好送站工作。与会代表离开时，应与代表热情话别。还要为与会人员结算钱款，回收需要回收的会议文件等。对于外地与会者，还应提前登记并为代购返程车（船、机）票。

9.4.4 活动和游览

会议东道主应本着有劳有逸的原则，在紧张的会议之余，适当组织一些文娱活动和就地、就近组织适当的参观游览活动。赠送公司的纪念品、参观公司、厂房或者当地风景名胜等。

图 9-8 给出了一个清晰的会议流程，以为大家理清思路。

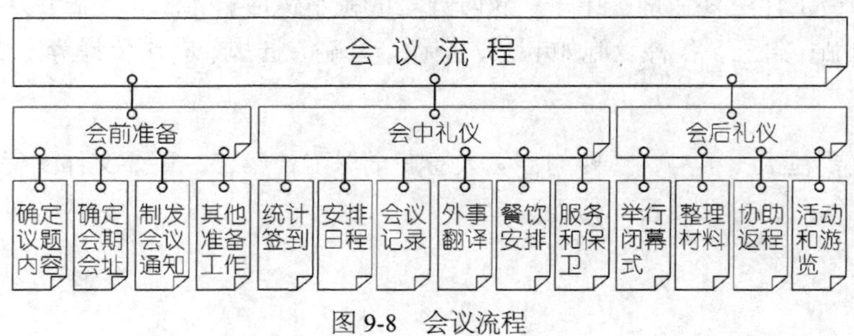

图 9-8　会议流程

9.5 领导座次

9.5.1 桌牌摆放

召开会议时，主席台必须排座次、放名牌，以便领导同志对号入座，避免上台之后互相谦让。

主席台座次排列分以下两种情况。

（1）领导为单数时，主要领导居中，2 号领导在 1 号领导左手位置，3 号领导在 1 号领导右手位置，如图 9-9 所示。

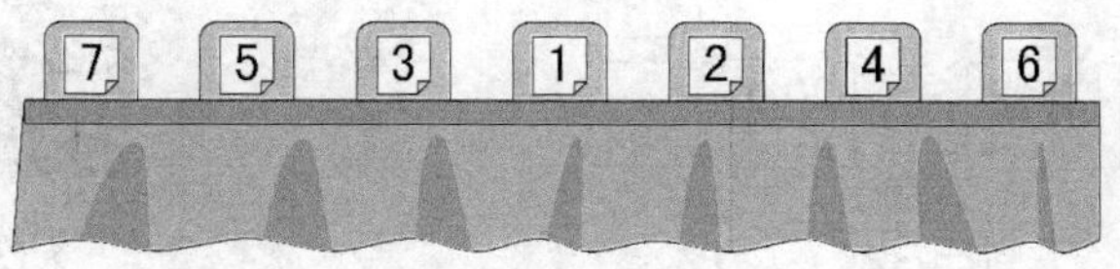

图 9-9　单数位领导座次排列

（2）领导为偶数时，1、2 号领导同时居中，2 号领导依然在 1 号领导左手位置，3 号领导依然在 1 号领导右手位置，如图 9-10 所示。

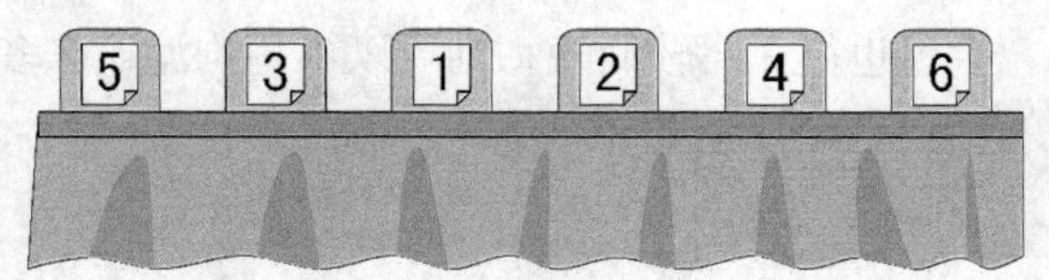

图 9-10　偶数位领导座次排列

对于主席台就座的领导同志届时能否出席会议，在开会前务必逐一落实。领导同志到会场后，要安排在休息室稍候，要再次逐一核实，并告之上台后所坐方位。如主席台人数很多，还应准备座位图。如有临时变化，应及时调整座次、名签，防止主席台上出现名牌差错或领导空缺。另外，还要注意认真填写名牌，谨防错别字出现。

9.5.2　长条桌座次

在方桌会议中，特别要注意座次的安排。如果只有一位领导，那么他一般坐在这个长方形的短边的这边，或者是比较靠里的位置。就是说以会议室的门为基准点，在里侧是主宾的位置。如果是由主客双方来参加的会议，一般分两侧来就坐，主人坐在会议桌的右边，而客人坐在会议桌的左边。如图 9-11 所示。

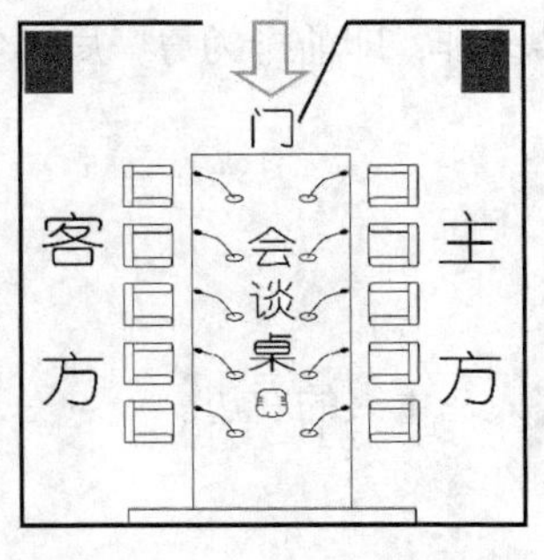

图 9-11　长条方桌座次排列

9.5.3　沙发室座次

如果是接待外宾，访客方坐在右侧，主方坐在左侧，如需译员、记录人员则分别安排在主宾和主人的身旁，如图 9-12 所示。

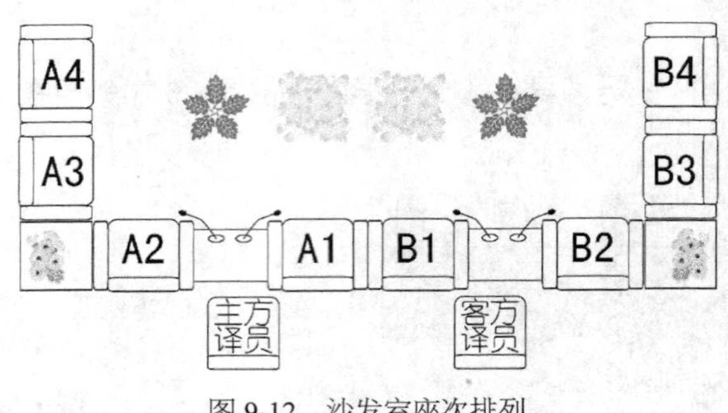

图 9-12　沙发室座次排列

9.5.4　小型会议座次

在小型的会议中，与会人员较少，会议也往往比较简短，则可以不用拘泥这么多的礼节。主要记住以门作为基准点，比较靠里面的位置是比较主要的座位即可。

9.5.5　乘车座次

（1）小轿车。如图 9-13 所示，小轿车 1 号座位在司机的右后边，2 号座位在司机的正后边，3 号座位在司机的旁边（秘书座位）。如果后排乘坐三人，则 3 号座位在后排的中间。中轿主座在司机后边的第一排，1 号座位在临窗的位置。

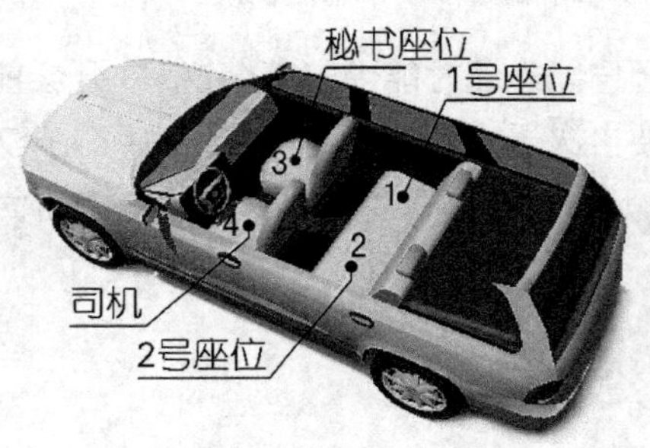

图 9-13　小轿车座次排列

（2）如果由主人亲自驾驶，以驾驶座右侧为首位，后排右侧次之，左侧再次之，而后排中间座为末席，前排中间座则不宜再安排客人。

（3）主人亲自驾车，坐客只有一人，应坐在主人旁边。若同坐多人，中途坐前座的客人下车后，在后面坐的客人应改坐前座，此项礼节不能疏忽。

（4）旅行车接送客人。旅行车以司机座后第一排，即前排为尊，后排依次为小。其座位的尊卑依每排右侧往左侧递减。

9.5.6　合影

集体合影的人员排序位置与主席台相同。

若为双方合影，则签字双方主人在左边，客人在主人的右边。

9.6　与会人员礼仪

9.6.1　主持人礼仪

会议中，主持人起着穿针引线、承上启下的重要作用。因此，主持人做好会议礼仪显得尤为重要。会议主持人应注意以下几点。

（1）衣着整洁，大方庄重，精神饱满。

（2）走上主席台时，步伐沉稳有力。

（3）入席后，如果是站立主持，应双腿并拢，腰背挺直。

（4）口齿清楚，思维敏捷，简明扼要。

（5）以庄重的言谈和感染力活跃整个会议气氛，亦庄亦谐，沉稳中不失活泼。

（6）对会场上的熟人不能打招呼，更不能寒暄闲谈，会议开始前或会议休息时间可点头、微笑致意。

（7）控制会议进程，避免跑题或议而不决，并控制会议时间。

9.6.2 会议参加者礼仪

1. 提前或准时到会

开会不应迟到，应尽量稍微提早一点或者准时到达会场，以免因为找座位而打扰已经入座的与会人员。若因为不得已的原因迟到，应该在不影响他人的前提下，尽快找靠边或后面的地方坐下。

当进入满坐的一排来找座位时，应尽量面朝着座位而不是舞台。当走过别人的座位时，要为阻挡了他人的视线而道歉。

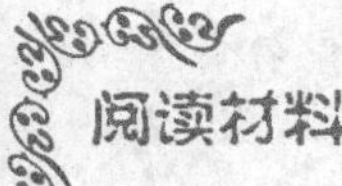

研讨会上的小许

小许的公司应邀参加一个研讨会，该次研讨会邀请了很多商界知名人士以及新闻界人士参加。老总特别安排小许和他一道去参加，有意让小许见识见识大场面。

小许早上睡过了头，等他赶到时会议已经进行了20分钟。他急急忙忙推开了会议室的门，"吱"的一声脆响，他一下子成了会场上的焦点。刚坐下不到五分钟，肃静的会场上又响起了摇篮曲，原来是小许的手机响了！这下子，小许又成了全会场的明星……

不管是参加自己单位还是参加其他单位的会议，都必须遵守会议礼仪。因为在这种高度聚焦的场合，稍有不慎，便会严重有损自己和单位的形象。

2. 举止文明

会议开始后，在场内禁止睡觉、嚼口香糖。在公共场合大声地咳嗽或打呵欠也是不文明的行为，必要时要用手进行遮挡，并尽量将声音压到最低，以免打扰别人。保持端正的坐姿，腰部挺直，头、上肢相互配合，更不能有抖腿、躺在椅子里的不文明举止。

3. 保持肃静

在会场中，与会者聆听台上的发言时应禁止讲话，轻声细语的交头接耳也是不能容忍的。连续不断的闲聊或是对台上发言人的品头论足就是更加不允许的。

4. 手机

入场前一定要关掉手机或者把手机开到震动挡。有紧急电话要接时，要离开会场，找安静、人少的地方接听，并控制自己说话的音量。要尽量使自己的谈话简短，以免干扰他人。手机是现代文明生活之中标志性通信工具，千万不能让手机毁掉了你的文明礼仪。

5. 提前离场

无论出于何种原因，在会议中离开都是很容易使发言者分心且非常不礼貌的。如果你早知道要提早离开，你可以一直坐在最靠边的位子上或站在最后一排，以使你的离开不会影响别人。

9.6.3 会议发言人礼仪

（1）上台前，正式发言人应做到衣冠整洁，步态自然，刚劲有力地走上主席台。

（2）发言时，会议发言人应做到口齿清晰，讲究逻辑，简明扼要。如果是书面发言，要时常抬头扫视一下会场，不能低头念稿、旁若无人。发言完毕，应对听众致谢。

（3）自由发言时应注意发言要讲究顺序和秩序，不能争抢发言。发言前先要进行自我介绍。发言应简短，观点明确，有不同意见的要以理服人，态度平和。听从主持人安排。

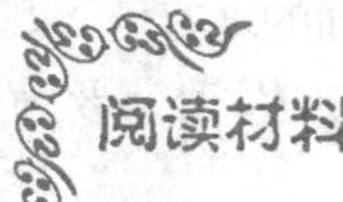

商务会议十“不要”

在商务会议中，需要我们特别注意的礼仪有哪些呢？以下“十不要”为你解答。

1. 不要滔滔不绝，长篇大论，原则上发言时限为3分钟。
2. 不要取用与会议无关的资料。
3. 不要一言不发、沉默到底。
4. 不要人身攻击，恶语伤人；可以发表不同见解，求同存异。
5. 不要打断他人的发言。
6. 不要不懂装懂，胡言乱语。
7. 不要只谈期待性的预测。
8. 不要谈到抽象论或观念论。
9. 不要对其他发言者吹毛求疵。
10. 不要中途离席。

小　结

本章首先介绍了会议的含义，然后按照会议进行的顺序从会前准备、会中礼仪和会后礼仪3个方面重点介绍了会议礼仪的相关知识。第一部分主要介绍了确定议题内容、会址会期、与会人员并寄发通知及其他准备工作。第二部分介绍了包括统计签到、安排发言、会议记录、外事翻译、餐饮安排和服务保卫内容在内的相关知识。第三部分讲了会后资料整理、返程协助和活动游览方面的内容。

此外，本章还介绍了如何安排领导座次和与会人员应注意的礼仪问题，对学习者今后的实际工作将大有裨益。

思考与练习

1. 应怎样做好会议记录?
2. 会议主席台的名牌应如何摆放?

活动与探索

1. 如果你是一名会议主持人，会前你应做好哪些准备工作?
2. 假如你是一名会务人员，会后应如何妥善安排与会领导的食宿和参观游览?
3. 设想你是某学校外语系的一名会议组织人员，请根据外语系的实际情况，设计一套“××学院外语系第×××界学代会”的会议方案。

第10章 公共场所礼仪

本章讲述公共场所礼仪的含义与原则，并介绍在行进、交通工具、电影院、购物场所、图书馆等具体公共场所中的礼仪。

名言警句

亲善产生幸福，文明带来和谐。

——【法】雨果

阅读材料

世界赞叹中国“奥运热情”

“加油，加油！”——北京奥运会期间，在北京及其周边的体育场、游泳馆和其他体育场馆里，到处都能听到这种令人愉悦的鼓励声。这是一种集体性的鼓励，为运动员每一个完成的动作、每一支射出的箭、每一次举起的重量……这就是奥运赛场，热烈而朴实。参加北京奥运会的各国运动员、观看比赛的观众和参与报道的媒体记者纷纷指出，中国人民体现出来的奥运热情令人难忘，观看比赛的中国观众充满善意、气氛热烈，这是国外友人对北京奥运会的“第一大满意”。

扫一扫

扫一扫对案例进行分析。

美国《华盛顿邮报》报道：在美中男篮比赛中，东道主球迷们给两队以同样热烈的欢呼。当中国队姚明投入一个三分球时，现场中国球迷为他欢呼雀跃，而当美国队科比灌篮成功时，他们也热烈鼓掌。该报还指出，中国观众的热情不仅限于对中国运动员，即便在一些没有中国运动员参加的比赛中，中国观众也是举止妥当，很有礼貌地鼓掌。

法新社报道说，8 月 15 日当天没有著名的中国运动员参赛，比赛也只是预赛，但“鸟巢”的 7 万多名中国观众仍然热情激昂，大喊“加油”，在获胜者的名字宣布时挥舞中国国旗。

图 10-1 所示为 2008 年奥运会场景。

图 10-1　2008 年奥运会场景

10.1　公共场所礼仪的含义与原则

公共场所指的是可供社会成员进行各种活动的社会公用的公共活动空间，如街头、巷尾、楼梯、走廊、公园、车站、码头、机场、商厦、卫生间、娱乐场所、邮政设施、交通工具等。公共场合最显著的特点，是它的公用性和共享性。它为全体社会成员服务，是社会成员进行社会活动的处所。

公共场所礼仪，是在公共场所需要遵守的礼仪规范，反映了一定的社会公德，是人类文明程度的集中体现，更是社会和谐的综合展现。在社会交往中，良好的公共礼仪可以使人际之间的交往变得更加顺畅，更容易形成良好的人际关系，为社会公众创造一个高质量的生活环境，反之，不良的公共礼仪，会让身处此中的人们缺失信任，受累其中。

人是社会的人，除了个人生活、家庭生活之外，人们还别无选择地要置身于公共场合，参与社会生活。公共礼仪的基本内容，就是人们在公共场合与他人和睦相处、礼让包容的有关行为规范。学习、应用公共礼仪，应当掌握好以下三条基本原则。

① 遵守社会公德。

② 不妨碍他人。

③ 以右为尊。

10.2 公共场所礼仪

公共场所礼仪需要我们注意生活中方方面面的细节，按照这些礼仪的规范处事，将是一个彬彬有礼的人；不按规范处事，那将是一个不知礼，不懂礼的人，也必然是一个不受欢迎的人。只有懂得相应的礼仪规则，在身处不同的公共场所时才能表现得体。

10.2.1 行进礼仪

在行进过程中，应自尊自爱，以礼待人，自觉遵循有关礼仪规范，表现出自己良好的礼仪修养，具体地讲应注意以下细节。

1. 路上行进

① 要自觉走人行道，不要走车行道，还应自觉让出专用的盲道。无人行道时，应尽量走路边。

② 要按惯例自觉走在右侧一方，不可逆行左侧一方。

③ 要保持一定的速度，不要行动太慢，以免阻挡身后的人，不要在马路上停留、休息或与人长谈。

④ 要与其他人保持适当的距离。两人一起走路时，不要把手搭在对方肩上；走廊内不要多人并排同行；在马路上不要多人携手并肩行走，造成堵路。

⑤ 在行走时，应体现“女士优先”的原则，男士应礼让女士进出大门和走廊；上下车时，男士不应抢在女士前面。

2. 上下楼梯

① 上下楼梯均应靠右单行行走，不应多人或并排行走。

② 为人带路上下楼梯时，应走在前面。

③ 上下楼梯时不应进行交谈，更不应站在楼梯上或楼梯拐弯处进行深谈，以免妨碍他人通过。

④ 男性与长者、异性一起上下楼梯时，如果楼梯过陡，应主动走在前面，以防对方有闪失。

⑤ 上下楼梯时，既要注意楼梯，又要注意与身前、身后的人保持一定距离，以防碰撞。

⑥ 上下楼梯时，不管自己有多么急的事情，都不应推挤他人，也不要快速奔跑。

阅读材料

请走人行横道

小王是某公司员工，快过节了，公司发了一箱饮料，虽然不重但体积很大，提在手上不是件轻松的事。小王要过马路去坐车，马路中央用铁栏杆隔开了，有两处地方可以通过马路，那里有一小段没有铁栏杆。一般情况下，小王都是在没有铁栏杆的正面垂直通过马路，但是今天，小王看到远处马上就有汽车驶来，如果走到没有铁栏杆的正面时，汽车刚好就过来了，那样就得等很长时间才能通过马路。于是小王就想从马路上斜着走过去，但当他走到马路中央时，一名警察制止了他，告诉他应该走斑马线，而且一定要他回去重新走一次。没办法，小王只好回到马路边上，这样一来，小王不但没有节省时间，反而更浪费了时间。

分析：小王的行为有哪些安全隐患？如果你是小王，你会怎么做？

10.2.2 乘电梯礼仪

1. 注意安全

电梯关门时，不要扒门，不要强行挤人。在电梯人数超载时，不要强行进入。

扫一扫

扫一扫你就知道电梯礼仪。

2. 注意秩序

① 等电梯时，先按一下电梯口的上下按钮，然后站到电梯的一侧。

② 电梯到达后，应先出后进，不要争先恐后，要遵循“尊者为先”的原则，晚辈礼让长辈，男士礼让女士，职位低者礼让职位高者。如果与尊长、女士、客人同乘电梯，要视电梯类别，应尽量把无控制按钮的一侧让给尊长者和女士。

③ 在商场、机场或娱乐场所乘自动扶梯，一般应站在原地顺其行进方向上下，并自觉靠向右侧，给有急事的人留出一条通道。

3. 主动服务

乘电梯时，即便电梯中的人都互不认识，站在开关处者，也应主动做好开关电梯门的服务工作。

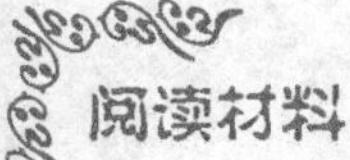

阅读材料

乘坐电梯时应注意以下细节

等候电梯时，不应挡住电梯门口，以免妨碍电梯内的人出来。

在电梯里，尽量站成“凹”字形，挪出空间，以便让后进入者有地方站。

进入电梯后，正面应朝电梯口，以免造成面对面的尴尬。

在电梯中，不应高声谈笑，不能吸烟，不能乱丢垃圾。

在电梯中，如发生突然偏梯或其他事故，不要惊慌失措，应立刻打电话通知检修人员检修。

10.2.3 乘交通工具礼仪

交通已经成为现代社会人们日常生活的重要组成部分。无论乘坐轿车、公共汽车，还是乘坐火车、轮船、飞机，都应遵守一定的礼仪规范。

1. 乘坐轿车

在乘坐轿车时，应遵守乘车礼仪，并注意以下细节。

扫一扫

扫一扫你就知道轿车礼仪。

（1）乘坐轿车应遵循客人为尊、长者为尊、女士为尊的礼仪规则。

① 在正式场合，乘坐轿车应分清座位的主次，找准自己的位置，而在非正式场合则不必过分拘礼。

② 有专职司机驾车时，其排位自高而低依次为后排右座、后排左座、后排中座、副驾驶座，此时后排的位置应当让尊长坐。

③ 当主人亲自开车时，副驾驶座不能空着，则应把副驾驶座让给尊长，其余的人坐后排。由先生驾驶私家轿车时，则其夫人一般应坐在副驾驶座上。

④ 吉普车前排副驾驶座为上座，其他座次由尊而卑依次为：后排右座、后排左座。四排座及以上的中型或大型轿车排位，应由前而后，由右而左，依距离前门远近排定。

（2）上车时，驾车人应将车子开到客人跟前，下车帮客人打开车门，站在客人身后请其先上车。若客人中有长辈，还应扶其先上，自己后上车。另外，关门时切忌用力过猛。

（3）下车时，主人或工作人员应先下，帮助客人打开车门，迎候客人或长者下车。

（4）夫妇两人被主人驾车送回家时，最好有一人坐在副驾驶座上，与主人相伴，而不要双双坐在后排。图 10-2、图 10-3、图 10-4、图 10-5 分别用图示方法列出了双排五人座、六人座、七人座、九人座乘车的座次安排。

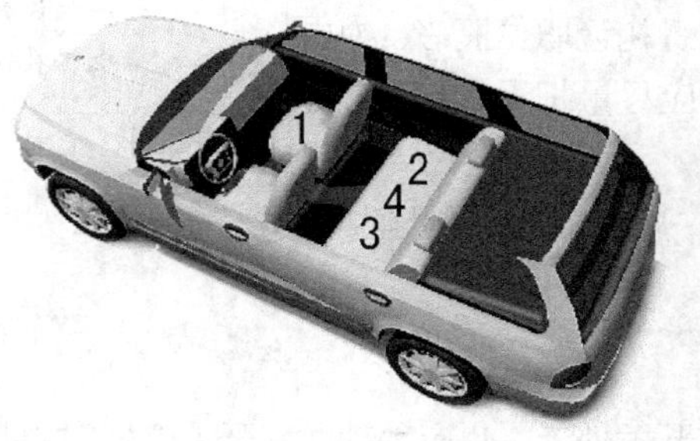

（a）主人驾车

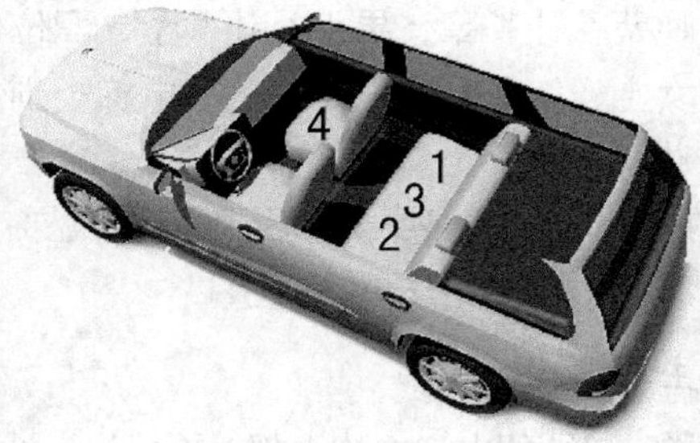

（b）司机驾车

图 10-2　双排五人座车乘车座次

（a）主人驾车

（b）司机驾车

图 10-3　双排六人座车乘车座次

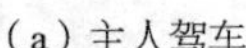
（a）主人驾车

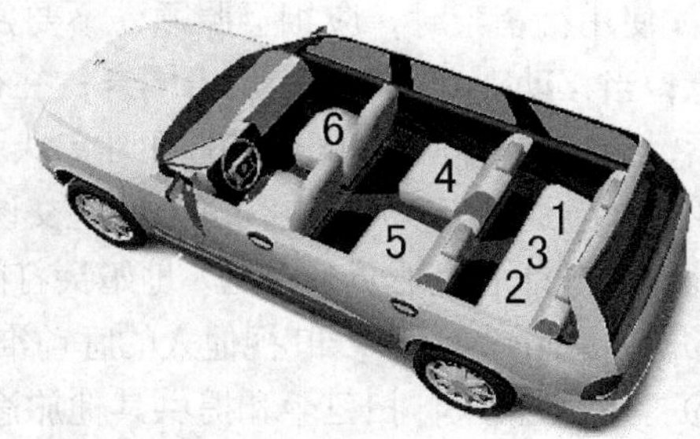

（b）司机驾车

图 10-4　双排七人座车乘车座次

（a）主人驾车

（b）司机驾车

图 10-5　三排九人座车乘车座次

2. 乘坐公交车

乘坐公交车应讲究文明礼貌，并注意以下细节。

① 候车应按先来后到的顺序在站台上排队，车辆进站，应等车停稳后依次上车，对妇女、儿童、老年人及病残者要照顾谦让。

② 上车后不要抢占座位，更不要把物品放到座位上替别人占座。遇到老、弱、病、残、孕及怀抱婴儿的乘客应主动让座。

③ 在车上与人说话应轻声，不要大声谈笑，或与爱人过分亲昵。

④ 应讲究乘车卫生，不要在车上随地吐痰、乱扔果皮、纸屑；禁止在车上吸烟。

⑤ 下雨天上车后，应把雨衣脱下，不要让雨水沾湿别人的衣服；雨伞要伞尖朝下放置好。拎着鱼、肉或湿东西上车时，应事先把东西包好，以免蹭脏别人的衣服。

⑥ 下车应提前做好准备，在车辆到站之前向车门靠近。车内十分拥挤时，需要他人让路，应有礼貌地请前面的乘客让一下或调换一下位置。在调换过程中，动作要和缓，注意不要拥挤别人。如果自己暂时不下车，应主动为下车的乘客让路。车到站后，应依次下车，并应照顾礼让老、弱、病、残、孕和儿童。

3. 乘坐火车

乘坐火车时应自觉遵循乘车礼仪，并注意以下细节。

① 在候车时应自觉遵守公共卫生，要保持安静，不要大声喧哗，不要随地吐痰，不要乱扔废物，检票时排队依次前行，不要拥挤，推搡。

② 上车后不要见座就坐，甚至抢座。若未持有坐票，就座前应礼貌地征求邻座的同意后再坐。

③ 使用行李架时，应相互照顾，不要独占太多的空间，不要粗暴地将自己的行李放在别人行李上；当移动别人行李时应征得同意；往行李架上放行李时，不要穿鞋直接踩踏座位，行李安放好后，应礼貌地向邻座的乘客打招呼点头示意。

④ 坐定后，待时机成熟时再与邻座交谈。在交谈时，不要打听对方隐私，不要冒失地索要对方地址、电话，也不要旁若无人地嬉笑打闹。

⑤ 在卧铺车厢，不要盯视他人的睡前准备和睡相，自己脱衣就寝时，应背对其他乘客。

⑥ 当乘务员来打扫卫生和提供其他旅途服务时，应主动予以配合，提供方便并表示谢意，必要时应给予帮助。

⑦ 当看到不良行为、不法行为时，要协助乘警、乘务员制止、抵制不法行为。

阅读材料

雷锋出差一千里，好事做了一火车

雷锋经常出去做报告。他走到哪里就把好事做到哪里，人们流传着这样一句话："雷锋出差一千里，好事做了一火车。"

一天，雷锋坐上了从抚顺开往沈阳的火车。他看到坐车的人很多，就把座位让给了一位老人。他看到列车员忙不过来，就主动帮着扫地、擦玻璃、倒开水、帮助下车的旅客拿东西，忙个不停。有人劝他，说："看把你累的，都满头大汗了，快歇歇吧！"可他说："我不累。"

在沈阳换车的时候，一出站口，雷锋看见一群人围着一个背着小孩的中年妇女，原来是把车票丢了。只见那个中年妇女浑身上下翻了个遍，车票还是没有找到。雷锋不由得上前问道："大嫂，你到哪儿去啊？怎么把车票弄丢了？"那位妇女着急地说："俺从山东来，到吉林去看孩子他爸，不知什么时候把车票和钱都丢了，这可怎么办啊？"雷锋听了，说："大嫂！你跟我来吧！"雷锋领着那位妇女来到售票处，用自己的津贴买了一张到吉林的车票，塞到大嫂手里，说："快上车吧，车就要开了。"那位大嫂手里拿着车票，感动得热泪盈眶，说："大兄弟，你叫什么名字？是哪个单位的？"雷锋笑了笑，心想，大嫂还想还我钱呢，就不在意地说："大嫂，别问了，我叫解放军，家就住在中国！"

又有一次，雷锋从丹东做报告回来，还是在沈阳换车，在地下道里看到一位老大娘，白发苍苍，拄着拐杖，还背着一个大包袱，非常吃力地走着。雷锋走上前问道："大娘！您这是上哪儿去啊？"老大娘气喘吁吁地说："我从关里来，要去抚顺看儿子。"雷锋一听，是和自己同路，就把包袱接过来，扶着老大娘上了车。车上人挺多，雷锋给老大娘找了一个座位。老大娘告诉雷锋，她儿子是煤矿工人，出来好几年了，这是头一次去看儿子。说着，从怀里掏出一封信，雷锋看了看信封上的地址，只写着抚顺市××信箱。老大娘急切地问雷锋："孩子，你知道这地方吗？"雷锋说："您放心吧，下了车，我一定带您找着您的儿子。"老大娘听了，脸上露出了笑容。车到了抚顺，雷锋背起老大娘的包袱，搀着老大娘，东打听，西打听，找了两个多小时才找到。母子一见面，老大娘就对儿子说："多亏了这位解放军，要不然还找不到你呢！"母子一再感谢雷锋。雷锋却说："谢什么啊，这是我应该做的。"

4. 乘坐轮船

在乘船时，应自觉遵守乘船礼仪并注意以下细节。

① 上下船时，应按先后次序排队，不要拥挤、加塞儿。与长者、女士、孩子一起时应请他们走在前面，或者以手相扶，必要时应给予照顾和帮助。

② 在上下船时应注意安全，走跳板或小船时，不要乱蹦乱跳，要小心翼翼，不要去不宜前往的地方，如轮机舱、救生艇以及桅杆之上；不要一个人在甲板上徘徊；不要擅自下水游泳等。乘船时不得随意携带易爆品、易燃品、易腐蚀物品、枪支弹药、腐烂性物品、家畜等动物及其他一些违禁品。

③ 登船时应自觉接受有关人员对人体和行李的安全检查，要积极配合，不要加以非议给予拒绝。

④ 乘船时应对号入座。若自己买的是不对号的散席船票要听从船员的指挥、安排，不要随意挪动或选择地方。

⑤ 应自觉遵守公共卫生，要保持安静，不要大声喧哗，不要随地吐痰，不要乱扔废物。与他人同住一个客舱时，不要吸烟。

⑥ 若自己周围有人晕船、生病，应给予力所能及的帮助，不应对其另眼看待或是退避三舍。

⑦ 乘船旅途中若发生了难以预料的天灾人祸，要听从指挥，尽心尽力地先救助其他人，不要惊慌失措，夺路而逃。

5. 乘坐飞机

在乘坐飞机时，应自觉遵守乘机礼仪，并注意以下细节。

① 当上下飞机时，空中小姐站在机舱的门口迎送，并热情问候乘客，应向她们点头致意或问好。

② 登机后应对号入座。不要随地吐痰，不能在飞机上吸烟。在机舱内谈话声音不可过高，尤其是其他乘客闭目养神或阅读书报时，不要喧哗。

③ 对所有人，不论民族和种族，都应一视同仁，以礼相待。如果别的乘客主动向你打招呼或想找你攀谈，若非十分疲倦，应当友好地应对。若你打算休息一下而不想交谈，则应向对方说明并表示歉意。

扫一扫

扫一扫你就知道飞机礼仪。

④ 遇到班机误点或临时改降，迫降在机场，不要惊慌失措，而要保持镇静，并积极与机场或乘务人员配合。

⑤ 下飞机后找不到行李，不要着急，应请机场管理人员协助查找。即使行李丢失，航空公司也会照章赔偿。

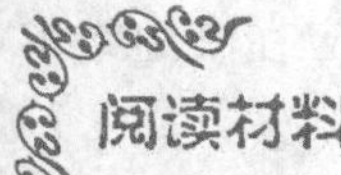

阅读材料 **飞机客舱内不能用手机和其他电子类产品**

在飞机上，使用手机和其他电子类产品会干扰飞机的通信、导航、操纵系统，会干扰飞机与地面的无线信号联系，尤其在飞机起飞和下降时干扰更大，即使只造成很小角度的航向偏离，也有可能导致机毁人亡的后果。

以移动电话为例，移动电话不仅在拨打或接听过程中会发射电磁波信号，在待机状态下也在不停地和地面基站联系，虽然每次发射信号的时间很短，但具有很强的连续性。飞机在平稳飞行时，距地面 6 000 米至 12 000 米，此时手机根本接收不到信号，无法使用，在起飞和降落过程中，手机才有可能与地面基站取得联系，但此时干扰导航系统产生的后果最为严重。各航空公司在机上广播词中加入了要求旅客在飞机上关掉随身携带的便携式电子装置电源的内容，飞机上禁止使用的电子装置有手机、寻呼机、游戏机遥控器、业余无线电接收机、笔记本电脑、CD 唱机等。如图 10-6 所示。

图 10-6　乘飞机中禁用各类电子产品

10.2.4　影剧院礼仪

在剧场、影院、音乐厅等，应自觉遵守有关礼仪，注意以下细节。

① 观看文艺演出和高雅高规格的演出，应做到仪表整洁得体。男士穿着西装或礼服，女士也应着正规套装或礼服。

② 不论陪同领导或贵宾，还是个人观看演出，都应自觉遵守剧场规则。如是专场演出，一般让普通观众先入场，嘉宾在开幕前由主人陪同入场，此时，其他观众应有礼貌地起立鼓掌表示欢迎。

③ 观看演出时，应提前入场，不应迟到。如果有事迟到了，最好在幕间休息时入场。如果是看电影，应跟随服务员悄然入场，并尽可能地放轻脚步，通过让座者时应与之正面相对，切勿让自己的臀部正对着他人，同时向被打扰的周围观众轻声致歉，对起身礼让的观众致谢。

④ 入座后，戴帽的应脱帽，不要左右晃动身体，以免影响他人的视线，同时，也不应把身旁的两个扶手都占用了，因为你身边的人也有权使用它。

⑤ 在演出进行中，不可抽烟，不可随地吐痰、乱扔果皮杂物；吃东西时，应尽量不发出响声；携带手机的应将其关闭；如有规定不能摄影，则应按规定行事；与恋人一起观看影剧时，不应有过分亲昵的举动。

⑥ 当演出到精彩之处时，可以通过鼓掌、喝彩等形式向演员表示致意。但应注意把握好分寸，不宜用吹口哨、怪叫、跺脚等方式宣泄情感。若演出中出现一些故障或特殊情况，应采取谅解的态度，不应喧闹、怪叫、喝倒彩。

⑦ 演出未结束，若有急事中途退场，应轻声离座，并尽可能地利用幕间退出。否则既影响别人观赏，也是对演员的不尊重。演出快结束时，不能抢先出场而离座，应在演出结束后退场。

⑧ 给演员献花，应选择适当的机会和时间，一般在演出结束或演员谢幕时为好。请自己喜爱的演员签名，也应分场合和情况，缠住演员不放是很失礼的行为。

⑨ 演出结束后，观众应起立向演员热烈鼓掌，对他们的劳动和精彩演出表示感谢。在演员谢幕前便匆忙离去是对演员不礼貌的行为。如有贵宾在场，一般应待贵宾退席后再有秩序地离开，不应推搡。

阅读材料

3D 电影院

电影开始前，大家陆续就座了。忽然后面有个女人说："哇噻，好像不戴3D眼镜看起来一样嘛！3D 眼镜好像没什么用嘛!"，声音还很大，很聒噪。电影开始了之后，大家陆陆续续聊了一会，终于因为剧情吸引人而安静下来。

接着，中间不停有人手机在响，然后很招摇地接手机。周围几排的人都能听见他们在聊自己的事情。

电影终于快结束了。大家也开始骚动起来，都等不及电影结束再发表自己的感想。

请分析案例中哪些行为有失公共礼仪。

10.2.5　体育比赛礼仪

不论在参加体育比赛，还是观看体育比赛时，都应自觉遵守赛场秩序，遵守有关礼仪，注意以下细节。

1. 参赛者

参赛者应严格遵守体育比赛的有关规定，自觉遵守赛场秩序，不允许冒名顶替，弄虚作假。应自觉尊重裁判、服从裁判，即使裁判有误，也应按有关程序反映，不应在赛场大喊大叫，发生争吵。应充分发扬友谊第一、比赛第二的体育道德精神。不论是输还是赢，都应把比赛对手当成朋友。还应善待热心观众，支持记者工作。

2. 观众

观众在观看比赛时，应自觉遵守赛场秩序，拥戴偶像应适度，宣泄情感应文明。为运动员加油助威的标语口号内容应健康，对本方的运动员和另一方运动员都应加油助威，对精彩表演都应掌声鼓励。

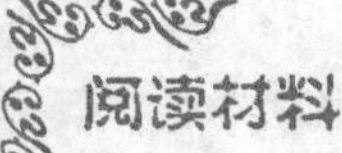

阅读材料

体育比赛观众不良行为

扫一扫

扫一扫你就知道体育比赛案例。

袒胸露背，赤膊上阵。

对运动员在比赛中的一些失误，言行粗鲁，喝倒彩或发出"喔"声。

偏袒起哄。对对方运动员和拉拉队使用不文明的语言和手势，甚至向运动员投掷物品或呼喊起哄。

10.2.6　就诊礼仪

在医院这种特殊的场所，无论是门诊检查还是住院治疗，应讲究文明，自觉遵守有关礼仪，注意以下细节。

在门诊看病应排队挂号。如有特殊情况需马上急诊，应向在前面等候的人说明原因，求得谅解和同意。不要在候诊室里喧哗吵闹、随意走动、大声呻吟、吸烟、随地吐痰、乱丢杂物等。

在就医的过程中，应尊重和信任医生，如对医生的诊断有怀疑，可委婉礼貌地向医生说明原因，请医生再作考虑。如果自己认为医生对疾病作了不当处理，应认真询问处理依据。即使确认属于医生的责任事故，也不可纠集亲友聚会寻事，而应通过正当的途径来解决问题。

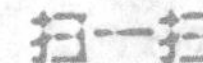

扫一扫你就知道就诊案例。

10.2.7 购物礼仪

购物是我们生活中极为普通的事情，在购物的过程中，作为顾客我们每个人也应注意自己的举止，自觉遵守有关礼仪，注意以下细节。

① 在购买东西时应礼貌客气，当需要营业员提供服务时，应礼貌客气地提出请求，不应用命令的语气说话，更不可盛气凌人。

② 在挑选商品时，应该事先考虑一下，不应在选购时过分挑剔、换来换去，如由于某些原因需要调换已买好的商品，应耐心地向营业员说明原因。如理由正当而遭拒绝，可向商店领导反映，不应与营业员争吵。

③ 在需要排队购物的地方，不能加塞儿插队，对于老、弱、病、残及妇女儿童，应有礼让精神。在离开柜台时，对营业员所提供的服务应表示谢意。

到自选商场购物，可随意挑选自己满意的商品。没选中的应放回原处，不应乱放。选好商品以后，将其放在商场提供的容器里，主动到出口处付款。

10.2.8 游园礼仪

游园，是一种常见的休闲形式。在游园时，应讲究社会公德遵守有关游园礼仪，并注意以下细节。

① 游园是一种休闲活动，着装应以休闲装为主，可穿着牛仔服、运动服、夹克衫等服装，还可以穿背心、短裤，戴上棒球帽、太阳镜等。不应西装革履，与游园的轻松气氛不协调。

② 在游园时，所穿的鞋既应时髦、漂亮，更得合脚、轻软、防扎、防水、防滑，穿旅游鞋最佳，不宜穿皮鞋，尤其是高跟皮鞋。

③ 在游园时，在装饰上应当淡妆、简饰，也可以不化妆，不佩戴饰物。假如有必要进行一些修饰，也应化淡妆，并以少用饰物为宜。

④ 在参加娱乐活动时，应当自觉排队，讲究先来后到，服从工作人员的管理，不应一拥而上，给别人增添麻烦。

⑤ 在拍照、摄像时应避免与其他人为争抢好位置、好角度而发生不快。应当相互谦让，按照先后次序进行。不能争路先行或争抢拍照景点，对文物建筑等要求不准拍照或不得使用闪光灯时，应严格遵守其规定。不应进入“请勿入内”的草地或鲜花丛中拍照，也不应到危险或不宜攀登的地方照相。合影时，如需别人帮忙，应礼貌地提出请求并表示谢意。

⑥ 在游园时，若有人向自己微笑，打招呼，应立即予以回答，不可不予理睬。不应尾随他人，或是悄悄旁听其他人的介绍与交谈。

⑦ 在公园进行练歌、唱戏、跳舞等活动时，应尽量避免干扰其他人。与恋人或家人一起游园时，应注意公共道德。与恋人或夫妻不能表现得过分亲昵，对于自己的孩子，也应严加管束。

⑧ 在游园时，对文物古迹应备加爱惜，不应乱写、乱刻、乱画；对公共设施和树木花草应

爱护，不应随意在树木雕塑建筑上攀高、乱摸、乱碰，肆意践踏破坏；对园林里放养的珍禽异兽，不应进行抓捕、恐吓。

⑨ 公园和其他一些旅游景点所设置的长椅长凳，是供游人作短暂休息用的，不可只顾自己，不能一个人长时间占用。许多公园的儿童游艺场，是专为儿童设计的，应注意爱护，成年人不可去玩，以防损坏。

⑩ 游园时应自觉保护环境卫生。不要随地吐痰，不乱扔果皮、纸屑、烟蒂、塑料袋、包装盒、易拉罐、饮料瓶等。不准随地大、小便，对于自己所带的儿童，也应教育其大、小便进卫生间，绝不能任其到处随意进行“方便”。

阅读材料

游园注意事项

在湖滨、河畔浏览和登船游玩时，不应肆意地打斗追逐，以防翻船落水。

不应只身独闯危险地段。

不应在公园里从事攀岩、跳岩、滑场等比较危险的运动。

在拍照、摄像或观看动物时，应脚下留神，头脑清醒，防止发生意外事故。

吸烟者、野餐者、野炊者需特别注意防火。

应注意饮食卫生，特别是应当避免生食各种食物，以防食物中毒。

10.2.9 吸烟礼仪

吸烟有害健康，吸烟者应尽早戒烟。有吸烟习惯的人应特别注意文明吸烟，自觉遵守吸烟有关礼仪，并注意以下细节。

1. 注意场合

凡是在贴有“禁止吸烟”（见图 10-7）或“无烟室”等字样的地方和有空调的房间、没有摆放烟灰缸的房间以及公共场合（如车、飞机、船、影剧院、展览馆、医院病房等），都应自觉禁烟，遵守社会公德。

在工作、参观、谈判和进餐中，一般不应吸烟或少吸烟。

与长者或女士共处一室时，最好不要吸烟，要吸烟也应先征得别人同意。在私人住宅，如果主人不吸烟，又未请客人吸烟，客人最好不要吸烟。

图 10-7 “禁止吸烟”标志

2. 注意文明

吸烟时，不应把烟灰、烟蒂、火柴棒到处乱丢，而应放入烟灰缸内。找不到烟灰缸时，应请主人拿给自己。丢烟头时，应将烟掐灭放入烟灰缸内，不要让烟头在烟灰缸里继续冒烟。

3. 讲究礼节

敬烟时先敬长者，如女士中有吸烟者，应先敬女士。敬烟时，手不应碰到过滤嘴，不可用手取出一支递给对方，更不可将烟扔给对方，而应把数支烟抖出烟盒递给对方，请对方自取。敬烟时，如对方谢绝，则不应勉强。对外宾不必敬烟，外国人通常没有敬烟的习惯。

点烟时，应先给对方点。若用火柴点烟，划着火柴后，一手护火挡风，一手递火，为对方点着香烟。如有女士吸烟时，男士应主动为女士点烟。当别人为自己点烟时，应躬身相迎，烟点完后，应向对方致谢。

自己如果不吸烟，当别人吸烟时，应尽量克制自己，不应露出厌恶的神色。

阅读材料

吸烟禁忌

不应一直吸到烧手或吸到滤嘴边缘。

不应将烟雾向别人直喷过去。

不应从鼻孔里往外吐烟。

不应当众吐烟圈。

不应使劲并发出声响。

不应叼着烟与人谈话。

不应走着路吸烟。

不应把烟夹在耳朵上。

不应在电扇和空调的上风处吸烟。

小　　结

本章开篇介绍了公共场合礼仪的三项原则：尊重社会公德、不妨碍他人和以右为尊，先让读者对公共场合礼仪有个基本的认识。之后又系统地介绍了9个常见公共场合的具体礼仪，使读者能够全面地认识到公共场合礼仪的重要性。

思考与练习

1. 在公共场所应当遵守哪些礼仪，简单举出几个例子。
2. 如果有人在公共场所抽烟，你应该怎么做？

活动与探索

1. 试分析开篇案例中反映出怎样的中国精神。
2. 与朋友们交流自己见到的公共场合不文明现象，并指出其不文明之处。

第11章

涉外礼仪基本原则与规范

随着世界一体化进程的加快和我国改革开放的深入，国与国之间的交往日渐频繁，国人与外宾交往的机会也越来越多。作为一名中国人，秉承礼仪之邦的传统，不仅要了解本国的优秀礼仪文化，还要了解国际通行的礼仪规范。并以礼仪为桥梁，展示中华民族的风采，维护自身形象和国家尊严。涉外礼仪是涉外交际礼仪的简称。即在对外交际中，用以维护自身形象、对交往对象表示尊敬与友好的约定俗成的习惯做法。

本章介绍涉外礼仪通则，掌握这些通则能够使读者在各种涉外场合拥有恰当的言行举止。

名言警句

海内存知己，天涯若比邻。

——[唐] 王勃

11.1 维护形象

在国际交往之中，人们普遍对交往对象的个人形象备加关注，并且都十分重视遵照规范、得体的方式塑造、维护自己的个人形象。因为个人形象不仅仅代表个人，同时还代表着国家和民族。

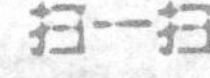

扫一扫你就知道如何维护形象。

个人形象在构成上主要包括6个方面，它们也称个人形象六要素。

1. 仪容

仪容，是指一个人个人形体的基本外观。在正常情况下，仪容中的面部容貌更为引人注目。要注重仪容，就要力争做到仪容美，并且为此进行必要的美化和修饰。在国际交往中，通常要求男子不蓄须，不使鼻毛、耳毛外露，不留长发；女子则不剃光头，不剃眉毛，不宜暴露腋毛，不宜化妆过浓；任何人不能刺字、文身等，这些实际上都是有关个人仪容的约定俗成的规范。人们要时该注意自己的仪容，必要时对之进行整理，如图11-1所示。

图11-1 整理仪容

2. 表情

表情，通常主要是指一个人的面部表情。它包括眼神、笑容及其面部肌肉的综合运动等。每个人的表情从本质上讲，都是其内心思想、情感的最真实、最自然的流露。与语言相比，一个人的表情往往会“此时无声胜有声”，能够更准确地传达出其真情实感。在国际交往中，最适当的表情应当是亲切、热情、友好、自然的。不论是表情过度夸张，还是表情过于沉重，抑或面无任何表情，都是不应该的。

3. 举止

举止，指的是人们的肢体动作。在心理学上，人的举止动作称为“形体语言”，它被认为能够同样真实、准确地反映人的心理活动。因此在涉外交往中，每个人都要有意识地对自己的举止动作多加检点。要坚决改正剔牙齿、抠脚丫一类的不文明的举止动作，要认真纠正诸如对人指指点点、对着他人抖动不止一类的失敬于人的举止动作，更要努力学习那些文明、优雅的举止动作，真正做到“站有站相，坐有坐相”。

4. 服饰

服饰，是对人们穿着的服装和佩戴的首饰的统称。一个人在服饰方面所作出的选择，不仅表现着他个人的审美品位，而且也充分反映出其个人修养。在涉外交往中，对服饰不加以重视，将会影响自己的个人形象。因此，人们要经常整理服饰，使之整洁，如图 11-2 所示。

图 11-2　整理服饰

5. 谈吐

谈吐，即一个人的言谈话语。常言道“言为心声”，一个人的谈吐，在人际交往中，除了可以传达其思想、情感之外，还具有表达对待交往对象的态度的作用。因此，在对外交往中，对于谈吐尤其需要加以注意。比方说，与外国朋友进行交谈时，一定要遵照国际惯例，自觉地调低音量。同时，还应使用规范的尊称、谦词、敬语与礼貌语。另外，还应尊重外国人普遍有的不喜欢谈论个人隐私、不喜欢评判他人的所作所为、不喜欢在自己讲话时被别人插嘴打断等习惯。

6. 待人接物

所谓待人接物，具体是指与他人相处时的表现，亦即为人处世的态度。它体现着一个人的精神境界，并表现于人际交往的各个方面。一个人即使个人修养再好，但如果不懂得待人接物，那么也将难以在人际交往中获得成功。重视待人接物，不光要善于运用常规的技巧，最重要的是要善于理解人、体谅人、关心人、尊重人。孔子早就讲过：“礼者，敬人也”，可见敬人是礼仪的核心，也是待人接物的主旨之所在。

11.2 不卑不亢

不卑不亢，是涉外礼仪的一项基本原则。它的主要要求是：每一个人在参与国际交往时，都必须意识到自己在外国人的眼里，是代表着自己的国家，代表着自己的民族，代表着自己的所在单位，因此，其言行应当从容得体，堂堂正正。在外国人面前既不应该表现得畏惧自卑、低三下四，也不应该表现得自大狂傲、放肆器张。

不卑不亢首先表现在尊重自己。在涉外交往中，应以自尊、自爱、自信为基础，在外国人面前表现得豁达开朗、乐观坦诚、从容不迫、落落大方、理直气壮、气宇轩昂。要谨慎、但不拘谨，要主动但又不盲动，既要自我约束但又不畏首畏尾。在任何情况下，都要坚持自立、自强，努力以本人的实际行动在外国人面前充分地展现“中华民族站立起来了”的精神风貌。其次，在坚持自尊的同时，必须注意尊重他人，即尊重一切平等待我的外国友人。这主要表现为以礼待人，平等待人，友善待人，尊重对方的风俗习惯，虚心学习对方的一切长处等方面。

11.3 求同存异

所谓“求同存异”是指在涉外交往中为了减少不必要的麻烦，避免误会，最为可行的做法是

既对交往对象所在国的礼仪与习俗有所了解并予以尊重，又要对于国际上所通行的礼仪惯例认真地加以遵守。

对于中外礼仪与习俗的差异性，我们应当予以承认。在涉外交往中，对于类似的差异性，尤其是我国与交往对象所在国之间的礼仪与习俗的差异性，最重要的是了解，而不是评判是非，鉴定优劣。具体的做法是涉外交往中基本上采用本国礼仪的同时，适当地采用一些交往对象所在国现行的礼仪。

11.4 入乡随俗

入乡随俗是涉外礼仪的基本原则之一，它的含义主要是在涉外交往中，要真正做到尊重交往对象，首先就必须尊重对方所独有的风俗习惯。

世界上的各个国家、各个地区的各个民族，在其历史发展的具体进程中，形成了各自的宗教、语言、文化、风俗和习惯，并且存在着不同程度的差异。这种“十里不同风，百里不同俗”的局面，是不以人的主观意志为转移的，也是世间任何人都难以强求统一的。因此，在涉外交往中注意尊重外国友人所特有的习俗，容易增进中外双方之间的理解和沟通，有助于更好地、恰如其分地向外国友人表达我方的亲善友好之意。

11.5 信守时约

在国际社会里，人们十分重视交往对象的信誉，讲究“言必信，行必果”，信守约定就是与此相关的一条重要的国际惯例。它的含义是人们在国际交往中，必须严肃而认真地遵守自己的所有正式承诺，说话必须算数，许诺必须兑现，约会必须如约而至。在一切与时间有关的约定中，必须一丝不苟。唯有如此，方能取信于人。

这就要求我们在涉外交往中，必须谨慎许诺；对于自己已经作出的约定，务必要认真地加以遵守。确实由于难以抗拒的因素致使自己单方面失约或是有约难行的，应尽早向有关各方进行通报，如实地解释，并且还要郑重其事地向对方致以歉意，并且按照规定和惯例，主动承担因此而给对方所造成的损失。

11.6 热情有度

在涉外交往时，务必要做到热情有度。它的含义是要人们在参与国际交往中直接同外国人打交道时，不仅待人要热情而友好，更要把握好待人热情友好的具体分寸。否则就会事与愿违，过犹不及。

1. 关心有度

与中国人彼此之间所倡导的“关心他人比关心自己为重”有别，外国人一般都不希望外人对其过于关心，否则便会视之为碍手碍脚，多管闲事。

2. 批评有度

简单地讲，批评有度就是不提倡对外国人“犯言直谏”，亦即对其日常行为“不纠正”。外国人大都讲究独善其身，反对外人干涉自己的私生活。加之各国习俗不同，对同一事物的判断便大相径庭，所以在涉外活动中没有必要对外国人的所作所为加以判断，并当面指出其对错。只要对方的所作所为不危及人身安全，不触犯法律，不有悖伦理道德，不有辱我方的国格人格，一般均可听其自便。

3. 交往有度

国外崇尚自由民主，外国人大都认为“君子之交淡如水”，不惯于与交往对象走动过勤、过多。在涉及钱财之时，尤其讲究划清界限，即便家人、至交也概莫能外。

4. 距离有度

在涉外交往中，人与人之间的正常距离大致可以划分为以下四种，它们各自适用不同的情况。如图 11-3 所示。

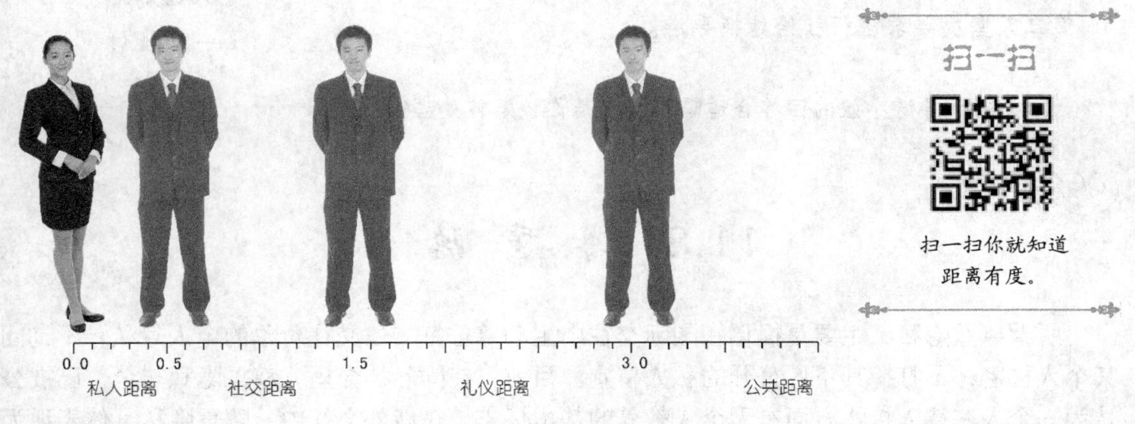

图 11-3　四种距离

其一是私人距离，其距离小于 0.5 米。它仅适用于家人、恋人与至交。因此有人称其为“亲密距离”。

其二是社交距离，其距离为大于 0.5 米，小于 1.5 米。它适合于一般性的交际应酬，故亦称“常规距离”。

其三是礼仪距离。其距离为大于 1.5 米，小于 3 米。它适用于会议、演讲、庆典、仪式以及接见，意在向交往对象表示敬意，所以又称“敬人距离”。

其四是公共距离。其距离在 3 米开外，适用于在公共场所同陌生人相处。它也被叫做“有距离的距离”。

5. 举止有度

要在涉外交往中真正做到“举止有度”，要注意以下两个方面：一是不要随便采用某些意在显示热情的动作；二是不要采用不文明、不礼貌的动作。

11.7 谦虚适当

谦虚适当原则的基本含义是在国际交往中涉及自我评价时，虽然不应该自吹自擂，自我标榜，一味地抬高自己，但是也绝对没有必要妄自菲薄，自我贬低，自轻自贱，过度地对外国人进行谦虚、客套是不合适的。

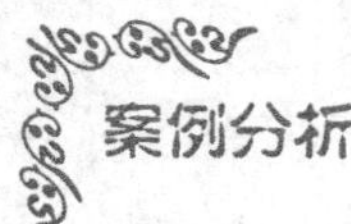

表扬

一位英国老妇到中国旅游，对接待她的导游小姐评价极好，认为她服务态度好，口语水平也很高，便夸奖导游小姐说："你的英语讲得好极了！"导游小姐按照中国人的习惯，谦虚地回应道："我的英语说得不好！"老妇听了很生气，心想："英语是我的母语，难道我都不知道英语该怎么讲？"她越想越气，第二天坚决要求旅行社给她换导游。

分析：导游小姐的回答合适吗？如果是你该怎样处理？

11.8 尊重隐私

所谓尊重隐私，主要是提倡在国际交往中主动尊重每一位交往对象的个人隐私，不询问其个人秘密，不打探其不愿公开的私人事宜。目前，在国际社会里，尊重隐私与否，已被公认为一个人在待人接物方面有无个人教养的基本标志。在涉外交往中，尊重隐私具体表现为下述“八不问”。

1. 不问收入支出

收入与支出问题，实际上与个人的能力相关，并事关个人颜面。交谈时一旦涉及此点，便让交谈之人没有平等与尊严可言。

2. 不问年龄大小

在国际社会里，人们普遍将本人的年龄视为“核心机密”，并且讳言年老。西方的白领丽人们特别讲究这一点。

3. 不问恋爱婚姻

谈论婚恋问题，在国外不仅被视为无聊，而且还有可能被视为成心令人难堪，或是对交谈对象进行“性骚扰”。

4. 不问身体健康

每个人的身体状况与健康状况均为其立足于社会的重要“资本”，所以轻易不会将实情告之于人。

5. 不问家庭住址

家庭被外国人看作私人领地，故此对外绝不公开，即便私宅电话的号码，也通常不会对外界公开。

6. 不问个人经历

外国人主张“英雄莫问出处”，反之则往往会被看作居心不良，或缺少教养。

7. 不问信仰政见

在国际社会里，国与国、人与人之间都提倡“超意识形态合作”，所以对交往对象的信仰政见不应冒昧地打探。

8. 不问所忙何事

“所忙何事”在外国人心中绝对属于个人自由，向其询问此点，肯定会被视为“没话找话”。

11.9 女士优先

女士优先，是国际社会尤其是西方国家里所通行的交际惯例之一。它是指在一切社会场合里，每一名有教养的成年男子都要积极主动地用实际行动去表示自己对妇女的尊敬之意，并应想方设法在具体行动上为妇女排忧解难。外国人普遍认为，一名男子如果不对“女士优先”身体力行，便是没有教养的粗汉莽夫。女士优先主要表现在以下方面。

扫一扫你就知道女士优先。

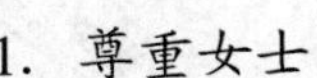

1. 尊重女士

与女士交谈时，一律要使用尊称。涉及具体内容时，谈话亦不应令在场的妇女难堪。排定礼仪序列时，应将女士列在男子之前。

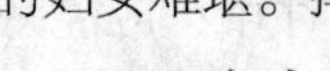

2. 照顾女士

在一切社交活动中，男子均应细心地照顾女士：就座时，应请其选择上座；用餐时，应优先考虑其口味。

3. 关心女士

外出之际，男子要为女士携带重物。出入房间时，男子要为女士开门、关门。在女士面前，任何时候都不允许男子吸烟。

4. 保护女士

在一切艰难、危险的条件下，男子均应竭尽其全力保护妇女。通过危险路段时，男子应走在前列。在马路上行走时，男子则应行走于外侧。任何危险之事，男子均应主动承担。

11.10 以右为尊

正式的国际交往中，依照国际惯例，将多人进行并排排列时，最基本的规则是右高左低，即以右为上，以左为下；以右为尊，以左为卑。大到政治磋商、商务往来、文化交流，小到私人接触、社交应酬，但凡有必要确定并排列时的具体位置的主次尊卑，“以右为尊”都是普遍适用的。

小　　结

本章介绍了 10 项涉外礼仪基本原则与规范，包括维护形象、不卑不亢，求同存异，入乡随俗、信守时约、热情有度、谦虚适当、尊重隐私、女士优先、以右为尊。

通过对本章的学习，读者可以了解在中外交往过程中，双方或各方的习俗和规则，考虑中外有别，既要做到尊重对方的文化和习俗，又要时刻维护好自身的形象和国家的尊严。

思考与练习

1. 涉外交往中的基本原则有哪些？
2. “女士优先”的惯例主要体现在哪些方面？

活动与探索

1. 与朋友们一起搜集有关涉外礼仪的有关知识。
2. 如果你是上海世博会的一名志愿者，在与世界各地来宾和朋友的交往中，应注意哪些事项？

第12章 迎送与礼宾接待

随着国际交往的日益密切，越来越多的外宾来访我国，在外事交际中，迎来送往成为了常见的社交礼节，因而，如何以适当的方式迎接好外宾就成为一项值得重视的工作。此外，在拜访外国友人时，也需要尊重和遵守国外的礼仪习惯。

本章内容将介绍如何确定迎送规格、拟定接待方案和接待等方面的礼仪以及注意事项，会使我们在迎送与礼宾接待的工作中获得出色的表现。

名言警句

有朋自远方来，不亦乐乎？

——《孔子》

12.1 确定迎送规格

对来宾的迎送规格各国家的做法不尽一致。确定迎送规格，主要依据来访者的身份和访问目的，适当考虑两国关系，同时要兼顾国际惯例，综合平衡。主要迎送人通常都要同来宾的身份相当，但由于各种原因（例如国家体制不同，临时身体不适等），不可能完全对等。遇此情况可灵活变通，由职位相当的人士或由副职出面。总之，主人身份总体要与客人相差不大，以同客人对口、对等为宜。当事人不能出面时，无论作何种处理，都应从礼貌出发，向对方作出解释。其他迎送人员不宜过多。也有从发展两国关系或当前政治需要出发，破格接待，安排较大的迎送场面。然而，为避免造成厚此薄彼的印象，非有特殊需要，一般都按常规办理。

扫一扫

扫一扫你就知道迎送规格。

12.2 拟定接待方案

涉外接待工作一般由一个组织的秘书部门或公关部门承担，有的组织因为对外交往工作任务重并且频繁，因此，往往在秘书部门或公关部门之外，专门成立一个外事工作机构负责迎送外宾，拟定接待方案等。

涉外接待一般有下述几种类型。

1. 政府来访接待

政府来访接待包括各国中央政府、地方政府、议会、政党代表团来访的接待。最高级别的涉外接待是接待外国元首进行的国事访问。

2. 经贸外事接待

经贸外事接待一般是指对外招商引资、外经外贸活动中对外宾的接待。

3. 外国专家接待

外国专家接待是指接待一些单位长期聘任的技术代表或专业人士，如大学的外籍教师、正进行引进项目建设单位的外国技术顾问等。

4. 民间来访外事接待

民间来访外事接待主要是指外国友好人士来访安排的接待。

5. 外国游客接待

外国游客接待主要是指对慕名前来参观、游览、度假的外国客人的接待工作。

接待方案应按来访类型的不同而拟定不同的规格。

12.3 接　待

接待工作要根据客人身份，对等安排相应规格。在可能情况下，在安排车辆、住宿、饮食等，要按客人的喜好与习惯准备。接待流程如图 12-1 所示。

扫一扫

扫一扫你就知道接待流程。

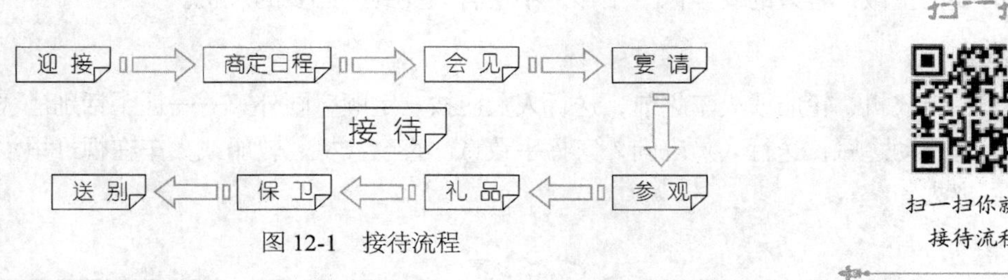

图 12-1　接待流程

1. 迎接

必须准确掌握来宾乘坐飞机（火车、船舶）的到达时间，及早通知全体迎送人员和有关单位。如有变化，应及时周知。迎接人员应在飞机（火车、船舶）抵达之前到达机场（车站、码头）。

如安排献花，必须用鲜花，并注意保持花束整洁、鲜艳，忌用菊花、杜鹃花、石竹花、黄色花朵。有的国家习惯送花环，或者送一两枝名贵的兰花、玫瑰花等。通常由儿童或女青年在参加迎送的主要领导人与客人握手之后，将花献上。有的国家由女主人向女宾献花。

客人与迎接人员见面时，互相介绍。通常先将前来欢迎的人员介绍给来宾，可由礼宾交际工作人员或其他接待人员介绍，也可以由欢迎人员中身份最高者介绍。客人初到，一般较拘谨，主人宜主动与客人寒暄。

客人抵达后，从机场到住地，以及访问结束，由住地到机场，有的安排主人陪同乘车，也有不陪同乘车的。如果主人陪车，应请客人坐在主人的右侧。如是三排座的轿车，译员坐在主人前面的加座上；如是二排座，译员坐在司机旁边。上车时，最好客人从右侧门上车，主人从左侧门上车，避免从客人座前穿过。遇客人先上车，坐到了主人的位置上，则不必请客人挪动位置。

2. 商定日程

外宾到达，稍事休息后，就可以向其通报活动安排，征求其意见；重要活动安排应由接待负责人出面与客人商谈妥后再正式确定。

3. 会见

客人到达后，应安排本组织负责人与之见面。重要客人来访，还可请上级机关领导人出面接见。会见时，主人应先于客人到达会见地点，并在门口迎接客人；会见完毕，主人应起身送客人出门或上车，并握手告别。

4. 宴请

根据需要确定宴请菜单、桌数和席次。正式宴请，须按照对等原则确定以谁的名义宴请，并安排相应陪同人员。

5. 参观

要在接待计划中预先明确参观场所、参观路线、参观项目以及陪同人员。

6. 礼品

根据客人情况及接待需要，确定礼品、纪念品的规格、种类和价值。礼品一般宜注重纪念意义，而不必追求高价奢华。

7. 保卫

安排必要力量做好客人的安全保卫工作，不使客人受到不必要的烦扰。

8. 送别

在外宾临上飞机、轮船或火车之前，送行人员应按一定顺序同外宾一一握手话别。飞机起飞或轮船、火车开动之后，送行人员应向外宾挥手致意。直至飞机、轮船或火车在视野里消失，送行人员方可离去。

重要提示

在涉外接待中，要根据客人所在国家或地区的风俗习惯安排其饮食起居是惯例。

小　　结

本章介绍了迎送与礼宾接待，其中包括确定迎送规格、拟定接待方案和接待过程3个步骤的内容。

通过对本章的学习，读者可了解涉外礼仪的相关规范、迎送接待礼仪，并了解西方常见的风俗，做一个文明的礼仪者。

思考与练习

1. 在迎接外宾时，给外宾献花应注意哪些事项？
2. 接待外宾时，应如何安排客人的上车顺序与座次？

活动与探索

1. 假如你要代表学校接待美国来访的30人高校学生代表团，请拟定一份接待方案。
2. 如果你是某国际会议的接机人员，你在机场迎接外宾时应当注意哪些礼仪？

第13章 国外用餐礼仪

西餐是西式饭菜的统称。西餐菜肴主料突出营养、讲究色彩，其烹饪和食用同中餐有着较大区别。随着改革开放的深入和对外交流的扩大，中国人越来越多地了解和接触西餐。掌握必要的西餐礼仪，能够在享用美食的同时享受用餐的情趣和氛围。

本章讲述西餐宴会的席位和排列、西餐上菜顺序、西餐餐具的使用、西餐用餐的方法、西餐礼仪注意事项等。西餐礼仪相对较为复杂，掌握好西餐礼仪是个人较高文化品位的体现。

13.1 西餐宴会的席位和排列

与中餐相比，西餐的席位排列有许多相同之处，但也有不少差别。

1. 席位排列的规则

（1）女士优先

在西餐排定用餐席位时，也往往体现女士优先的原则。一般女主人为第一主人，在主位就位。而男主人为第二主人，坐在第二主人的位置上。

（2）距离定位

距离主位的远近也可以决定西餐桌上席位的尊卑。距离主位近的位置要高于距主位远的位置。

（3）以右为尊

以右为尊是排定席位时的基本原则。就某一具体位置而言，按礼仪规范其右侧要高于左侧之位。在西餐排席时，男主宾要排在女主人的右侧，女主宾排在男主人的右侧，按此原则依次排列，如图 13-1 所示。

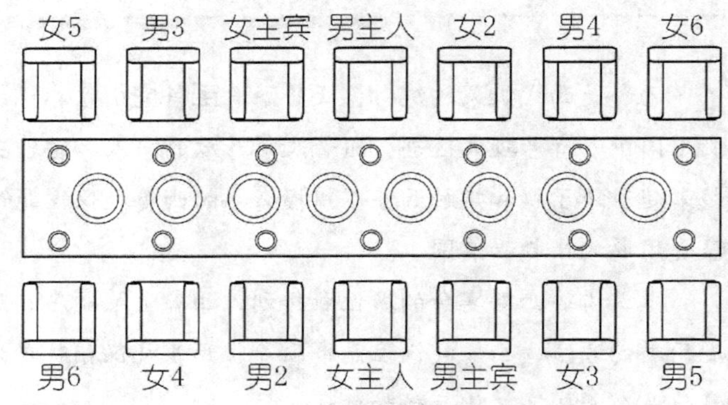

图 13-1 以右为尊的席位安排

（4）面门为上

在餐厅内，以餐厅门作为参照物时，按礼仪的要求，面对餐厅正门的位子要高于背对餐厅正门的位子。

（5）交叉排列

西餐排列席位讲究交叉排列的原则，即男女应当交叉排列，熟人和陌生人也应当交叉排列。一个就餐者的对面和两侧往往是异性或不熟悉的人，这样可以广交朋友。

2. 席位的排列

西餐席位有以下三种排列方法，如图 13-2 所示。

（1）男女主人在长桌的中央相对而坐，餐桌的两端可以坐人，也可以不坐人。

（2）男女主人分别坐在长桌的两端。

（3）用餐人数较多时，可以把多张长桌拼在一起，以使大家能一道用餐。

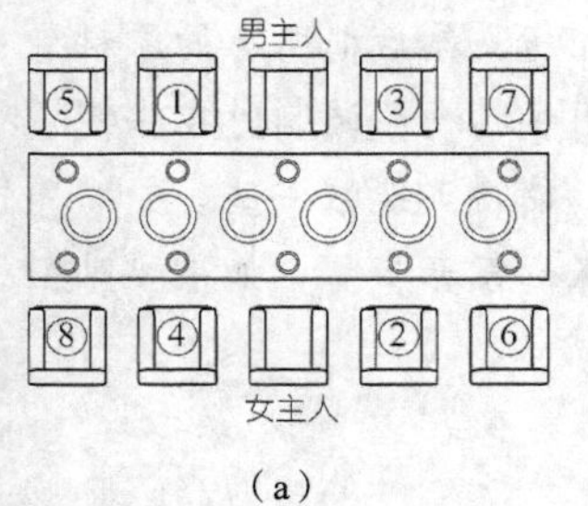

（a）

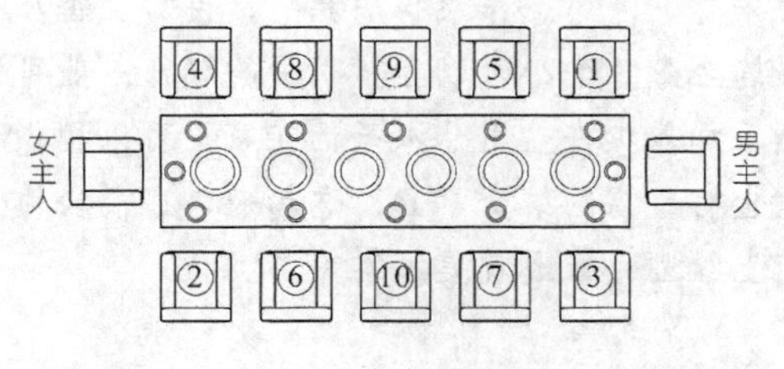

（b）

主人
5 1 3 7
8 4 2 6
主宾

（c）

图 13-2　西餐席位排列

扫一扫你就知道席位排列。

13.2　西餐上菜顺序

一般情况下，比较简单的西餐菜单可以是开胃菜—面包—汤—主菜—点心甜品—咖啡。

扫一扫

扫一扫你就知道西餐上菜顺序。

西餐的代表菜

西餐是欧美各国菜肴的总称，大致可分为欧美式和俄式两大菜系。欧美式菜系主要包括英、法、美、意等国菜肴，以及少量的西班牙、葡萄牙、荷兰等地方菜肴。欧美菜系虽因国度不同而在用料、口味等方面有所区别，但差别不大，而在风格上却自成一统。下面将为大家介绍两道代表菜。

1. 法式鹅肝

肝在法文中为 Foie Gras，而煎炒则是 Saute，所以在法国餐厅如果看见开胃菜中有“Foie Gras Saute”，那便是法式煎鹅肝了。煎鹅肝时最适合搭配甜酒煮成的酱汁，或加入无花果干一起煎，这样鹅肝的香味便能和无花果的风味配合一起，吃起来别有一番滋味。法式煎鹅肝有世界三大美食之称，在法国鹅饲养过程有其独特之处。

适合人群：老幼皆宜。

主料：上等鹅肝 150g。

辅料：苹果、土豆、胡萝卜、面粉、黑胡椒、红酒、烧汁少许。

配料：胡萝卜片和茄子片。

烧汁：由于掺入了黑胡椒，烧汁鲜咸带一点辣味。可以根据不同口味做出不同的烧汁，烧汁的基本原料为牛骨、洋葱、芹菜和胡萝卜，再加上番茄和番茄酱，然后把所有的原料都放入烤箱，高温烤至少3个小时以上。家用的烧汁一般可以选用牛精粉，调制时在牛精粉上浇上开水，然后加入少许盐用开水煮，在家里可以稍微勾芡，使得汁能浓一些。

营养分析：它含有丰富的维生素D，吃起来口感很松软、细腻，营养丰富。如果要时尚一些的话就要配上红酒，味道就更加鲜美了。

2. 意大利面

意大利面又称之为意粉，是西餐品种中中国人最容易接受的。

作为意大利面的法定原料，杜兰小麦是最硬质的小麦品种，具有高密度、高蛋白质、高筋度等特点，其制成的意大利面通体呈黄色，耐煮、口感好。所以，正宗的原料是意大利面具有上好口感的重要条件。除此之外，拌意大利面的酱也是比较重要的。一般情况下，意大利面酱分为红酱（Tomato Sauce）、青酱（Pesto Sauce），白酱（Cream Sauce）和黑酱（Squid-Ink Sauce）。红酱是主要以番茄为主制成的酱汁，是目前见得最多的；青酱是以罗勒、松子粒、橄榄油等制成的酱汁，其口味较为特殊与浓郁；白酱是以无盐奶油为主制成的酱汁，主要用于焗面、千层面及海鲜类的意大利面；黑酱是以墨鱼汁所制成的酱汁，其主要佐于墨鱼等海鲜意大利面。意大利面用的面粉是杜兰小麦制成的面粉，制成的意面久煮不糊。它的形状也不同，除了普通的直身粉外还有螺丝形的、弯管形的、蝴蝶形的、贝壳形的，林林总总数百种。

13.3 西餐餐具的使用

西餐餐具较多，必须了解和掌握其名称与用途，并正确地使用。

1. 餐具的摆放

西餐的餐具主要有刀、叉、匙、盘、碟、杯等，讲究吃不同的菜肴用不同的刀叉，饮不同的酒要用不同的酒杯。其摆法为：正面放汤盘，左手位放叉，右手位放刀，汤盘前方放匙，右前方放酒杯。餐巾放在汤盘下或插在水杯里，面包、奶油盘摆放在左前方。

2. 餐具的使用

（1）刀叉

一是正确识别刀叉：西餐中每道菜都有专门的刀叉，要吃一道菜换一副刀叉，不可乱用，也不可自始自终只用一副刀叉。

二是正确使用刀叉：刀叉分英国式和美国式两种用法。英国式用法是右手持刀，左手持叉，一边切一边叉而食之。美国式用法是先右刀左叉，把餐盘中要吃的食物切完，再把右手里的刀斜放在餐盘前方，将左手的叉换到右手里叉着吃。通常认为英式吃法更加文雅一些。

三是正确用手取食：西餐桌上的食物一般都是用刀叉进食，但有些食物是可以用手取食的。一般情况下，如果一定要用手吃，会附上洗手水，当饭菜与洗手水一起端上来时，即意味着“请用手吃”。在吃一般菜时，如果弄脏了手，也可以请侍者端上洗手水。

四是要知道刀叉的暗示：通过刀叉的摆放可以向侍者暗示是否加菜。刀右、叉左、刀口向内、叉齿向下，呈“八”字放置在餐盘上，表示还没有用完这道菜。刀右、叉左、刀口向内、叉齿向上并纵放，或刀上、叉下地并排横放在餐盘里，表示吃完了或不想再吃了，暗示侍者连刀叉带餐盘都一起收走。另外，要注意不要交叉成“十字形”放置。

（2）餐匙

一是要区分不同餐匙。汤匙通常放在食盘右边，食盘上方放的是吃甜食用的匙和叉及咖啡匙。

二是要正确使用餐匙。

（3）餐巾

使用餐巾时要注意以下几个方面。

一是餐巾的铺放。宴会开始，主人拿起餐巾，这是准备进餐的信号，客人跟着拿起餐巾，进餐时将餐巾平铺在双腿上，不要塞在脖颈里或系在裤腰带上，不要用餐巾擦拭杯盘，这是对主人或餐厅的不恭。

二是餐巾的用途。餐巾的第一个用途就是宴会开始、结束的标志，也就是说，主人拿起餐巾意味着宴会开始，而当主人把餐巾放到桌子上时，就表示宴会结束。此外，餐巾是用来擦嘴的，手洗过之后也可以用餐巾擦，但不能用来擦鼻子或擦脸。

三是餐巾有暗示作用。就餐期间离席，应把餐巾放在椅子上，表示自己还会回来吃；如果把餐巾放到桌子上，则表示自己不想再吃，示意服务员不必继续上菜。

13.4 西餐用餐的方法

正式的西餐宴会，一般有九至十道菜点，按上菜的顺序，吃什么菜用什么餐具，喝什么酒用什么酒杯，否则就是“外行”。

扫一扫

扫一扫你就知道西餐用餐的方法。

第一道是面包，黄油：面包撕成小块，抹黄油，吃一块抹一块。

第二道是冷小吃：用中号刀叉食用。

第三道是汤：饮舍利酒，用舍利杯饮用。

第四道是鱼：饮白葡萄酒，用白酒杯饮用。

第五道是副菜（小盘）：用中号刀叉食用。

第六道是主菜（大菜）：整只熏烤动物（如烤火鸡），用大号刀叉食用，这道菜可用红酒杯配饮红葡萄酒。

第七道是甜点：用点心勺和中号叉食用，用香槟杯配饮香槟酒。

第八道是水果：用水果刀。

第九道是咖啡：如加牛奶，用咖啡勺搅拌后饮用。

第十道是立口酒（蜜酒）：用立口杯饮用。

13.5 西餐礼仪注意事项

1. 预约

越高档的饭店越需要事先预约。预约时，不仅要说清人数和时间，也要表明是否要吸烟区或视野良好的座位。假如是生日或其他非凡的日子，可以告知宴会的目的和预算。饭店预约确定后要在预定时间内到达，这是基本的礼貌。

2. 服饰

即使是很昂贵的休闲服，也不能随意穿着进入餐厅。吃饭时穿着得体是欧美人的常识。去高档的餐厅用餐，男士要穿着整洁的上衣和皮鞋；女士要穿套装和有跟的鞋子。假如指定穿正式服装的话，男士必须打领带。

3. 入座

最得体的入座方式是从左侧入座。当椅子被拉开后，身体在几乎要碰到桌子的距离站直，领位者会把椅子推进来，腿弯碰到后面的椅子时，就可以坐下来。

4. 举止

用餐时，上臂和背部要靠到椅背，腹部和桌子保持约一个拳头的距离。最好避免两脚交叉的坐姿。

5. 谦虚

点酒时不要硬装内行。在高级餐厅里，会有精于品酒的调酒师拿酒单来。对酒不太了解的人，最好告诉他自己挑选的菜色、预算、喜爱的酒类口味，请调酒师帮忙挑选。

小　结

本章系统地介绍了西餐用餐礼仪，重点讲述西餐宴会的席位和排列、西餐上菜顺序、西餐餐具的使用、西餐用餐的方法、西餐礼仪注意事项等，旨在进一步提高读者的宴会社交能力。

思考与练习

1. 西餐正式宴会的席位安排是怎样的?
2. 西餐的餐具有哪些？该何时使用?

活动与探索

1. 假如你是一所高校的领导，准备宴请远道而来的外国高校访问团，座次该怎样安排?
2. 与同学讨论有关中餐与西餐礼仪的相同处与不同点。

第14章 出国礼仪

随着信息社会的快速发展和我国改革开放的深入，国与国之间的公务访问、商务活动、学术交流、观光旅游已越来越频繁。如何通过训练有素的礼仪行为，展现自己的良好修养以及国家形象，是每个人都应认真思考的问题。了解出国礼仪，并用行动很好地诠释，才能使出国行程更加顺畅。

14.1 出国手续办理

办理出国手续，不仅要遵循一般的礼仪规范，还要遵守必要的出境规矩及国际惯例。

1. 护照

凡出国人员必须持有护照，以便接受检查，证明其国籍和身份。中国公民出入境所持护照分为外交护照、公务护照、因公普通护照、因私普通护照等。外交护照、公务护照、因公普通护照由外交部或者外交部授权的地方外事部门颁发。因私普通护照、中华人民共和国出入境通行证等由公安部或者公安部授权的地方公安机关颁发。

扫一扫

扫一扫你就知道什么是护照。

2. 签证

签证是一个主权国家官方机构对本国和外国公民出入国境或在本国停留、居住的许可证明。

护照办好后，还应申请所去国家和中途经停国家的签证。签证一般可做在护照上，也有的做在其他身份证件上。如前往未建交国家，往往做另纸签证（另纸签证是签证的一种形式，它和一般签注在护照上的签证具有同样的作用。所不同的是，在护照以外单独签注在一张专用纸上，但必须和护照同时使用）。签证的等级分为外交、公务和普通签证。入出国境的签证分为入境、入出境、出入境、过境签证。申请前往国签证，一般是向该国驻我国的使领馆申请办理。各国对我国公民进入该国，根据理由不同，有提交各种证件的不同规定，所以，出国人员拿到护照后，还要认真、实事求是地准备必要的申请材料，提交前往国使领馆办理签证。

扫一扫你就知道什么是签证。

3. 体检

走出国门，到一个水土气候跟自己生长生活完全不同的国度，身体健康极为重要，所以出国前要对自己的身体做一次全面检查，有针对性地加强体力锻炼，养精蓄锐，做好启程准备。体检的目的还在于领取黄皮书。目前，大部分国家不需要预防针证明书，即黄皮书。但若到一些世界卫生组织指定为疫区的国家，便要求接受预防针注射。因此，出国人员出发前应向外事部门询问清楚，并到指定医院注射疫苗，领取黄皮书。

4. 置装

出国之前，应根据季节，前往国家的气候和自己出国的任务性质购置衣服。一般来说，凡出国人员都担负着公务活动任务，所以要定做适合对外活动穿着的西装，同时，要适当带一些适合旅游的便装。在置装、着装中，还要尊重东道主的要求和习惯，根据不同国度和场合准备不同的衣服。

5. 机票

购买机票是出国成行的另一件大事。如果确定了出国日期，在护照、签证尚未办好前，为了按时出国，可预先到航空公司订票。订票前，首先要选择好出国路线和航班，为了节省费用、省时和安全，避免中转换飞机，要尽可能选择最近的路线和直航班机。或尽可能减少中转次数，必须中转换乘飞机时，要选好中转地点安排好衔接航班。中转地点要尽可能选择过往飞机较多的城市，这会给您提供较多的改乘其他航班的机会。一般说来，合适的衔接时间，以2～4小时为宜，以便有足够的时间去办理中转手续或误机后办理改航班的手续。

6. 换汇

人民币是一种不能自由兑换成其他国家货币的货币。我国出国人员一般均携带自由外汇，如美元、日元、英镑。很多国家对外汇的管理很严格，有时限制外汇现钞的携带数量，入境时要登记，出境时要检查核对。在各国市场上，除某些国家有少数的外汇商店可直接使用自由外汇外，一般均使用本国货币。国际机场，大旅馆均设有外汇兑换处，将自由外汇兑换为当地通用货币，兑换时应根据实际需要，用多少就换多少，回国时已兑换的当地货币未用完，则应尽可能换回自由外汇。

7. 保密

防止失密、泄密是出国人员应该遵守的纪律，任何人不得擅自携带国家机密文件、资料和其他物品出国。在公共场合或住室内不随便谈论国家秘密事项；写信、打电话、发电报不能涉及国家机密的内容，重要情况、保密程度高的事项需要向国内传递时，可通过我国的大使馆、领事馆保密途径向国内报告。在境外，常会遇到一些陌生人主动与我方人员接触，存在着进行套取秘密情报或危害人身安全方面活动的可能性。因此，遇有身份不明的陌生人主动搭讪时，不要有问必答，不要透露工作单位、出国任务、政治面貌、下榻地址及同外交往单位、人员名称等情况。

8. 边检

在许多国家边防检查是由移民局或外侨警察局负责，我国由公安部主管。出入境人员接受边防检查前自行填写出入境登记卡。登记卡的项目包括班机号、来自何处、姓名、出生日期和地点、职业、国籍、护照号码等，过境时将此卡连同本人的护照证件、签证等一并交边检站检验后方可通行，边防检查对旅客及所携带的行李物品一般不做检查，但在特殊情况下，也可进行人身检查和行李物品的重点检查。中国公民只有所持护照而无前往国家或途经国家签证，边防检查站将不予放行。出入境时还要如实填写《旅客行李申请单》。如申报不实或隐匿不报、海关将依法处理。我国禁止进口的物品有各种武器、弹药及爆炸物品；仿造货币及仿造的有价证券；对我国政治、经济、文化、道德有害的印刷品、音像制品；烈性毒药、各种毒品；带有危险性病菌、害虫的动植物及其制品；有碍人畜健康、来自疫区的能传播疾病的食品、药品等。我国禁止出口的物品有列入禁止出境范围的所有物品；内容涉及国家秘密的手稿、印刷品、音像制品；珍贵文物，珍贵动植物及其标本，种子等。另外，海关还对一些物品规定限制数量进出口。近些年来，国际上劫机、爆炸事件增多，严重危害旅客的生命财产安全。为了保证飞机正常运行和旅客的安全，世界各国都加强了机场安全检查。通过安全检查，严禁将枪支、弹药、管制刀具、易燃、易爆、剧毒、放射性物品和其他危害飞行安全的危险品带上飞机或夹在行李物品中托运，一经发现，安全检查部门有权处理，对有劫机或其他犯罪嫌疑的人，安全检查部门将移交公安机关、警察机构处理。

14.2 出国礼仪常识

一般来说，出国都有相关组织或旅行社统一安排食宿和旅行事宜，但有一些礼仪常识需要出行者了解和掌握。

1. 住宿

在国外居住，最好事先预订好房间，国外各航空公司都可以办理订旅馆房间手续。国外旅馆一般不供应开水，有的旅馆房间设有冰箱，摆有酒水等各种饮料，如果饮用则需付款，而且价格很高，有的旅馆饮料一拿出冰箱后则无法放回，自动记账。最好根据出访目的国的电压，自带电热杯。旅馆一般不允许在房间里洗大量衣物，送洗衣房洗衣物要填好洗衣单，将要洗的衣物装入专门的洗衣袋，由服务员送洗衣房；如自己洗小件衣物，可在卫生间晾干。住在饭店里，切记不要在床上抽烟，不要在室内煮食，更不能使用电熨斗。为了避免发生火险，首先了解住所内安全门在哪里，并亲自看一看，确切了解从房间到安全门的路线、距离、途中的障碍物等。

2. 用餐

国外饭馆、饮食店的种类很多，可供选择。在东南亚及欧美等各国中国餐馆很多。中国菜馆物美价廉、菜肴花样多，比较适合我出国人员口味。小吃店供应各种饮料以及三明治、热狗之类的小吃，有的还供应各种简单的冷、热菜，这种店经济方便，适合于简便午餐。熟食店出售烤鸡、烤牛羊肉、炸鱼虾等食物。顾客也可以在店内用餐。

3. 乘车

国外出租汽车一般都有特殊标志，如有“Taxi”或“T”的牌子，有的是车身用特殊的颜色等。在机场、车站、旅馆及街道上均可乘出租汽车，出租汽车都有自动计费里程表，可按表上的价钱付款，并付一定的小费。国外城市的公共汽车、地铁非常发达，而且票价较便宜，在国外如无急事，乘坐公共汽车或地铁最为经济实惠。

4. 小费

在国外，无论在机场、旅馆，还是乘出租汽车，在饭店吃饭，都要付小费。付小费要注意场合，讲究方法，做到顺乎自然，千万不要大呼小叫地说“喂喂，给您小费”，会把服务生吓跑。付小费的方式多种多样，可以把小费放在盘子下面，也可以在和招待员握手告别时放在他们手里，或把找回的零钱留下作小费。对机场车站旅馆的搬运工则公开付小费即可。小费到底该付多少，不同国家、不同地区也不一样，应根据当地习惯和各种具体情况来决定。

5. 安全

出国人员必须保管好自己的护照，为防万一被盗丢失，事前应把护照的号码，签发日期记下来，以备补发时申报，材料齐全可以缩短等待补发的时间。此外，出国时还应携带备用的照片若干张。遗失机票，就不能及时登机，延误行程，因此，像保管好护照一样保管好机票，万一遗失或被窃时，应立即到机票航班所属的航空公司办事处报告登记，说明机票遗失情况及机票的号码、班机、行程、日期等，请予补发。出国旅行要时刻防止携带行李物品被盗，要做到物不离身，更不能交给陌生人代看。在候机室、候车室等防止行李箱、皮包等被人顺手牵羊；托运的行李箱内不能存放现金，贵重物品。外出时不要带太多的现金。如发现被扒或东西被抢，要马上大声呼叫，找警察联系。在国外一旦发生被扒被抢等问题，被盗、被抢财物一般不易找回。初到国外的人，由于不熟悉环境，又受语言、文字的限制，容易在街上迷路。为此预先要买一份当地的地图，外出时带在身边，同时要将所在饭店的地址、电话带在身上。

扫一扫你就知道如何注意细节。

6. 细节

注意细节，可以提升个人的品位。在博物馆随意拍照，随地丢弃废物，过人行横道闯红灯，在公共场所大声喧哗，都是令人侧目的行为；守时是跟团旅行的第一要求，不要为了个人而耽误大家的时间；只享受该享受的，不应毫无节制地吃酒店的免费小食品或水果。

小　结

本章介绍了出国礼仪，主要包括出国手续办理及出国礼仪常识。

通过对本章的学习，读者可了解涉外礼仪的相关规范、迎送接待礼仪，并了解西方常见的风俗，做一个文明的出行者。

思考与练习

1. 如何办理签证和护照?
2. 在国外旅店住宿应注意哪些事宜?

活动与探索

1. 如果你将去国外参加一项学术活动，应怎样提前安排好自己的行程?
2. 与同学一起搜集有关出国礼仪的有关知识。

第15章 各国风俗

西方国家与中国在文化背景、礼仪传统和行为习惯等方面存在较大的差异。我们在涉外交往中，必须对其有所了解和掌握，才能入乡随俗，建立良好的关系。

名言警句

When in Rome，do as the Romans do.

——西方谚语

15.1 西方的称谓

在涉外交往中，应严格遵循国际上通行的称谓习惯，不能疏忽大意。涉外称呼一定要符合礼仪要求，否则容易伤害对方感情，或者被对方认为缺乏礼貌。

1. 社会称谓

在非正式的情况下，人们一般会以名字相称，有时候长辈甚至允许年轻人喊他们的名字。不过大部分的正式场合里，人们会采用适当的称谓。例如先生、女士、博士、教授再加上姓来称呼人。经过介绍之后，对方可能会说："请叫我 Jim 就好了。"否则，还是以他的姓称呼他最为合适。

美国人会使用一些很正式的称谓来反映出他们欧洲背景的传统。英国人称呼他们的国王和皇后为殿下，美国人则称呼法官为阁下；美国人很尊敬地对国家元首说话时，会称他为总统先生；而很多教会提到教会的领导者时，则以牧师尊称。在日常生活中，先生或是夫人这样礼貌的称谓，表现出相当的尊重。但是美国人一般不会用职业或是职位的名称来称呼人。学生们可能会称呼他们的老师为哈德森先生（或女士），而不是哈德森老师。

扫一扫

扫一扫你就知道如何采用适当的社会称谓。

2. 亲属称谓

英语的亲属以家庭为中心，一代人为一个称谓板块，只区别男性、女性，却忽视配偶双方因性别不同而出现的称谓差异。显得男女平等。例如英文中有"grandparents"、"grandfather"、"grandmother"，而中文相应的有："爷爷"、"奶奶"、"外公"、"外婆"；再如父母同辈中的称谓，英文中有"uncle"和"aunt"，而中文相应的有"伯伯"、"叔叔"、"舅舅"、"姑妈"、"姨妈"等。

15.2 西方常用见面礼节

1. 握手礼

握手礼起源于欧洲，现已流行世界，如图 15-1 所示。行握手礼时，一般由客人先伸手，双方有一人是女性时，女方先伸手。握手礼一般不戴手套，但十分尊贵的人和女性可以戴手套。

2. 鞠躬礼

鞠躬礼为下级对上级或同级之间的礼节。行鞠躬礼一般要脱帽，上身前倾 15°，两眼注视受礼者，同时表示问候。

3. 点头礼

点头礼为同级和平辈之间的礼节。一般是在路上相遇时，很随意地边行进边行礼。

4. 举手注目礼

举手注目礼为军人的礼节。行礼时举右手，五指并拢，指尖接触帽檐右侧。手上臂与肩平齐。两眼注视受礼者，待对方答礼后将手放下。

5. 吻手礼

吻手礼为欧美上层社会的礼节。和贵族妇女见面时，如果女方伸出手作下垂式，则要将手掌轻轻托起吻一下手背，如图 15-2 所示。如果女方不伸手，则不行吻手礼。

图 15-1 握手礼

图 15-2 吻手礼

扫一扫

扫一扫你就知道什么是吻手礼。

6. 亲吻礼

亲吻礼为上级对下级、长辈对晚辈、朋友之间、夫妻之间表示亲昵和爱抚的礼节。通常是在受礼者的脸上或面额上亲吻，如图 15-3 所示。

7. 拥抱礼

拥抱礼如图 15-4 所示，是朋友、熟人表示亲密感情的礼节。拥抱一般和接吻礼同时进行。

图 15-3 亲吻礼

图 15-4 拥抱礼

小　　结

本章介绍了西方风俗，包括西方称谓和常用见面礼两部分。

通过对本章的学习，读者对西方国家的礼仪传统和行为习惯等方面有了一个全面的了解。在我们今后的涉外交往中，做到了解和掌握各国风俗，才能够入乡随俗，建立和谐友善的关系。

思考与练习

1. 与外国朋友交往中，如何适当地称呼他们?
2. 西方常用的见面礼节有哪些?

活动与探索

1. 如果你应邀去外国朋友家里做客，应该怎样恰当地称呼他的家人?
2. 试想你向外国朋友握手，而对方却要与你拥抱，你该怎么办?

第16章 汉族

中华文化是中华民族五千多年来相继创造、沿承发展、与时俱进的物质和精神文明，是世界历史上最悠久、最灿烂而又从未中断过的人类文明奇葩，是中华民族和海外华人的情感纽带和身份认同的胎记。传统节日是中华民族的盛典与礼仪，是日常生活中休闲、娱乐最经典的方式之一。弘扬传统优秀文化，复兴民俗节日礼仪，是促进物质文明与精神文明同步发展，构建和谐社会，建设社会主义先进文化的迫切需要。

名言警句

千门万户曈曈日，总把新桃换旧符。

——[宋] 王安石

16.1 汉族民俗

汉族是中国 56 个民族中人口最多的民族，也是世界上人口最多的民族。汉族是原称为“华夏”的中原居民，后同其他民族逐渐同化、融合，自汉代开始称为汉族。

16.1.1 居住

汉族由于分布地区广大，其传统住房多为砖木结构的平房，院落多为四合院式（以北京四合院为代表）。

居住在东北的汉族人，其传统住房与华北基本相似，区别在于墙壁和屋顶，那里的住房一般都很厚实，主要是为了保暖。居住在陕北的汉族，则根据黄土高原土层厚实、地下水位低的特点挖窑洞住房，窑洞不仅冬暖夏凉，而且不占耕地面积。居住在南方的汉族，其传统住房以木建房为主。由于南方各地的自然条件不同，住房建筑布局上也有差异。如丘陵山地的楼房依山而建，江浙水乡则注重前街后河，福建的土楼庞大而美观，苏州的阁楼小巧而秀丽。

无论是南方还是北方的汉族，其传统民居的共同特点都是坐北朝南，注重室内采光；以木梁承重，以砖、石、土砌护墙；以堂屋为中心，以雕梁画栋和装饰屋顶、檐口见长。

16.1.2 饮食

汉族主食以稻米、小麦为主，辅以蔬菜、肉食和豆制品。稻米的吃法以米饭为主，另有粥、米粉、米糕、汤圆、粽子、年糕等不同的食品；小麦则有馒头、面条、花卷、包子、饺子、馄饨、油条、春卷、炸糕、煎饼等吃法。汉族讲究并善于烹饪，并结合不同地区的特色形成了不同的地方风味，目前，汉族的川、粤、闽、皖、鲁、湘、浙、苏等八大菜系闻名于海内外。

茶和酒是汉族的传统饮料。汉族人饮茶，据说始于神农时代，少说也有 4700 多年了，直到现在，汉族依然保留有以茶代礼的风俗。

16.1.3 服饰

汉族的服饰比较复杂，从古到今变化很大。

古代的服装有裙装、袍服、儒裤服等。到近现代，汉族服饰开始变化，古代服装几乎完全被淘汰，取而代之的是男子穿简化了的长衫和马褂，头戴呢帽、皮帽、毛绒帽，也有的穿西式礼服、戴呢帽。女子最初穿简化了的上衣下裙，以后流行改良了的旗袍，也有的以连衣裙作礼服。公职人员和知识分子穿中山装，城乡男女则穿对襟和大襟式的衣服。20 世纪 50 年代，城市男女多穿蓝干部服，男女服装的区别只在于领口样式的不同和衣袋多少。进入 20 世纪 80 年代以后，各地流行起西服、夹克、风衣、运动衫、呢大衣、羽绒服等，特别是男女青年的服装更是款式新颖多样，追逐着服装时尚的新潮流。

16.1.4 语言

汉族有自己的语言和文字，汉字经过 5000 多年的演变，发展成为现在的通用的简化汉字。汉族的语言通称为汉语，属汉藏语系，是世界上历史最悠久、最丰富的语言之一。

汉族的语言有北方、吴、湘、赣、客家、闽北、闽南、粤等八大方言，现代汉语普通话以北方方言为基础，以北京语音为标准音。汉文起源于远古，现行的方块字是从 4000 多年前的殷商甲骨文（见图 16-1）和商周金文演变而来的。

图 16-1 甲骨文

16.1.5 宗教信仰

汉族自古对各种宗教信仰采取兼容并蓄的态度，天命崇拜和祖先崇拜是汉族宗教的主要传统概念，由孔子、孟子思想体系形成的儒家学说对汉族产生着深刻的影响。历史上汉族人一部分信仰道教和佛教，西方的天主教、基督教传入中国以后，又有一些人开始信仰这些宗教。

16.1.6 禁忌

汉族通常喜欢双数不喜欢单数，如果给结婚、庆寿的人祝贺，赠送单数的礼品是非常忌讳的。另外，在汉语中，“三”谐音“散”，“四”谐音“死”，都不受欢迎。在人的年龄表述上忌言七十三、八十四，传说孔子卒于 73 岁，孟子卒于 84 岁，因此民间有“七十三、八十四，阎王不请自己去”的说法，所以都很忌讳。

扫一扫

扫一扫你就知道汉族禁忌。

汉族在接客、待客方面也有不少禁忌，比如民间有俗语说“七十不留宿，八十不留坐”，意思是年纪大的人忌讳在别处留宿，否则恐有不测。

颜色喜好方面，汉族以黄色、紫色为贵色，而以黑色、白色为凶色。

在饮食方式上，古代汉族有不许用手抓着食物吃的忌讳，而更多的饮食方式禁忌是由于迷信的影响。例如，旧时汉族忌讳吃饭时抛洒米粒或吃完饭后碗底有残饭，认为如果这样则要遭到雷击；再如，旧时汉族认为如果小孩不吃饭，将来便会娶麻脸妻子或嫁给麻脸丈夫。食具方面的禁忌也很多，如忌讳吃饭前用筷敲空碗，只因旧时乞丐要饭时才这样。

16.2 节日与礼仪

16.2.1 节日

汉族的主要节日有春节、元宵节、清明节、端午节、七夕节、中秋节、重阳节、腊八节、小年等。

16.2.2 婚俗

汉族人口众多，习俗各异。如今男女婚嫁大都已移风易俗，采用简单而又热闹的婚礼。但在有些汉族地区的农村，传统的民俗至今仍然保留着。

小　　结

本章共分为汉族民俗与节日礼仪两大部分，其中介绍汉族民俗、节日和婚俗等礼仪。读者在学习和掌握礼仪知识的同时，更感受到了华夏文明的博大精深，加深了对国家和民族的热爱之情。

思考与练习

1. 汉族的节日主要有哪些?
2. 汉族的禁忌主要有哪些?

活动与探索

1. 与朋友们一起查找资料，了解汉族主要节日的风俗。
1. 汉族的节日食物主要有哪些?

第17章 少数民族民俗与礼仪

尊重少数民族风俗习惯，是党和国家民族政策的重要组成部分，具体表现在尊重各民族的平等权利和生活方式，不以个人的好恶去对待民族风俗习惯，去处理与民族风俗习惯有关的事情。实践证明，尊重少数民族风俗习惯，对于国家稳定、民族团结进步有着十分重要的意义。

名言警句

历史犹如一支伟大的复音曲，在这支曲子里依次响起各民族的声音。

——[德]歌德

17.1 我国少数民族的节日

蒙古族：“那达慕”大会。

回族：开斋节、古尔邦节和圣纪节。

藏族：藏历年、雪顿节。

维吾尔族：古尔邦节、肉孜节。

苗族：苗年、春节、四月八、吃新节、龙船节和清明节。

彝族：火把节。

壮族：中元节、牛魂节和三月三。

布依族：春节、端阳节、中秋节、二月二、三月三、四月八、六月六和六月二十四。

朝鲜族：春节、清明节、端午节、中秋节。

满族：春节、元宵节、二月二、端午节、中秋节。

侗族：侗年、祭牛节和吃新节。

17.2 少数民族的风俗和禁忌

17.2.1 蒙古族

蒙古族的传统服饰主要由首饰、长袍、腰带和靴子四个主要部分构成。妇女头上的装饰多用玛瑙、珍珠、金银等制成，牧区女子多用红绿等色长绸缠头。男女都穿身宽袖长的长袍，束以腰带，着长筒皮靴。饮食品种多样，牧民的饮食多以牛、羊肉及奶食、炒米为主，辅以粮食、蔬菜；农民以粮食为主，辅以肉食、奶食和蔬菜；普遍喜爱喝奶茶、马奶酒、酸奶子，手扒肉为招待贵客的特色食品。易拆搭、搬运的蒙古包是其传统民居，现多为土木结构的“人字形”房屋。各地婚俗不尽相同，但拜火是婚礼上不可缺少的重要仪式，象征着爱情的坚贞和生活的红火。传统葬俗有天葬、土葬和火葬形式，现多行土葬或火葬。注重礼仪，讲究尊卑，在拜佛、祭祀、婚丧、拜年以及对长辈和贵宾表示尊敬等场合，都要献哈达。“那达慕”大会是其传统节日，每年七八月间举行，源于摔跤、射箭、赛马三项竞技活动，现已成为蒙古族庆祝丰收、进行物资交流和举行民间体育活动的隆重集会。祭祀活动比较多，其中最主要的包括祭敖包和祭成吉思汗陵等。

认为火神或灶神是驱妖辟邪的圣洁物，忌在火上烤脚、烤鞋袜，不得跨越或踢火，不得往火上摔东西、扔脏物，也不得用刀碰火。认为水是纯洁之神，忌在河中沐浴，更不许洗女人衣服或向河流中扔脏物。牧民家里有人病重或病危时，一般不待客。

17.2.2 回族

回族服饰讲究整洁、得体。男子喜欢戴无檐小帽，以白色、圆顶居多，穿白衬衫外套黑坎肩。过去，妇女普遍戴盖头，从20世纪50年代起，时兴戴白色仿护士帽，老年妇女仍外罩盖头；现在也有用素色纱巾包头的。饮食以米、面为主，吃牛、羊、鸡、鱼肉等。逢年过节炸“油香”、“馓子”等食品。回民很爱喝茶，待客时，还要在茶里加上冰糖、红枣等。回民多习惯围清真寺而居。反对偶像崇拜，其民居风格基本为中国传统的殿宇式四合院样式，结构匀称，雕梁画栋，多饰以山水风景、几何图形、植物花卉等，室内喜挂阿拉伯文中堂字画。重视婚姻家庭，反对独身，以本民族内部通婚为主。男孩7岁时要举行割礼。实行无棺土葬，讲求简葬、速葬，停尸最多不超过三天。讲究待客礼节，待客进餐时，主人不陪坐、不陪吃，要站在地上照顾客人。传统习俗规定忌酒戒烟，但随着时代的变化，在有的地方和场合，这一习俗也有所改变，宗教职业者和虔诚的穆斯林则严格遵从。主要节日有源于伊斯兰教的开斋节、古尔邦节和圣纪节。

扫一扫

扫一扫你就知道回族风俗与禁忌。

忌俗在饮食方面尤为突出，主要是讲究清真，禁止食用猪、马、驴、骡、狗、猫、鼠、鹰、乌鸦、蛇等动物，用火器击毙和自死的畜禽以及动物血。这一忌食范围主要源于《古兰经》的规定。对于牛、羊、骆驼、鸡、鸭、鹅等禽畜，必须是经过清真寺四掌教（刀师傅）或阿訇亲手屠宰的，才可进食。此忌俗主要是因当时多神教徒杀牲畜时，必诵自己所崇拜的偶像名字。伊斯兰教为了避免多神崇拜，遂要求信徒宰牲时诵安拉（真主）的名字，以示区别，否则禁食之。此外，回民还禁止以食物开玩笑，特别是不能用禁食的东西作比喻，如形容辣椒、西红柿像血一样红等。不准在水井、泉眼附近洗漱、洗衣，不能将容器中的剩水倒回井中。

17.2.3 藏族

藏族服饰颇具特色，农区男子穿右开襟氆氇长袍，脚着皮靴或“松巴鞋”；农区和城镇的妇女冬春穿长袖长袍，夏秋为无袖长袍，腰前系有彩色横条围裙，即“邦垫”，姑娘则不系。牧区男女服饰基本相同，均穿光板羊皮袍。女子头饰比较讲究，少女梳一条发辫，成年则分成两条，牧区妇女还习惯梳许多小辫，拢在一起，披在肩上。并在头顶挂三角形头饰，其上缀以珊瑚、松耳石。主要传统主食和饮料为糌粑、酥油茶和青稞酒，牧区还有肉食和奶制品。葬仪分为天葬、塔葬、火葬、水葬和土葬。以天葬为主，塔葬仅用于达赖、班禅及少数大活佛，火葬只有活佛才能享用，水葬用于夭折的幼童，土葬用于患传染病的人及凶死者。讲究礼仪，献“哈达”

扫一扫

扫一扫你就知道藏族风俗与禁忌。

是最为普遍的礼节，婚丧嫁娶、民俗节庆、拜会尊长、拜佛、迎送宾客等场合，通常都要献上象征纯洁、吉祥的白色哈达。节日较多，多具宗教色彩，主要有藏历年、雪顿节等，其中藏历年最为重要，相当于汉族的春节。

忌吃驴肉、马肉和狗肉，有些地方也不吃鱼肉、飞禽等。忌讳在寺庙内吸烟、摸佛像、翻经书、敲钟鼓；对于喇嘛随身佩戴的护身符、念珠等宗教器物，不得动手抚摸；不许在寺院附近砍伐树木，不得大声喧哗，也不准在寺院附近的水域捕鱼、钓鱼。遇到寺院、玛尼堆、佛塔等宗教设施，须由左至右绕行。不得跨越法器、火盆，忌逆转经筒、经轮。忌讳别人以手触摸其头。不得在别人面前随便吐痰、脱鞋、脱袜或烘烤鞋袜、裤子；忌用单手接、递物品；进入帐房后，男的坐左边，女的坐右边，不得混杂而坐；家有病人或妇女生育，门前都作标记，有的在门外生一堆火，有的在门口插上树枝或贴一红布条，忌外人进入。外人不得围观天葬台，严禁拍照，禁杀鹫鹰。

17.2.4 维吾尔族

维吾尔族喜欢戴帽，尤以四楞小花帽最具特色。男子传统服装为宽袖、无领、无扣、中扎一布带的棉质长袍“袷袢”；妇女则着色彩艳丽的连衣裙，外套对襟背心，并配有耳环、手镯、项链等装饰品。传统菜肴自成体系，以烤、煮、焖为主要烹调方法，以烤羊肉串、锅烤肉、烤全羊最具代表性，烤馕、抓饭是最常见饭食，还有烤包子、薄皮包子、炸馓子等。传统民居建筑多为土坯砖结构平顶房，居室多有门无窗，开天窗采光。住房多成方形院落，大门忌朝西向，房前屋后普遍种植花草、果树。青年男女婚姻自由，婚礼隆重热烈。男孩 7 岁时要举行割礼。行无棺土葬，强调速葬、简葬。传统节日基本上都源于伊斯兰教，主要有古尔邦节、肉孜节。重视礼仪，尊重长辈。歌舞内容丰富，人们普遍能即兴唱歌跳舞。

扫一扫

扫一扫你就知道维吾尔族风俗与禁忌。

忌食猪、狗、驴、骡之肉和自死的禽畜肉及动物血，在南疆地区还忌食马肉和鸽子肉。进餐时，不能随便到锅灶前，忌用鼻子闻或用手乱摸乱抓食物，最忌讳打哈欠、擤鼻涕、挖鼻孔、吐痰，尤其是放屁。做客时，不要拒绝主人提供的茶水和食品。若客人觉得茶水喝够了，可以用手掌捂一下茶杯口，否则主人会继续为其斟茶。吃馕时，须先由主人把整馕掰开，客人方可动手。如几人吃一盘食物，要吃面对自己的一部分。忌将剩余食物或自己碗中的食物让给别人。忌对长者直呼其名，不能在其面前吸烟、饮酒；遇见长者在前，要从其背后绕行。在北疆地区，还禁止在长辈面前讲诙谐或揶揄的语言。在屋内就座，忌坐床和双腿直伸脚底朝人。接受物品或请茶时，忌用单手。未经主人同意，不得动用主人家的物品。门上挂有红布条，表示妇女分娩或小孩出疹子，禁止外人人内。不能随便与妇女开玩笑。不许在住地附近、水源旁边、墓地、清真寺周围和果树下随意大小便、吐痰或倒脏水。禁止携带污浊之物进入墓地和清真寺。

17.2.5 苗族

苗族服饰差异较大，多数地区妇女穿大领对襟短衣和长短不一的百褶裙；有的穿大襟右衽上衣，下着宽脚裤；有的上衣无领，衣袖和裤脚边绣有宽大花边。基本都缠布头巾，戴耳环、项圈、手镯。头饰样式繁多，配有各式包头帕。男子多着大襟或对襟短衣，下穿长裤。主食多以大米为主，玉米、红薯、小麦为辅。宴会上，鸡头一定要敬给客人中的长者，鸡腿给年纪虽不大但不常来的远客。吃鱼时，主人往往将整条鱼敬给客人。有些地方还敬“牛角酒”、“梳子肉”，客人如一一接受，主人最高兴。如有人酒量小，不喜肥肉，可说明情况，主人不勉强，但不吃饱喝足则被视为看不起主人。住宅因地而异，黔东南为木制平房和二层楼房（亦称“吊脚楼”），湘西和贵州松桃等地为木质结构、双斜面瓦顶或草顶平房，昭通地区和海南岛多为茅草房。婚前恋爱比较自由，多为本人同意和征求父母意见相结合。行土葬。过去盛行自然崇拜和祖先崇拜。主要节日有苗年、春节、四月八、吃新节、龙船节、清明节等。

忌讳迎亲途中扭伤腿脚，视此为不吉。丧家在一个月内禁婚嫁，不得唱歌或吹芦笙。有的地方过节时不许杀狗和食狗肉。禁止在村寨周围挖土或砍伐古树。同辈男女忌以“姐夫”、“妹夫”相称，可称兄弟姐妹。

17.2.6 彝族

彝族男子穿黑色窄袖左斜襟上衣和多褶宽裤脚长裤；女子多穿镶边或绣花大襟右衽上衣和多褶长裙，佩围裙和腰带，缠包头。外出时，男女均披形如斗篷的“擦尔瓦”。山区多以玉米、荞麦、燕麦、土豆为主食，习惯吃俗称“坨坨肉”的大块肉，喜好酸辣，爱饮酒、茶。在四川凉山彝族聚居地区人们多住土木结构的“瓦板房”，云南中部和东南部多为平顶土房（也称“土掌房”）。青年男女多自由恋爱，婚姻自主。凉山一带行火葬，云贵地区行土葬。火把节是彝族最为隆重的传统节日，每逢节日，大都以村寨为单位举行集会。彝族热情好客，常以酒待客，有“无酒不成敬意”之说。

忌在家中吹口哨和大声喧闹。在彝族人家做客，忌讳以脚踢踏或跨越火塘，不许手摸火塘三角架。男人最忌他人触摸自己头上的蓄发，认为这是不可宽恕的行为。有的地方不食马、驴、骡肉。

17.2.7 壮族

壮族男子多穿青布对襟上衣，有的以布帕缠头；妇女多穿无领、左衽上衣，下着宽裤或褶裙。主食以大米、玉米为主，喜食腌制酸食，以生鱼片为佳肴。爱做黑、红、黄、紫、白“五色饭”，表示五谷丰登之意。有嚼槟榔和用槟榔待客的传统习俗。住房与当地汉族基本相同，部分地区为上住人、下存放东西或养牲畜的二层“干栏”建筑。婚前恋爱自由，过去有婚后“不落夫家”习俗，一般要两三年后才住夫家。一般地区行土葬，部分地区有“拣骨重葬”之俗，即人死若干年后将遗骨拣出，放入瓦瓮内密封再葬。主要节日有中元节、牛魂节、三月三等。

给老人端茶饭，忌用单手。农历正月初一不得杀生。有的地方青年妇女忌吃牛肉和狗肉。妇女生小孩头三天或头七天，外人不得进入其房间；妇女生小孩未满月，不能到别人家串门。

17.2.8 布依族

布依族男子多穿对襟短褂、长裤，包头巾；妇女大都穿右衽大襟衣，下着长裤或褶子裙，戴各种银质首饰。饮食以大米、玉米为主，逢年过节喜吃糯米糍粑，腌酸菜比较有名。民居有楼房、平房和半边楼（建在斜坡上，前半部为平房，后半部为楼房）三种类型。青年男女自由恋爱，盛行“赶表”习俗。行土葬。除过春节、端阳节、中秋节以外，还有二月二、三月三、四月八、六月六、六月二十四等富有本民族特色的节日。

忌讳外来夫妇在主人家中同宿。主人不得从客人面前经过，须从其背后绕行。有的地方还禁止搬动或用脚碰火塘上的三角架。

17.2.9 朝鲜族

朝鲜族有“白衣民族”之称，过去男女多着白色短衣，现妇女穿色彩艳丽的短衣长裙；男子仍着白色短上衣，外套坎肩，下穿大肥裆裤，裤脚系丝带，外出时加穿长袍。以大米为主食，喜吃辣泡菜、打糕、冷面、大酱汤和狗肉。民居有瓦房和草房，以砖瓦结构的住房居多。婚礼包括新郎婚礼和新娘婚礼，新郎骑马去迎亲，在新娘家举行的婚礼叫新郎婚礼；新娘坐轿到新郎家后举行的婚礼叫新娘婚礼。婚礼当晚，近亲和村子里的青年男女为新郎、新娘开娱乐晚会，往往歌舞到深夜。讲究“男主外，女主内”。多数地区行土葬，城镇多行火葬。注重礼孝，强调尊老爱幼。节日与汉族基本相同，主要有春节、清明节、端午节、中秋节等。

忌讳他人称本民族为“鲜族”。晚辈不得在长辈面前吸烟、喝酒，父子不能同席，在家宴中无法回避时，年轻人要举杯背席而饮，以示对老人的尊敬；吸烟时，不得向老人借火和接火，否则便被视为是一种大不敬的行为；路遇长者，晚辈要恭候问安并让路；与长者同路，须在其后跟随，若因事超过，一定要说明原委。不论男女，不能在客人面前随意伸腿，尤忌双腿叉开。在婚丧、年节期间不杀狗、不食狗肉。

小　结

本章介绍了我国少数民族的节日、丧葬习俗以及几个少数民族风俗，如蒙古族、回族、藏族、维吾尔族、苗族、彝族、壮族等。

通过对本章内容的学习，读者可以广泛地了解我国各个少数民族的节日礼仪以及特殊习俗，在处理与民族风俗习惯有关的事情时，做到尊重各民族的平等权利和生活方式，礼貌地对待各民族风俗习惯，在我国这个多民族团结的和谐社会之中作一名文明的公民。

思考与练习

1. 我国的少数民族有哪些？

2. 我国人口较多的几个少数民族有哪些特殊礼仪？

活动与探索

1. 如果你应邀参加傣族的泼水节，应该如何表现？
2. 与朋友们一起了解维吾尔族的歌舞并试着表演出来。